Sybille Schrödter

Endlich der Märchenprinz und andere Katastrophen

13 böse Geschichten

Piper München Zürich

Von Sybille Schrödter liegen in der Serie Piper außerdem vor:
Schlampen und andere Freundinnen (3108)
Auroras Abgründe (3637)

Originalausgabe
1. Auflage Dezember 2001
3. Auflage Juni 2002

Umschlag: Büro Hamburg
Isabel Bünermann, Meike Teubner
Umschlagabbildung: IFA Bilderteam
Foto Umschlagrückseite: Iren Dümke
Gesamtherstellung: Clausen & Bosse, Leck
Printed in Germany ISBN 3-492-23435-6

www.piper.de

Inhalt

Glücklich ohne Prinz

Ihr neuestes Ratgeberbuch verkaufte sich hervorragend. »Glücklich ohne Prinz!« war eine Offenbarung für all jene Frauen mittleren Alters, die der sinnlosen Jagd nach dem Traummann einfach überdrüssig geworden waren. Carmen hatte wieder einmal eines ihrer ureigensten Probleme zu einer grundsätzlichen Lebenseinstellung gestrickt und geschickt in ein Ratgeberbuch für Frauen verpackt. Wie auch schon bei »Junge Männer, warum nicht?« oder »Was ist mit dem Ex?« traf das neue Buch bei ihrer Zielgruppe mitten ins Herz. Ihre ersten Erfolge hatte sie vor vielen Jahren mit feministischen Ratgebern gefeiert, doch ganz zeitgemäß war sie dann zu den partnerschaftlichen Themen gewechselt. Jetzt, wo es nicht mehr so richtig klappen wollte mit ihr und den Männern, besann sie sich wieder auf ihre frühen Werke.

Carmen Welter hatte einen großen Verehrerinnenkreis und genoß unter ihnen fast einen Guru-Status in Sachen Lebenshilfe, aber sie besaß auch viele scharfe Kritiker. Diese nahmen ihr übel, daß sie sich anmaßte, psychologische Tips zu geben, obwohl sie doch niemals eine Universität von innen gesehen hatte. Daß sie früher einmal als Sozialarbeiterin in einem Frauenprojekt gearbeitet hatte, hielten ihre männlichen Kritiker nicht gerade für eine ausreichende Qualifikation.

Carmen störte diese Ablehnung der »Akademikermännchen«, wie sie ihre Kritiker bezeichnete, überhaupt nicht. Sie kannte ihre Herren Widersacher nicht persönlich und ließ sich auch nie auf irgendwelche Diskussionen ein. Im Gegenteil, sie machte sich in ihren Seminaren sogar darüber lustig, daß ihre Werke wohl so wichtig seien, daß man sich höheren Orts damit beschäftigte. Der Erfolg gab ihr recht. Sie hielt überdies gern Seminare zu ihren Büchern ab, denn das Schreiben selbst war manchmal ein recht einsames Unterfangen. Auf diese Weise lernte sie einen Teil ihrer Zielgruppe auch persönlich kennen. Man wollte schließlich wissen, für wen man produzierte.

Heute abend sollte nun das erste Seminar unter dem Motto: »Glücklich ohne Prinz!« stattfinden. Carmen freute sich schon darauf, besonders auf einige ihrer treuesten Fans, die seit Jahren keines ihrer Seminare versäumt hatten.

Sie lag auf ihrem Lieblingsplatz im Garten und machte sich noch ein paar Gedanken über die Einleitung zum heutigen Abend. Was hatte sie dazu veranlaßt, dieses Buch zu schreiben? Sollte sie nicht einfach launig aus ihrem eigenen Leben berichten? Die Frauen ganz persönlich ansprechen? Ja, genau so würde sie den richtigen Ton treffen. Damit würde sie die Frauen ganz schnell für sich einnehmen. Persönliche Erfahrungen waren immer gut! Sie ließ ihre Gedanken schweifen, um zu entscheiden, welche mißglückten Männergeschichten sie ausschmücken und welche sie unterschlagen sollte. Bei Harald war der Fall klar. Ein Verhältnis zu einem verheirateten Mann machte sie nicht gerade zu einer Sympathieträgerin. Den würde sie mit keinem Wort erwähnen. Aber wie war es mit Bernd, der sie in ihrem Bett mit einer anderen betrogen hatte? Oder Dieter, der an chronischen Depressionen gelitten und sich alle naslang aus ihrem Schlafzimmer im Erdgeschoß stürzen wollte? Oder gar Herbert, der auf ihre Kosten gelebt und dessen schmutzige Boxershorts sie freiwillig gewaschen hatte? Ja, die wollte sie den Frauen zum Fraß vorwerfen. Das waren anschauliche Beispiele für Carmens Entschluß, dieses Buch zu schreiben und zu verkünden: »Frauen ab fünfzig, stellt die Suche nach dem Traummann einfach ein, und genießt eure Freiheit in vollen Zügen!« Daß ihre Ratschläge profan waren, wußte Carmen sehr wohl, aber sie vertrat die Devise, auf die Verpackung komme es an.

Sie war gerade dreiundfünfzig geworden und hatte bis vor einem Jahr tatsächlich noch hartnäckig auf den Prinzen gehofft. Nach zwei Ehen hatte sie sich geradezu nach der dritten und letzten gesehnt. Nach jener Ehe, die zur Abwechslung einmal durch den Tod und nicht durch eine nervenaufreibende Scheidung enden würde. Sie hatte sich nie wirklich vorstellen können, ihr Dasein ohne Mann, und besonders nicht ohne Hoffnung auf den richtigen Mann, zu fristen. Sie war stets neidisch und eifersüchtig auf alle Paare in ihrem Freundeskreis gewesen, ob sie nun glücklich waren oder nicht. Sie waren wenigstens ein Paar! Ja, Carmen hatte sogar einen gewissen Minderwertigkeitskomplex entwickelt, wenn einmal kein Begleiter an ihrer Seite gewesen war. Auch wenn diese Phasen in ihrem Leben nie länger als sechs Monate gedauert hatten. Sie empfand dann immer dieses dumpfe Gefühl, einsam und allein zu sein. Unter diesem Druck hatte sie sich natürlich genau die falschen Männer ausgesucht, bis sie zuletzt vollends in eine Sackgasse geraten war: Ehemänner! Und heimliche Verhältnisse waren im Grunde genommen das letzte, was sie sich erträumte. Doch gerade von diesen Männern hatte sie sich in den letzten Jahren mit leeren Versprechungen hinhalten lassen. Mit jeder Beziehung war sie tiefer in eine Ausweglosigkeit geraten. Schließlich hatte ihr Körper sie einfach im Stich gelassen. Nach Wochen, in denen sie sich mit furchtbaren Rückenschmerzen gequält hatte, wurde sie wegen eines schweren Bandscheibenvorfalls in ein Krankenhaus eingeliefert. Sie, die es haßte, krank und gebrechlich zu sein! Der behandelnde Arzt hatte ihr ernsthaft ins Gewissen geredet. Trotzdem wäre sie am liebsten davongelaufen. Als sie schließlich noch einen Hörsturz bekam, akzeptierte sie zähneknirschend die Warnschüsse ihres Körpers. Man fragte sie, womit sie sich in ihrem Leben unter Druck setze, und nach langem Grübeln war sie darauf gekommen: Die Jagd nach dem Traummann hatte sie so ausgelaugt!

Von einem Tag auf den anderen stellte sie ihr Leben völlig um, trieb Sport, ließ es sich allein gutgehen, leistete sich alle zwei Wochen ein Wellness-Wochenende in einem netten Hotel, bereiste die Welt und hatte sich Gina zugelegt. Gina, ihr »Doberfrauchen«, wie sie die große schwarze Hündin nannte. »Tu dir täglich etwas Gutes«, war ihr neues Lebensmotto. Die unerfüllte Sehnsucht nach dem richtigen Mann hatte sich dabei fast wie von selbst erledigt. Und schwups, hatte sie das Lebensgefühl auf mehr als dreihundert Seiten ausgebreitet. Wie immer hatte sie es geschafft, aus ihrer Not vielleicht keine Tugend, aber immerhin ein blühendes Geschäft zu machen, denn »Glücklich ohne Prinz!« verzeichnete einen reißenden Absatz.

Das würde sie den Frauen heute abend natürlich nicht offenbaren. Nein, ihre eigene schreckliche Sucht nach den offensichtlich falschen Männern, die würde sie ausschmücken und in geschönten Worten vortragen, ohne die Geschichten mit den verheirateten Männern zu erwähnen. Schließlich waren ihre Kursusteilnehmerinnen häufig selber betrogene Gattinnen.

Zufrieden räkelte sie sich in ihrer Hängematte. Sie war am schönsten Platz im Garten montiert. Ganz hinten zwischen zwei alten Eichen. Gina legte die Schnauze erwartungsvoll auf Carmens Schoß und stupste sie an. Zeit zum Spaziergehen. Auch das gehörte zu Carmens neuem Fitneßprogramm: eine Stunde am Tag mit dem Hund am Fluß entlangzuwandern. Sie liebte diese Ausflüge und erhob sich bereitwillig. Es war früher Nachmittag, und das Seminar begann erst am Abend. Carmen hatte bereits die Teilnehmerinnenliste studiert und festgestellt, daß sie mehr als die Hälfte der Damen schon jahrelang begleiteten. Sie mochte sie alle ... bis auf Gerda. Die war ihr irgendwie nicht geheuer. Sie wußte eigentlich nicht genau, warum. Gerda verehrte Carmen über alles und war eine eifrige Schülerin und doch ... Sie hatte dabei so eine merkwürdig devote Art. Carmen ließ sich das natürlich nicht anmerken, denn Gerda war in den Seminaren immer engagiert, beteiligte sich und fühlte sich in Carmens Gruppen ganz wie zu Hause. Aber sie übertrieb es! Nach dem Besteller: »Junge Männer, warum nicht?« hatte Gerda, um mitzureden, alles drangesetzt, diese Erfahrung auch zu machen. Schließlich und endlich hatte sie sich plump an den kaum erwachsenen Sohn ihrer besten Freundin herangemacht und dem spätpubertierenden Jungen recht lustlos zu seinem ersten Mal verholfen. Davon waren damals alle in der Gruppe peinlich berührt gewesen.

Carmen verscheuchte diese Gedanken. Sie wollte jetzt nicht so kleinlich sein. Gerda war doch eigentlich ganz nett. Vielleicht übertreibe ich, dachte sie und erhob sich mit einem Schwung aus ihrer Matte. Der Rücken war wieder völlig in Ordnung, und manchmal fühlte sich Carmen jünger als vor zehn Jahren. Gelegentlich, wenn sie nach ihrem Alter gefragt wurde, pflegte sie zu antworten: »Meinen Sie das gefühlte Alter? Das liegt bei circa vierzig.« Sie hatte nach dem Krankenhausaufenthalt auch ihr Äußeres radikal verändert. Ihr unverwechselbares Markenzeichen war stets streichholzkurzes borstiges Haar gewesen. Mittlerweile liebte sie ihre braunen Locken. Ohne eine einzige graue Strähne. Das hatte sie von ihrer Großmutter geerbt.

Am Tag zuvor hatte es in Strömen geregnet, so daß Carmen nun in die großen Gummistiefel schlüpfte. Unten am Fluß war es nach einem Regentag immer besonders matschig. Gut gelaunt marschierten sie los. Gina zog stürmisch an der Leine und wollte frei laufen, aber Carmen erklärte ihr, daß das erst am Ufer möglich sei. Frauchen war davon überzeugt, daß Gina jedes ihrer Worte genau verstand. Es war ein milder schöner Spätsommertag. Eine angenehm frische Brise wehte über das Wasser. Jetzt ließ Carmen Gina von der Leine. Der Hund tobte ungestüm von dannen und war schon aus Carmens Blickfeld verschwunden. So war die Freiheit von der Leine natürlich nicht gemeint, und sie pfiff laut nach dem Tier. Normalerweise kam der Hund sofort angeschossen. Heute nicht! Dann sah sie es: Ganz in der Ferne stand Gina vor einem bedeutend kleineren Hund. Ach, du Schreck, dachte sie entnervt, gleich kommt das Frauchen, reißt den kleinen Köter hoch und zetert. Sie ging jetzt schneller, um Gina an die Leine zu nehmen. Weit und breit war kein Besitzer zu sehen. Die kleine Promenadenmischung schien nicht die geringste Scheu vor Ginas stattlicher Hundegröße zu haben, sondern versuchte statt dessen, Gina neckisch zum Spielen zu bewegen. Carmen schaute noch einmal in alle Richtungen. Der Hund war offensichtlich allein unterwegs, doch dann sah sie ganz weit hinten jemanden kommen. Sie konnte zunächst gar nicht erkennen, ob es eine Frau oder ein Mann war, doch als das Wesen näher kam, sah sie ihn: Er trug einen einfachen, nicht besonders modernen Jogginganzug und humpelte. Ja, es war ein Mann, und was noch viel schlimmer war, ein besonders attraktives Exemplar, wenn man von der ausgebeulten ekelhaften Jogginghose absah. Er besaß ein markantes Gesicht, graues gewelltes Haar und schöne Augen. Also verheiratet und damit gefährlich! Noch hatte sie ihn nicht ganz verlernt: diesen Sofortcheck, wenn sie einem fremden Mann begegnete. Sie ärgerte sich maßlos über ihre Gedanken, denn er schien in ihr ausschließlich eine willkommene Krankenschwester zu sehen.

»Bitte! Darf ich?« fragte er mit schmerzverzerrtem Gesicht und ohne eine Antwort abzuwarten, trat jetzt ganz nahe an sie heran und stützte sich auf ihrer Schulter auf: »Ich bin so blöd umgeknickt. Ich kann nicht mehr auftreten. Das kommt davon, wenn man in meinem Alter noch den jugendlichen Jogger geben will!« So einer war das also. Ein Scherzkeks, der in jeder Lebenslage noch versuchte, witzig zu sein. Carmen verzog keine Miene.

Immerhin fragte sie ihn halbwegs höflich, ob sie helfen könne.

»Gerne«, antwortete er, »ich schaffe es keinen Meter mehr!« Mit diesen Worten ließ er sie los, setzte sich vor sie ins Gras und versuchte, den Joggingschuh auszuziehen. Als er auch die Socke entfernt hatte, sah man das ganze Ausmaß seiner Verletzung. Der Knöchel war dick geschwollen, und es regte sich in ihr zumindest ein bißchen Mitgefühl.

Carmen war eine sehr praktische Frau und schlug vor, ihr Auto zu holen und ihn zu einem Arzt zu bringen, wenn er es schaffen würde, die paar Meter zur Straße zu humpeln. Er nickte dankbar. Sie nahm Gina an die Leine und lief das Stück zurück nach Hause. Dort sperrte sie den Hund ein, stieg in ihren Wagen und fuhr die Straße entlang. Da sah sie die beiden schon: Das Herrchen mit seiner Promenadenmischung an der Leine. Sie half ihm in den Wagen, während das Hündchen wie selbstverständlich nach hinten kletterte und sich ordentlich schüttelte. Der Dreck flog ihr vorne um die Ohren. Ihm war das sichtlich peinlich, und er sagte entschuldigend: »Ich werde den Schaden, den wir Ihnen hier verursachen, natürlich ersetzen!«

Obwohl ihr heller Trenchcoat jetzt über und über mit schwarzen Punkten besprenkelt war, ging sie gar nicht darauf ein und fragte ihn sachlich, wohin sie ihn fahren solle. Er schlug vor, ihn in die Unfallklinik zu bringen. Erschrocken entgegnete sie, aber so schlimm sei das nun wirklich nicht! Er erwiderte lachend, sie habe recht, aber da seine Ex dort arbeite, werde er wenigstens bevorzugt behandelt. Schon wieder dieser Hang zum Scherzen. Darauf falle ich ganz bestimmt nicht rein, du Witzbold, dachte Carmen und war fest entschlossen, sich durch den Charme dieses lädierten Prachtexemplars von einem Endfünfziger gar nicht erst einwickeln zu lassen.

Also reagierte sie nicht auf sein Witzchen und fragte kühl nach dem Weg. Als sie vor der Klinik ankamen, half sie ihm hastig aus dem Wagen und verabschiedete sich knapp. Er sah sie leicht verwirrt an.

»Aber ich brauche Ihre Adresse! Sonst kann ich mich doch nicht erkenntlich zeigen«, stammelte er.

»Nicht nötig. Habe ich gern getan!« entgegnete sie und fuhr eilig davon. Sie atmete tief durch. Das war geschafft! Seit ihrer Zeit: »Glücklich ohne Prinz!« war ihr so etwas nicht mehr passiert. Der Mann hatte Humor! Das war für Carmen die schlimmste aller Versuchungen. Schlimmer als graue Schläfen, schlimmer als schöne Augen ... Doch am schlimmsten war es, wenn alles drei zusammenkam! Der Versuchung hatte sie widerstanden, aber sie konnte es trotzdem nicht leugnen. Sie mochte ihn, doch den Gedanken an einen sympathischen Mann konnte sie im Moment allerdings wirklich nicht gebrauchen. Sie mußte ihre neuen Thesen heute abend glaubwürdig vertreten. Und die standen unter dem Motto: »Glücklich ohne Prinz!« Mit der Betonung auf »ohne«.

Das Seminar fand in einem städtischen Saal statt. Die ganze Einrichtung war ein Ausbund an Geschmacklosigkeit. Carmen erschien bereits eine halbe Stunde früher vor Ort und blätterte noch einmal ihre Unterlagen durch. Sie war so vertieft, daß sie Gerda erst wahrnahm, als diese direkt vor ihr stand, sie kräftig umarmte und wie ein Wasserfall auf sie einredete: Sie sei ja so froh, wieder einmal hier zu sein. Das Buch habe ihr neue Wege eröffnet. Das sei die Befreiung! Seit sie nach Carmens Maximen lebe und nicht mehr auf Männerjagd gehe, sei sie erfüllt! Carmen wollte etwas erwidern, aber Gerda ließ sie nicht zu Wort kommen und schwärmte weiter in höchsten Tönen von diesem neuen Lebensgefühl. Um das zu unterstreichen, drückte sie Carmen mehrfach an ihre mütterliche Brust. Gerda war schätzungsweise in Carmens Alter, aber ansonsten ein völlig anderer Typ. Sie war untersetzt, kräftig und rundlich, seit zehn Jahren geschieden und arbeitete als Krankenschwester auf der Chirurgie. Jeden Pfennig steckte sie in ihr inneres Wachstum und besuchte alle Kurse, die Carmen anbot.

Gerda trug die Haare so, wie Carmen es lange Jahre getan hatte. Kurz und borstig, aber Carmen befiel in diesem Augenblick das ungute Gefühl, sie werde sich diese nun bestimmt auch wachsen lassen, wenn sie erst wahrnahm ... und tatsächlich, Gerda hielt jetzt inne und betrachtete ihre Meisterin neugierig.

»Schön!« flüsterte sie begeistert mit einem bewundernden Blick auf Carmens neue Lockenpracht: »So schön!«

Dann kamen die anderen. Die meisten freuten sich, ihre Vordenkerin wiederzusehen, und kommentierten voller Begeisterung Carmens neue Frisur. Aber keine außer Gerda würde auf den Gedanken kommen, sie zu kopieren. Mit ihrer lockeren Einleitung in den Abend spielte sich Carmen mühelos in die Herzen der zwanzig anwesenden Frauen. Die lachten und klatschten. Schließlich fragte Carmen, wer von ihnen »Glücklich ohne Prinz!« denn bereits gelesen habe? Zwanzig Finger schnellten in die Höhe, und Carmen erklärte nun, sie werde an den folgenden Seminarabenden systematisch Kapitel für Kapitel mit ihnen durcharbeiten. Jetzt meldete sich jemand mit schnipsendem Finger. Carmen kannte dieses Erstkläßlergebaren schon aus den früheren Kursen. Und tatsächlich, es war Gerda, die jetzt ganz aufgeregt schilderte, wie wunderbar es ihr gehe, seit sie nicht mehr verzweifelt nach Männern suche. Carmen bemühte sich, verständnisvoll zuzuhören, aber ihre Gedanken schweiften unwillkürlich ab. Vor ihrem inneren Auge entstand das Bild eines humpelnden Mannes in Jogginghosen! Sie schüttelte sich, aber er kam näher und lachte. Diese Lachfalten, diese eingekerbten Lachfalten um den Mund ...

»... und auch diese Gedanken an die Kerle sind plötzlich verschwunden. Das ist so eine irre Erfahrung!« Gerda redete immer noch, und Carmen wußte, sie wollte jetzt gelobt werden, und zwar von ihr. Schließlich war sie Profi genug, ihr diesen Wunsch zu erfüllen.

»Das ist wirklich schön, was Sie da erleben. Ich denke, das macht unser Leben erfüllter, wenn wir uns mit unseren Bedürfnissen beschäftigen.« Das war ein gelungener Übergang für eine praktische Übung. Die Frauen sollten sich auf ihre mitgebrachten Wolldecken setzen und vor ihrem inneren Auge ein Bild entstehen lassen von dem, was ihnen in diesem Augenblick guttun würde. Während sie die Teilnehmerinnen ihren inneren Bildern und der entsprechenden Musik überließ, schlich sich auch in ihre Phantasie etwas Merkwürdiges ein: Sie sah sich mit dem grauhaarigen Endfünfziger in ihrer Hängematte liegen.

Sie war heilfroh, als der Abend zu Ende ging, denn sie hatte plötzlich Sorge, daß eine der Damen bemerken würde, wie wenig sie bei der Sache war. Und womit sie sich wirklich beschäftigte!

Als sie ihr Auto aufschließen wollte, konnte sie es kaum glauben. Jemand hatte ihr den rechten Vorderreifen durchstochen. Als sie noch überlegte, wie sie nun nach Hause kommen sollte, erklang hinter ihr eine wohlbekannte Stimme: »Kann ich Ihnen helfen? Ist was passiert?« Schon kauerte Gerda am Boden, trommelte mit ihren kleinen dicken Fingern auf dem aufgeschlitzten Reifen herum und wiederholte kopfschüttelnd: »So eine Gemeinheit! So eine Gemeinheit! So eine ...«

»Tja«, entgegnete Carmen, die sich bereits von dem ersten Schrecken erholt hatte, »dann werde ich wohl ein Taxi nehmen müssen, denn, ich gebe es ungern zu, Reifen wechseln kann ich nicht. Das wird morgen mein Tankwart erledigen müssen!«

Gerda nickte zustimmend und bekräftigte: »Nein, Reifen wechseln kann ich auch nicht, aber darüber haben Sie in Ihrem Buch: ›Frauen sollen weiblich bleiben‹ auch so schön geschrieben. Wir sind eben Frauen und keine Männer!«

Carmen blickte sie leicht verdutzt an. Wann hatte sie denn jemals so einen Schwachsinn verfaßt? Natürlich konnten auch Frauen das lernen. Sie selber war einfach zu bequem. Kein Wunder, es hatte immer einen Mann gegeben, der ihr das abgenommen hatte. Ob der Mann mit dem geschwollenen Knöchel auch Reifen wechseln konnte?

»Aber ein Taxi müssen Sie nicht nehmen«, hörte sie Gerda sagen, »ich fahre Sie schnell hin!« Carmen zögerte. Es war ihr nicht recht, Privates und Berufliches zu vermischen. Niemals veranstaltete sie Seminare in ihrem großen Haus und überhaupt, sie gab ihren Teilnehmerinnen nie ihre Adresse. Gerda sah sie erwartungsvoll an.

»Okay«, sagte Carmen schließlich, »wenn es Ihnen keine Umstände macht! Sie können mich am Ende der Straße absetzen. Es ist nämlich eine Einbahnstraße. Das ist dann einfacher für Sie!« Auf diese Weise würde Gerda zwar den Straßennamen kennen, nicht aber ihre Hausnummer. Damit konnte sie leben. Die fleißige Seminarteilnehmerin sorgte auf der Fahrt für Unterhaltung, indem sie ohne Punkt und Komma plapperte, und Carmen konnte nicht umhin, mit den Gedanken zu ihrem grauhaarigen Jogger abzuschweifen. Sie erschrak ganz fürchterlich, als Gerda mit ihrem lauten Organ trötete: »Wir sind daaaa!« Carmen bedankte sich und verschwand hastig in ihrer Straße. Sie drehte sich nicht um und konnte deshalb auch nicht sehen, daß Gerda noch lange in ihrem Wagen an der dunklen Straßenkreuzung verharrte und ihr versonnen hinterherblickte. Gerda hatte dieses Mal beschlossen, alles aus dem Seminar herauszuholen, und überhaupt wünschte sie ein wenig mehr Kontakt zu ihrer geliebten Lehrerin. Das gab es doch durchaus, daß aus so einem Verhältnis auch eine Freundschaft werden konnte. Sie hatte sich jedenfalls fest vorgenommen, einen entschiedenen Vorstoß in diese Richtung zu unternehmen. Sie verehrte Carmen und wollte ihr auch einmal etwas Gutes tun. Sich revanchieren! Schließlich bestimmte diese Frau seit Jahren ihr Leben, und zwar durchaus positiv. Gerda war sehr zufrieden mit sich, daß dieser erste Schritt zur Annäherung so erfolgreich verlaufen war. Dabei war das gar nicht so einfach gewesen. Ihr wäre dabei fast das Messer abgebrochen!

Carmen ging auch an den folgenden Tagen mit Gina am Fluß entlang und ärgerte sich maßlos darüber, daß sie hinter jeder Ecke auf die schwanzwedelnde Promenadenmischung hoffte. Schon der Gedanke allein machte sie wütend, aber nach ein paar Tagen verblaßte er allmählich.

Das hatte durchaus positive Wirkungen auf ihre Seminararbeit. Beim nächsten Gruppentermin war sie mit ihrer Aufmerksamkeit wieder ganz bei den Damen, die ihr förmlich an den Lippen hingen. Zum Schluß des Abends schilderte sie ihnen überzeugend, wie sehr ihr die täglichen Spaziergänge am Fluß mit Gina halfen, ganz bei sich zu bleiben.

Trotzdem war es ein Schock für sie, als ihr ein paar Tage später unten am Fluß eine Frau begegnete, die nur mit allergrößter Mühe ihren an der Leine zerrenden Terrier halten konnte. Es war keine andere als Gerda! Carmen entschied geistesgegenwärtig, sich unauffällig ins Gebüsch zu schlagen, doch da hatte Gerda sie bereits erblickt und strahlte ihre Lehrerin erfreut an. Notgedrungen ließ sich Carmen auf eine Unterhaltung mit der offensichtlich frischgebackenen Hundebesitzerin ein, wenngleich ihre Neuanschaffung wütend die Zähne fletschte und widerlich kläffte. Auch Gina schien nicht begeistert zu sein von dem bösartigen Köter. Carmen überlegte krampfhaft, wie sie sich nun möglichst höflich verabschieden konnte, als plötzlich die Promenadenmischung auftauchte und freudig schwanzwedelnd auf Gina zusprang. Sekunden später stand auch das Herrchen vor ihr. Er begrüßte sie freundlich und vergaß auch nicht, Gerda mit einzubeziehen, denn er sprach im Plural: »Guten Tag, die Damen!« Dabei grinste er Carmen vielsagend an. Die plumpe Vertraulichkeit in seinem Blick entging Gerda keineswegs. Carmen fragte höflich nach seinem Knöchel und erklärte umständlich, als ob sie sich vor ihrem Fan verteidigen mußte, die Umstände ihrer ersten Begegnung. Der grauhaarige Mann, der heute erstaunlich gut gekleidet war, ging ganz und gar auf ihren netten Plauderton ein und ergänzte schelmisch: »Und ich bin der Dame noch ein Dankeschön schuldig. Aber sie möchte das nicht annehmen!« Statt ihrer antwortete Gerda: »Dann lassen Sie's doch einfach!« Carmen sah Gerda entgeistert an, aber der Hundebesitzer nahm es mit Humor: »Danke, nett von Ihnen, daß Sie für die Lady sprechen, aber ich glaube fast, das kann sie selber!« Dabei sah er sie auffordernd an. Carmen, die sonst nicht auf den Mund gefallen war, fühlte sich entsetzlich unwohl. Ausgerechnet vor Gerda wollte sie sich natürlich nicht mit dem Mann verabreden, aber ihren Wunsch, ihn wiederzusehen, konnte sie unschwer leugnen. Jedenfalls nicht vor sich selber. Sie mußte sich jetzt erst einmal geschickt aus dieser Situation befreien. Steif sagte sie: »Man kann mich hier täglich treffen. Und zwar meistens am frühen Nachmittag. Wenn Sie mich jetzt entschuldigen wollen!« Sie zog Gina, die gerade an der Promenademischung herumschnüffelte, heftig an der Leine und überließ die beiden ihrem Schicksal.

Gerda ging, ohne sich von dem Herrn zu verabschieden, in die entgegengesetzte Richtung, aber in ihrem Kopf arbeitete es. Wo hatte sie diesen Mann schon einmal gesehen? Wo? Sie kannte sein Gesicht. Dann fiel es ihr ein: Er war der Ex einer Oberärztin. Ja, er hatte sie manchmal in der Klinik abgeholt. Und munkelte man nicht, er habe über Jahre hinweg seine Frau betrogen? Und da war noch etwas! Fieberhaft grübelte Gerda. Natürlich, er war ein bekannter Psychotherapeut, der einmal einen gemeinen Artikel über Carmen Welters »How-to-books« verfaßt hatte. Gerda hatte alles, was jemals über ihre Lehrerin veröffentlicht worden war, gesammelt und abgeheftet. Dr. Eberhard Kamp, das war sein Name. Und der Artikel hatte die Überschrift: »Die Aldi-Psychologie der Frau Welter« getragen. Und jetzt versuchte dieser unmögliche Mensch, Carmen anzumachen! Ganz sicher nur, um sie ins Unglück zu stürzen! Das würde sie, ihr größter Fan, niemals zulassen, aber sollte sie diese wunderbare Frau überhaupt damit behelligen? Nein, ihre einzigartige Lehrerin hatte es verdient, daß ihr auch einmal jemand ganz selbstlos zu Hilfe kam.

Es war nicht schwer, seine Telefonnummer herauszufinden. Gerda gab sich als Kollegin aus und verabredete sich mit ihm. Er war natürlich neugierig, als sie versprach, ihm etwas ganz Wichtiges über die Welter anzuvertrauen. Als er allerdings die rundliche Frau vom Fluß vor sich sah, reagierte er ungehalten. Sie aber kam sogleich auf den Punkt, stellte sich ihm als gute Freundin von Frau Welter vor und warnte ihn eindringlich davor, diese noch einmal zu belästigen. Die arme Frau ahne doch gar nicht, daß er einer ihrer schlimmsten Feinde sei! Aber sie wisse das und werde nicht zulassen, daß er ihr weh tue! Hände weg, sonst habe das Konsequenzen! Er hielt die Frau, die ihn gerade bedrohte, für komplett verrückt, ließ sich aber nichts anmerken. Immerhin, sie hatte ihm eine interessante Information geliefert: Die Frau, in die er sich unten am Fluß auf den ersten Blick verliebt hatte, war also Carmen Welter. Dann wußte er ja endlich, wo er sie finden würde.

Mit einem Riesenblumenstrauß in der Hand klingelte er tags darauf an ihrer Tür. Carmen war zu überrascht, um ihre Freude verbergen zu können. Als er mit unschuldiger Miene fragte, ob sie auch einen Kaffee für einen lädierten Verehrer habe, bat sie ihn herein. Aus dem Kaffeetrinken wurde ein langer Nachmittag und aus dem Nachmittag ein noch längerer Abend. Er outete sich als einer ihrer größten Kritiker. Allerdings ausschließlich beruflich, wie er charmant hinzufügte. Die bekloppte Frau vom Fluß, mit der er sich getroffen hatte, erwähnte er mit keinem Wort. Das würde in diesem Augenblick alles nur unnötig verkomplizieren. Er nahm sich vor, sie zu einem späteren Zeitpunkt zu fragen, in welchem Verhältnis sie zu der merkwürdigen Dame stand. Wie er sie denn erkannt habe? wollte Carmen wissen. Na, ihr Konterfei prange doch auf all den Büchern, auch wenn die langen Haare ihr wesentlich besser stünden, sei sie es doch unverkennbar, log er, ohne rot zu werden.

Als sie schließlich kurz vor Mitternacht vor der Frage standen: Was nun?, blieb er. Allerdings mußte sie ihm eines versprechen: Aus ihrer Geschichte kein neues Buch zu machen, denn, so fügte er scherzend hinzu, er wolle nicht in ihrem nächsten Werk: »Liebe im Alter« verwurstet werden. Sie versprach es hoch und heilig.

Als er sich am Morgen verabschiedete, drehte er sich noch einmal um: »Deine merkwürdige Freundin vom Fluß da, die mit dem Terrier. Paß einfach auf. Die scheint mir etwas gestört!« Carmen erwiderte lachend, das habe sie auch schon gemerkt. Bereits in dieser Nacht hatte sie den Entschluß gefaßt, dieses Seminar professionell zu Ende zu bringen, um dann eine längere kreative Pause einzulegen. Sie war schlichtweg verliebt und, wie es schien, endlich einmal wieder glücklich!

An diesem Abend war sie besonders gut gelaunt, und selbst

Gerdas übereifrige Teilnahme ließ sie unberührt. Nur als diese plötzlich fragte, ob sie sich denn vorstellen könne, überhaupt noch einmal eine Beziehung einzugehen, brachte sie das in Verlegenheit. Sie wollte nicht lügen und antwortete diplomatisch, sie lebe nach dem Motto, daß nichts unmöglich sei. Aber hier gehe es ja um die Fixierung von Frauen auf Traummänner ... Daß sie dabei ins Schwimmen kam, bemerkte nur eine.

Gerda bescherte diese Antwort eine schlaflose Nacht. Sie war zutiefst besorgt. Hatte der Mann sie nicht verstanden? Vielleicht war er tatsächlich so dreist, daß er trotz ihrer Warnung nicht lockerließ? Vielleicht sollte sie doch ein ernstes Wort mit ihrer Meisterin sprechen und sie über die üblen Absichten des Dr. Kamp aufklären? Doch den Gedanken, diese wunderbare Frau damit zu behelligen, verwarf sie sofort wieder. Sie würde das für sie regeln!

Der Mann war in der Tat eine Plage! Das bestätigte sich, nachdem Gerda mehrere Nächte von ihrem Wagen aus Carmen Welters Haus beobachtet hatte. Jede dieser langen Nächte hatte der unmögliche Mensch in Begleitung seiner lächerlichen Promenadenmischung dort verbracht. Ja, sie ließ diesen Kerl sogar gleich bei sich schlafen. Er war noch gefährlicher, als sie befürchtet hatte. Jeden Morgen verließ er fröhlich pfeifend mit seinem Köter das Haus, und sie stand wie ein Frauchen in der Tür, um ihm verliebt nachzuwinken. Allein ihr Blick bereitete Gerda heftige Magenschmerzen.

Am vierten Abend wartete sie allerdings vergeblich auf seinen Auftritt. Gegen einundzwanzig Uhr war er immer noch nicht aufgetaucht! Gerda wollte gerade neue Hoffnung schöpfen, als sie sah, wie Carmen eilig in ihr Auto stieg. Gerda verfolgte ihren Wagen unauffällig, bis er am anderen Ende der Stadt vor einem schönen Haus hielt. Sein Haus! Jetzt hatte er sie schon in seine Höhle gelockt. Der Mensch wurde ja immer frecher. Und sie fiel darauf auch noch rein. Sie konnte ja gar nicht mehr Herrin ihrer Sinne sein. Die arme Frau! Das durfte Gerda einfach nicht zulassen. Jetzt war es allerhöchste Zeit! Nie wieder sollte Carmen so leiden müssen. Bestimmt hielt er sie hin, machte sie klein, und sie bekam es dann wieder mit der

Bandscheibe oder gar einen Hörsturz! Das hatte sie nicht verdient. Nicht diese großartige Frau, die Gerdas Leben seit Jahren wieder lebenswert machte, die so viel Gutes bewirkte. Sie hatte ihn gewarnt! Jetzt mußte sie schnellstens etwas unternehmen.

Sie wußte nur noch nicht genau, wie sie es anstellen sollte, Carmen Welter aus dieser hinterhältigen Falle zu befreien, doch als sie jetzt so um sein Haus herumschlich und die an einen Baumstamm gelehnte Axt erblickte, wußte sie zumindest womit. Jetzt brauchte sie nur noch ein wenig Geduld. Ihr Herz hüpfte vor Freude, als sie ihn wenig später aus der Terrassentür treten sah und rufen hörte: »Ich hole noch etwas Kaminholz, Schatz!« Kaminholz im Spätsommer, das war einfach zu schön, um wahr zu sein!

Carmen Welter erlitt nach dem schrecklichen Verlust ihres Liebsten zunächst einen Nervenzusammenbruch, stürzte sich dann aber voller Elan in die Arbeit. Ihr neues Buch: »Das Leben geht weiter!« wurde zum absoluten Renner, so daß sie ihre Kurse bald nicht mehr allein schaffen konnte. Schließlich suchte sie eine Assistentin. Obwohl sich Gerda ihr geradezu selbstlos anbot, entschied sie sich für eine andere. Erst als diese dann kurz darauf tragisch und tödlich »verunglückte«, konnte Carmen Gerda nicht noch einmal übergehen.

Ein Freund, ein guter Freund …

Die Sonne schien an diesem schönen Herbsttag noch einmal kraftvoll und warm. Das war die richtige Stimmung für einen kleinen Spaziergang am Nachmittag. Cora hatte sich an Markus' Schulter gekuschelt und blinzelte verschlafen in Richtung der vorbeiziehenden Spaziergänger. Diese Parkbank war optimal geeignet, um die sonntäglichen Ausflügler zu inspizieren.

»Wie wäre es mit der?« fragte sie mit Blick auf eine dunkelhaarige Frau, die einen Kinderwagen schob.

»Ha! Ha!« kam seine müde Reaktion.

Das war wenig taktvoll von ihr, denn daran war seine letzte Beziehung zerbrochen. Drei Monate war er mit Luise zusammen gewesen, bis sie ihn mit der Existenz ihres kleinen Sprößlings Jan-Felix überrascht hatte. Markus hatte im Prinzip nichts gegen alleinerziehende Mütter, aber wenn eine Frau ihm ihr eigenes Kind ganze drei Monate verheimlichte, was würde sie noch an kleinen Überraschungen parat haben? Da hatte Markus sich schnellstens auf vertrautes Terrain gerettet: Auf den Single-Status. Genau wie Cora. Auch ihre letzte Beziehung hatte sich erledigt, bevor sie richtig begonnen hatte. Ihr Trennungsgrund schien weniger gravierend als der von Markus. Ihr Ex hatte lediglich mit den Zähnen geknirscht, doch angesichts ihrer furchtbaren Zahnarztphobie war das für sie der Horror schlechthin gewesen. Jede Nacht war sie von dem mahlenden Geräusch seiner Backenzähne aufgewacht. Er hatte als Kompromiß zwar noch eine Zahnspange vorgeschlagen, aber da war der Zug bereits abgefahren.

So verbrachten Cora und Markus, wie immer in ihren Singlezeiten, die Wochenenden gemeinsam.

»'tschuldige«, sagte Cora träge, »war doch ein kleiner Scherz am Morgen!«

»Ha! Ha! Ha!« Markus schien nicht besonders gesprächig. Kein Wunder, die beiden hatten bis zum frühen Morgen in einer Disko ausgeharrt in der Hoffnung, da käme noch etwas Passendes, wenigstens für die Nacht. Vergeblich! Schließlich waren sie zusammen in ihre Wohnung gewankt, und Cora hatte ihm, wie gewöhnlich, das Kuschelbettchen auf dem Sofa hergerichtet.

»Aber guck mal die, das ist ein guter Typ.« Der Anblick der blonden Schlanken mit den langen glatten Haaren erweckte Markus wieder zum Leben. Er rückte gleich ein Stück von Cora ab und setzte sich nun kerzengerade in Pose.

»Viel zu mager«, lautete ihr vernichtendes Urteil, »das ist nun wirklich nicht normal bei der Größe.« Für Cora, die selbst beim bloßen Anblick von Schokolade gleich drei Kilo zunahm, war jede dünne Frau ein »bulimischer Hungerhaken«. Nicht daß sie dick war, aber sie mußte ständig aufpassen und jede Kalorie dreimal zählen, damit sie nichts ansetzte. Dank ihrer Disziplin sah man ihr das Problem zwar nicht an, aber sie war auf all diese Frauen, die fraßen, was das Zeug hielt, und nicht ein Gramm zunahmen, schlichtweg neidisch.

Markus kannte das schon. Er wußte, welchen Frauentyp sie rundweg ablehnte, aber ihre Rache folgte auf den Fuß. Sie zeigte auf einen hochgewachsenen Blonden, bei dem man den Waschbrettbauch förmlich durch das stramme T-Shirt schimmern sah.

»Ist der nicht süß?« fragte sie provozierend. Natürlich war Markus gezwungen zu widersprechen, seit er diesen kleinen Bauchansatz vor sich hertrug.

»Der Typ hat vielleicht Muskeln, aber der ist doch blöd im Hirn. Der sieht doch dumm aus!« Damit hatte Markus seinen Trumpf ausgespielt. Er war zwar kein Intellektueller, aber immerhin besaß er einen Doktortitel, wenngleich er nicht einmal mehr hätte sagen können, worüber er promoviert hatte.

Dieses Spiel konnten die beiden stundenlang spielen. Sie waren mittlerweile seit der Schulzeit eng miteinander befreundet. Alle anderen aus der Clique hatten zwischenzeitlich geheiratet. Nur sie beide gaben vor, Singles aus Überzeugung zu sein. Sie pflegten diese alte Freundschaft, gingen zusammen ins Kino, teilten Liebesglück und Liebesleid, und wenn sie einmal gemeinsam in einem Zimmer übernachteten, lasen sie sich entweder Horrorgeschichten vor oder lieferten sich Kissenschlachten.

Oder sie lagen einfach mit Sekt und Chips auf dem Sofa herum und guckten wahllos in die Glotze. Immer wenn sie »Harry und Sally« sahen, grinsten sie sich bei dem Satz »Männer und Frauen können nie Freunde sein« verschwörerisch an. Sie kannten sich einfach zu gut. Sie wußte von seinem kleinen Tic. Immer, wenn er nervös war, zuckte seine Oberlippe leicht nach oben, und es sah aus, als ob er grinste. Er hingegen kannte jeden ihrer Tricks, wie sie das Zunehmen verhinderte, und nicht alle waren gleichermaßen appetitlich.

»Was machen wir heute abend?« fragte Markus, denn der Sonntagabend gehörte für ihn zum Wochenende. Und ihr Wochenende gehörte ihm.

Er war beinahe verärgert, als sie ihm nun mitteilte, daß sie heute keine Zeit mehr für ihn habe. Sie sei mit einer alten Bekannten verabredet.

»Aber da kann ich doch mit. Vielleicht ist sie was für mich«, versuchte er sein Glück, doch sie blieb hart.

»Die Frau hat gerade Liebeskummer und will bestimmt keinen Mann zum Spannen dabeihaben.« Damit raubte sie ihm die letzte Hoffnung auf ihre Gesellschaft. Mit Schrecken dachte er daran, daß heute abend nur Schrott im Fernsehen lief. Bis auf eine Arztserie. Die aber guckte er aus Überzeugung nicht. Schließlich hatte er die weißen Kittel selbst täglich vor der Nase und war sogar einer der Protagonisten. Er versuchte noch, ihr ein schlechtes Gewissen zu machen, aber es nützte nichts. Nach diesem Spaziergang trennten sich ihre Wege.

Cora wußte selber nicht so richtig, ob sie sich auf ein Wiedersehen mit Mareike freuen sollte. Sie hatten sich seit mindestens zehn Jahren nicht gesehen. Ihre intensive Freundschaft hatte zwischen achtzehn und zwanzig bestanden. Als Au-pair-Mädchen in Paris. Damals hatten sie allerdings einiges Verrückte zusammen erlebt. Mareike aber lebte zu Hause in einer anderen Stadt, und so hatten sie sich nach der heißen französischen Zeit nur noch sporadisch getroffen. Cora hatte Mareike damals nicht nur wegen der gemeinsamen Streifzüge durch das Quartier Latin ins Herz geschlossen, sondern auch noch aus einem anderen Grund: Sie neigte zur Pummeligkeit!

Gestern hatte Mareike nun überraschend bei ihr angerufen, um ihr mitzuteilen, daß sie gerade hierhergezogen sei. Nach einer blödsinnigen Männergeschichte. Sofort war die alte Vertrautheit zwischen den beiden Frauen wieder da. Nach Pierre, Marcel, Vincent, Jacques, François und Philip waren sie eben ein eingespieltes Team in Sachen Liebeskummer. Auch jetzt noch nach fast achtzehn Jahren.

Andererseits hatte Cora Bedenken. Wenn Mareike sich nun völlig anders entwickelt hatte? Wie oft war Cora enttäuscht gewesen, wenn sie Freundinnen von früher wiedergesehen hatte. Oft waren aus lustigen Mädels nichtssagende Handyträgerinnen geworden! Oder angepaßte Ehefrauen!

Sie hatten sich bei einem Spanier verabredet. Wie blöd, dachte Cora auf dem Hinweg, wir hätten doch zum Franzosen gehen sollen!

Im »El Toro« war alles bis auf den letzten Stuhl besetzt. Mühsam gelang es Cora, sich bis zum Tresen durchzudrängeln, um nach dem reservierten Tisch zu fragen. Sie hatte bereits mehrfach intensiv von Tisch zu Tisch geblickt, aber keine Mareike gesichtet. Als sie den Kellner gerade fragen wollte, hörte sie ihren Namen rufen. Das war Mareikes Stimme, aber wo saß sie? Wieder schaute sich Cora hilfesuchend um. Dann sah sie die wedelnden Arme und stutzte. Die große blonde Frau erinnerte entfernt an Mareike, aber wirklich nur ganz entfernt. Eigentlich nur die Nase. Ja, die lustige Stupsnase, sie gehörte unverkennbar ... Cora näherte sich vorsichtig dem Tisch. Die Frau war jetzt aufgestanden, und Cora wollte kaum glauben, was sie da sah: eine gertenschlanke Mareike! Diese eklatante Verwandlung verunsicherte sie. Natürlich war das besser, als ein Muttchen vorzufinden, aber Mareike sah gut aus. Fast zu gut!

In ihrer Art aber war sie ganz die alte. Herzlich und aufgekratzt. Offen und gut gelaunt. Sie erzählte die Geschichte ihres letzten männlichen Irrtums so komisch, daß beide sehr zum Ärger der Gäste am Nachbartisch von wiehernden Lachattacken geschüttelt wurden. Cora fühlte sich leicht und beschwingt in Mareikes Gesellschaft, und zwischen Paella und Vino verde verhackstückten sie alle Beziehungsirrtümer der letzten zehn

Jahre. Cora konnte kaum glauben, was für Mengen an gegrilltem Thunfisch die Freundin da ungestraft verspeiste. Plötzlich wurde Mareike philosophisch. Auch das kannte Cora von früher.

Sie hatte dabei schon einen etwas schweren Zungenschlag: »Weißt du, was das Geheimnis der Liebe ist?« fragte sie die ebenfalls leicht angetrunkene Freundin.

»Leider nicht«, antwortete Cora glucksend.

»Es ist nie der Mann, von dem man meint, daß er es ist!«

»Ach was?« Cora lachte immer noch.

»Nein, verliebt sein ist der falsche Weg zum Glück. Ich war immer in alle diese Blödmänner verliebt, verstehst du. Unsterblich verknallt, und dabei kann der Richtige nur ein Mann sein, der dein Freund ist, verstehst du? Du mußt gar nicht verliebt sein. Ich will mich nie wieder verlieben!« lallte sie und erzählte Cora nun zum drittenmal die Geschichte von Sven, der sich eigentlich noch gar nicht von seiner Freundin getrennt hatte, nachdem er schon längst bei ihr eingezogen war. Sie wiederholte dabei immer und immer wieder: »In den Arsch war ich verliebt, und das ist einfach nicht gesund! Ich verlieb mich nie mehr in meinem Leben!«

»Wie nicht verlieben?« Cora verstand nicht so recht. Die Promille machten sich jetzt auch im Kopf bemerkbar.

»Na, du weißt schon, Schmetterlinge und so ... das ist Quatsch. Hiermit ...«, sie deutete dabei auf ihren Kopf, »findet man den Richtigen, nicht damit ...« Dabei zeigte sie auf ihr Herz.

»Und was ist damit?« Cora machte eine eindeutige Geste in Richtung ihres Unterleibs.

»Das da, also das da kommt dann ganz von alleine!« bekräftigte Mareike ihre Philosophie.

Als sie später, nachdem der Laden längst geschlossen hatte, mit den spanischen Kellnern wild nach »Bailame« tanzten, war dies die Wiedergeburt einer wunderbaren Freundschaft.

Und weil es so schön war, wurde beim nächsten Mal auch Markus zu einem Treffen der beiden beim Griechen zugelassen. Sie waren wieder die letzten Gäste, und dieses Mal tanzten sie mit dem gesamten Küchenpersonal Sirtaki. Sie landeten schließlich in Coras Wohnung, wo die beiden beschwipsten Frauen Markus kichernd sein Kuschelbett auf dem Sofa machten und dann im Schlafzimmer verschwanden. Cora meinte später, sich dunkel daran zu erinnern, daß Mareikes letzte Worte vor dem Einschlafen waren: »Ist der süß!«

Um so enttäuschter war sie darüber, daß Markus sich nach dieser langen lustigen Nacht gar nicht über Mareike äußern wollte. Sie löcherte ihn förmlich: »Wie findest du sie? Sieht sie nicht gut aus? Okay, ein bißchen dünn, aber ich glaube, die ist nicht krank ...« Er sagte nur: »Hm!« Das war eindeutig zuwenig. Auch die folgenden gemeinsam verbrachten Wochenenden schienen keinen bleibenden Eindruck auf ihn zu hinterlassen.

Überhaupt wirkte er in letzter Zeit ein wenig melancholisch. Vielleicht ist er eifersüchtig auf Mareike? mutmaßte Cora. Schließlich mußte er die beste Freundin jetzt an den geheiligten Wochenenden auch noch teilen.

Deshalb arrangierte sie an einem Samstagabend ein Zweiertreffen. Sie wollte doch unbedingt herausfinden, was ihrem Freund fehlte.

Es war schon kurz vor Mitternacht, als es ihr wie Schuppen von den Augen fiel. Die Erkenntnis überkam sie, während sie eingekuschelt in eine Wolldecke wieder einmal »Harry und Sally« sahen. Es war kein Zufall, daß sie gerade diesen Film so oft gemeinsam anguckten. »Harry und Sally« war Coras einzige Kaufkassette!

Eigentlich hatten sie einen Fernsehfilm sehen wollen, aber es hatte schlichtweg einmal wieder keinen gegeben. Es passierte bei dem Satz: »Frauen und Männer können keine Freunde sein«, als sie sich wie gewohnt verschwörerisch angrinsten. Doch dieses Mal legte Markus ganz plötzlich seinen Kopf gegen ihre Schulter. Er hatte seinen Kopf schon oft an ihre Schulter gelehnt, aber dieses Mal war das so ganz anders. Cora streichelte ihm sanft über das Haar, woraufhin er ihre Hand ergriff ... und plötzlich war alles sonnenklar. Mareike hatte recht gehabt: Liebe muß aus Freundschaft entstehen! Es war alles so einfach. Cora überlegte keine Sekunde lang, ob sie darauf eingehen sollte oder nicht. Alles war vertraut, nichts war fremd, sie konnte sich ganz sicher sein, keine bösen Überraschungen zu erleben. Sie kannte keinen Menschen so in- und auswendig wie ihn. Sie würden beide nicht mehr suchen müssen. Sie hatten einander gefunden. Mit keinem Mann konnte sie so gut kuscheln, so gut lästern, so gut glotzen und solche Kissenschlachten machen wie mit ihm. Jetzt kraulte sie seinen Kopf nicht mehr wie einen Hundekopf, sondern strich ihm mit den Fingerspitzen, so wie sie es bei ihren Lovern machte, sehr zart durch das Haar. Und siehe da, er stöhnte wohlig. Dann küßte sie ihn sanft in den Nacken. Er schien verwirrt, zumal im Fernseher Meg Ryan gerade ihren Orgasmus simulierte, doch Cora ergriff die günstige Gelegenheit und küßte ihn fordernd auf den Mund. Er sah sie zwar leicht erschrocken an, aber erwiderte ihren Kuß. Ein paar Minuten später hatten sie sich schon in der Wolldecke verheddert. Wieder ein paar Minuten später lagen sie erschöpft nebeneinander. Das war alles gewesen! Wie hat Mareike gesagt? versuchte sich Cora zu erinnern. Ach ja, »das da« komme dann von allein! Na ja, man würde ja nun ein ganzes Leben lang Zeit haben, um zu üben, tröstete sie sich rasch. Als sie Markus jetzt ansah, fiel es ihr sofort auf: Dieses Zucken seiner Oberlippe nach oben. Er war nervös. Zweifelsohne. Erotisch sah das jedenfalls nicht aus.

»Was war denn das?« fragte er leicht verwirrt.

»Das nennt man Sex!« antwortete Cora schlagfertig, und ihr wurde sofort bewußt, daß sie sich noch des Kumpelvokabulars bediente. Dabei wollte sie doch jetzt ganz Frau sein.

»Du«, flüsterte sie nun, »nimm es einfach so an.« Jetzt hatte sie sich auch noch an ihrem Berufsjargon vergriffen. Fehlte nur noch, daß sie ihn aufforderte, in das Gefühl noch einmal ganz tief hineinzugehen.

Er war gar nicht so einfach, dieser Übergang von der Freundschaft zur Liebe. Aber sie nahm sich vor, intensiv daran zu arbeiten.

»Cora?« Er hatte ihren Namen noch nie so zärtlich ausgesprochen, »ich weiß nicht, wie ich es dir sagen soll, aber ...«

Sie legte ihm ihren Finger auf die Lippen: »Ich weiß es doch.

Du brauchst dich doch vor mir nicht zu genieren ...« Sie klang jetzt sanft und weich.

»Ich, ich habe es gleich gespürt«, fuhr er fort, »hier, hier im Herzen habe ich es gemerkt. Ich, ich befürchte, ich habe mich verliebt!«

Cora gingen Mareikes mahnende Worte durch den Kopf. Nicht verlieben, nicht verlieben, aber sie konnte ihm doch schlecht sagen: Das wäre doch nicht nötig gewesen! Statt dessen küßte sie ihn auf die Stirn. Er nahm ihre Hand und sah jetzt aus wie ein kleiner Junge: »Cora? Findest du mich wirklich nicht albern? Ich habe so etwas noch nicht erlebt. Das war schon, als sie damals da beim Griechen reinkam. Das ging mir durch und durch!«

Es dauerte etwas länger, bis Cora den Sinn seiner gestammelten Worte in etwa verstand. Eines war klar: Sie war jedenfalls nicht gemeint!

»Cora?« Wieder hatte er es so einzigartig ausgesprochen. »Würdest du mir helfen? Bei ihr traue ich mich nicht. Sie hat so abwertend vom Verliebtsein gesprochen. Sie hat damals beim Griechen wörtlich gesagt, das sei was für Deppen. Nun gehe ich doch nicht hin und sage: ›Hallo, ich habe mich in dich verliebt.‹ Würdest du sie für mich aushorchen, ob sie etwas für mich empfindet? Wenn ich nur die geringste Chance habe, dann gehe ich hin und gestehe es ihr. Ich bin vielleicht bekloppt, aber ich habe zum erstenmal ans Heiraten ...« Er sah Cora beschwörend an.

Gleich schreie ich, dachte Cora, der Arsch liegt hier quasi mit mir im Bett und gesteht gerade hemmungslos seine Liebe zu Mareike. Ihr zweiter Impuls war, ihn mittels einer kräftigen Ohrfeige von diesem unerträglich dämlichen Dackelblick zu erlösen.

Als sie nicht gleich antwortete, schaute er sie besorgt an: »Das hier ändert doch nichts, oder? Du nimmst es mir doch nicht übel, daß ich ...? Das war ein Ausrutscher, ehrlich!«

Cora ließ sich nichts, aber auch gar nichts anmerken und versprach, in alter Freundschaft Mareike nach ihren Gefühlen für ihn auszufragen.

Die Gelegenheit ergab sich bereits am nächsten Abend. Dieses Mal hatten sie sich in einem russischen Restaurant getroffen, und Cora hatte sich vorgenommen, den Abend nicht mit dem Personal beim Kasatschok-Tanzen ausklingen zu lassen. Ihr war nicht nach langen Vorreden zumute, sondern sie hatte den festen Vorsatz gefaßt, gleich auf den Punkt zu kommen. Heute allerdings erschien ihr Mareike ungesund mager. Ob sie etwa doch?

»Ich muß dir was sagen«, begann sie das Gespräch, »was über Markus! Er hat sich verknallt.« Hatte sie sich getäuscht, oder glotzte Mareike sie jetzt auch mit einem selten blöden Dackelblick erwartungsschwanger an? Tatsächlich, es war ganz offensichtlich. Diese Verräterin hatte sich ebenfalls verliebt. In Markus. Aber ihr Vorträge halten. Nur durch Freundschaft komme die Liebe. Nur durch Freundschaft ... Coras Gedanken überschlugen sich jetzt. In ihr regte sich ein Widerstand, Markus diesen Freundschaftsdienst zu tun. Wo blieb sie? Gerade hatte sie sich auf Mareikes Philosophie voll und ganz eingestellt und sogar mit Markus geschlafen ... Und das fühlte sich verdammt gemütlich an. Dabei sollte es auch bleiben. Sie schaltete blitzschnell um und setzte ein versonnenes Lächeln auf: »Du bist die erste, die es erfahren soll«, hörte sie sich sagen, »deine Theorie stimmt tatsächlich. Markus und ich. Wir sind ein Paar. Seit gestern. Und ›das da‹ hat sofort geklappt!« Als sie Mareikes entsetztes Gesicht sah, mußte sie einfach noch einen draufsetzen: »Und, wir wollen heiraten. Du sollst Trauzeugin sein!« Cora sah nicht ohne Schadenfreude, wie Mareike sämtliche Farbe aus dem Gesicht gewichen war.

»Willst du das für mich tun?« fragte Cora bittend. Sie gab sich nicht zufrieden, bis Mareike mit ihrem letzten Rest von Selbstbeherrschung ein schwaches »Natürlich!« gehaucht hatte. Der Abend endete dann doch noch beim Kasatschok mit dem gesamten Küchenpersonal, wobei Mareike mitten beim Tanzen plötzlich von einem heftigen Weinkrampf übermannt wurde.

Markus konnte gar nicht erwarten, Coras Bericht zu hören. Er hatte mit allem gerechnet, aber nicht damit, daß Mareike ihn als »nett« bezeichnen würde. Um genauer zu sein, als »netten Typen«, der auf sie aber leider die erotische Ausstrahlung von weißen Tennissocken in Birkenstocksandalen habe, hatte Cora hinzugefügt und betont, daß Mareike sie gebeten hatte, ihm das bitte nicht zu sagen. Aber sie seien doch immer ehrlich zueinander gewesen! Markus fühlte sich seinerseits sofort bemüßigt, Cora zu versichern, damit sei die Frau für ihn gestorben. Und doch konnte sie unschwer erkennen, daß er am Boden zerstört war. Was gab es für eine bessere Ausgangsposition, sich unentbehrlich zu machen, als einen liebeskranken Mann zu trösten?

Cora konnte absolut sicher davon ausgehen, daß die beiden sich unter diesen Umständen fortan mit kühler Distanz und nur wegen ihrer gemeinsamen Freundin einigermaßen höflich begegnen würden. So war es dann auch. Mehr als eine flüchtige Begrüßung und ein paar belanglose Worte tauschten die beiden nicht mehr aus.

Es kostete Cora bei Markus' angeknackster Seelenlage nicht die geringste Mühe, ihn davon zu überzeugen, daß weder sie noch er jemals einen besseren Partner finden würden. Beinahe dankbar nahm er ihren Vorschlag an, daß sie dann doch auch gleich heiraten könnten. Cora versicherte ihm, daß »das da« sich von selber einstellen würde.

Beide Familien freuten sich sichtlich darüber, daß aus der langen Freundschaft ihrer Kinder nun doch noch eine Partnerschaft für das ganze Leben werden sollte. Ihre Mütter kannten sich schon seit vielen Jahren und machten sich mit Feuereifer daran, das große Fest gemeinsam vorzubereiten. Dabei konkurrierten sie unermüdlich miteinander, so daß jenes Ereignis immer größer und größer wurde, bis sie es schließlich auf dreihundert Gäste gebracht hatten.

Natürlich begleiteten sie Cora auch, als sie das Brautkleid aussuchte. Das Ergebnis war ein unverschämt teures cremefarbenes Seidengewand, in dem Cora wie eine Prinzessin aussah. Und eine Traumfigur hatte. Das jedenfalls befanden die Mütter einvernehmlich. Nur die Trauzeugin, die von der Braut unbarmherzig überall mit hingeschleift wurde, teilte diese Begeisterung nicht. Mareike hatte inzwischen mehrfach versucht, den Job wieder loszuwerden, aber Cora bestand beinhart darauf. Nur Mareike allein könne das bezeugen. Denn ihr sei es ja schließlich zu verdanken, daß es sich so entwickelt habe. Manchmal, wenn sie allzu sehr übertrieb, rührte sich Coras schlechtes Gewissen, aber dann tröstete sie sich mit dem Gedanken, daß Mareike sich den Schlamassel schließlich selber eingebrockt hatte. Große Sprüche, aber nichts dahinter! Ohne sie wäre das hier nie passiert!

Am Tag der Trauung zeigte sich die Sonne von ihrer besten Seite, als Cora mit Markus am Arm die Stufen zum Standesamt emporschritt. Eigentlich hatte sich die Braut zum Einzug in das Hochzeitszimmer den Triumphmarsch aus »Aida« gewünscht, aber als Mareike davon gehört hatte, war diese in einen solchen Heulkrampf ausgebrochen, so daß Cora bereit war, wenigstens auf diese kleine Gemeinheit zu verzichten. Feierlich betraten sie den düsteren, holzgetäfelten Raum ohne Musikbegleitung. Die Mütter waren furchtbar aufgeregt, und immerzu zupfte eine von ihnen an Cora herum. Sie nahmen Platz an einem riesigen Tisch aus Eichenholz. Schlagartig hatte man das Gefühl, sich auf der Angeklagtenbank zu befinden, denn ihnen gegenüber thronte eine Dame, die sich der eben noch fröhlichen Hochzeitsgesellschaft mit lauter scharfer Stimme als Frau Friedrichs-Möhrenberg vorstellte. Sie machte ein ernstes, beinahe verkniffenes Gesicht, als wolle sie zweimal lebenslänglich verhängen. Und so redete sie auch. Hart und abgehackt sprach sie von ewiger Treue, von einem Vertrag fürs Leben, den man nicht brechen dürfe ... Dabei hielt sie mahnend den rechten Zeigefinger hoch. Frau Friedrichs-Möhrenberg wollte gar nicht aufhören. Cora lächelte standhaft. Sie war nicht bereit, sich von einer so humorlosen Schnepfe den schönsten Tag ihres Lebens versauen zu lassen. Innerlich zählte sie die Zahlen von Hundert rückwärts, wie sie es immer tat, wenn sie sich furchtbar langweilte.

Deshalb bekam sie auch zunächst gar nicht mit, warum plötzlich alle Anwesenden zu tuscheln begannen und die donnernde Anklägerin verstummte, doch dann hörte sie Mareikes Stimme zitternd und tränenerstickt stammeln: »Ich kann das nicht bezeugen. Ich kann nicht. Wirklich nicht!« Die Standesbeamtin hielt Mareike das Papier jetzt direkt unter die Nase und befahl: Unterschreiben Sie!« Diese stöhnte schluchzend: »Ich kann nicht. Ich kann nicht. Ich liebe ihn doch so! Es muß ein anderer machen, bitte!« Dabei sah sie sich hilfesuchend im Raum um, aber keiner stand auf. Alle glotzten sie mit offenen Mündern an. Als erster reagierte Markus. Er klang auch ziemlich verstört: »Und ich dachte, du magst mich nicht. Ich meine, du hast gesagt, ich hätte die erotische Ausstrahlung von weißen Tennissocken ...« Weiter kam er nicht. »Das habe ich nie gesagt!« beschwor die heulende Mareike. Und beide starrten jetzt die Braut an. Die Standesbeamtin hatte ihre Fassung wiedergewonnen. Ihre Stimme überschlug sich fast: »Können Sie das vielleicht draußen regeln? Das ist hier ein ehrenwerter Ort ...« Jetzt wurde es höchste Zeit, daß Cora das Ruder wieder an sich riß: »Halten Sie endlich den Mund, und bringen das hier zu Ende«, schnauzte sie Frau Friedrichs-Möhrenberg harsch an.

Die aber dachte gar nicht daran, ihr holzgetäfeltes Imperium entweihen zu lassen, und warf die Hochzeitsgesellschaft kurzentschlossen aus dem Zimmer. »Kommen Sie zurück, wenn Sie sich geeinigt haben«, rief sie ihnen in bösartigem Ton hinterher. Also diskutierten sie auf dem Flur weiter: Die Mütter weinten um die Wette, die Väter brüllten, die kleinen Nichten und Neffen kicherten verschämt, doch dann kehrten sie schließlich einträchtig zurück. Man hatte sich geeinigt: Die Trauung sollte stattfinden!

Cora ließ sich höchst widerwillig am Platz der Trauzeugin nieder. Sie ärgerte sich maßlos darüber, daß sie es eben so bereitwillig zugegeben hatte: Das mit den Tennissocken! Und daß sie sich sogar hatte breitschlagen lassen, mit Mareike die Kleider zu tauschen. Wie in einer Wurstpelle fühlte sie sich. Zugegeben, Mareike sah nicht besser aus in dem cremefarbenen. Das Kleid schlotterte an ihr herunter und verbreitete allenfalls noch den Charme einer Kittelschürze. Ich muß geistig umnachtet gewesen sein, dachte Cora wütend, das hier zuzulassen! Und alles nur, weil der blöde Trauzeuge ihr im Flur gestanden hatte, er sei schon lange in sie verliebt. Das hatte sie für einen winzigen Moment lang verwirrt. Für den entscheidenden Moment. Das Leben hätte so friedlich, so gemütlich verlaufen können. Sie schnaubte förmlich vor Wut bei dem Gedanken, daß sie im Begriff war, so kampflos aufzugeben. Nein, sie würde nicht mitspielen, sie würde hier und jetzt auf ihrem Recht bestehen. Was ging sie ihr Geschwätz von eben an? Markus blickte sie flehend an, und da passierte es: Seine Oberlippe zuckte im Zweisekundentakt. Dabei lief ihm ein kleiner Speichelfaden aus dem Mund. Hatte Mareike denn keine Augen im Kopf? So kuhäugig, wie sie ihn anglotzte, mußte sie doch sehen, daß er an nervösen Zuckungen litt. Cora konnte sich kaum von diesem bedauernswerten Anblick lösen, doch dann besiegelte sie, so schnell sie nur irgend konnte, die Ehe ihrer blind verliebten Freundin mit einem Mann, der in Kürze zu sabbern anfangen würde.

Die Aktmodelle

Eleonore lag ausgestreckt auf ihrem Kanapee und las zum drittenmal die berauschende Kritik über ihre Ausstellung. Der Kritiker hatte nicht gespart mit Superlativen. Eleonore hob ihr Champagnerglas und prostete dem jungen Mann, der die Künstlerin da so überschwenglich lobte, in Gedanken zu. Der junge Kritiker war am Abend überhaupt nicht mehr von ihrer Seite gewichen und hatte sie regelrecht angehimmelt. Das würde sie belohnen. Dessen war sie sich sicher. Es war für sie zwar keine allzu große Überraschung gewesen, daß sie auch mit dieser neuen Ausstellung wieder einmal das Herz der Kritiker erobert hatte, aber sie konnte sich jedesmal wieder ehrlich darüber freuen. Für diese Momente lebte sie. Jede ihrer Ausstellungen empfand sie als einen Akt der inneren Befreiung.

Noch einmal hob sie das Glas und sprach einen Toast auf ihr letztes Modell aus. Den jungen schönen Boris. Schade, daß er das nicht mehr hatte erleben dürfen, aber das Schicksal hatte es nun einmal so und nicht anders für ihn bestimmt. Schließlich war ihm durch sie ein Leben nach dem Tod beschieden. In ihren Bildern würde er unsterblich sein. Jedenfalls sein Körper!

Und eben diese Aktbilder waren es, die Publikum wie Kritiker gleichermaßen vor Begeisterung toben ließen. Boris hatte einen muskulösen ebenmäßigen Körper besessen. Eleonore versuchte, dagegen anzukämpfen, aber schon beim nächsten Schluck spürte sie den salzigen Beigeschmack ihres Champagners. »Boris«, flüsterte sie zärtlich, »ich liebe dich.« Noch einmal ging sie jedes Detail seines einzigartigen Körpers durch, bis sie seufzend aufstand, um sich in ihr Atelier zu begeben. Es lag nur wenige Schritte von ihrer Wohnung entfernt.

Sie blickte sich um und genoß einen Augenblick lang all die leeren Staffeleien. Jetzt war sie frei für neue Werke. Nur noch ein einziger Boris war ihr geblieben. Er hing einsam und verlassen zwischen all den weißen Blättern. Die anderen Bilder befanden sich in der Ausstellung und waren bereits allesamt für gutes

Geld verkauft worden. Langsam und bedächtig rollte sie diesen letzten Boris zusammen und trug ihn in eine kleine Kammer hinter ihrem Atelier zu all den anderen.

Sie stand lange vor der weißen Leinwand, bis vor ihrem inneren Auge klar und deutlich das erste Bild für die nächste Ausstellung entstand. Sie hatte diese unter das Thema »Meere« gestellt. Sie würde mit einem Fischer in seinem Boot beginnen. Und sie wußte auch schon, wer der Fischer sein würde. Sie empfand eine unbändige Freude bei dem Gedanken, daß sich die Leere noch in dieser Nacht mit Leben erfüllen sollte.

Ihre Haushälterin Kathie war die einzige, die ihr kleines Geheimnis kannte. Als Eleonore in ihre Wohnung zurückkehrte, war es schon dunkel geworden. Kathie hatte sich bereits Sorgen gemacht, aber das war bei ihr nichts Besonderes. Kathie machte sich immer Sorgen, wenn ihre Chefin im Dunklen unterwegs war. Jedesmal empfing sie sie mit Vorwürfen: »Das können Sie mir nicht antun! Sie wissen doch, daß es gefährlich ist, so spät noch draußen zu sein. In diesem Viertel! In ihrem Alter!« Es nützte gar nichts, daß Eleonore ihr jedesmal erneut versicherte, die paar Junkies da draußen hätten es bestimmt nicht auf sie abgesehen. Und den Hinweis auf ihr Alter wolle sie überhört haben. Kathie, die auf die siebzig zuging, wußte als einzige, wie alt die Künstlerin wirklich war. Sie durfte nur nicht wagen, es auszusprechen. Vor der Presse gab Eleonore meistens an, sie sei sechzig Jahre jung. Und auch Kathie hätte das notgedrungen glauben müssen, wenn ihr nicht vor vielen Jahren beim Aufräumen zufällig einmal der Paß der Dame in die Hände gefallen wäre. Danach war sie gerade einundsiebzig geworden. Eleonore hatte ihren Geburtstag ganz offiziell gefeiert und neugierigen Pressevertretern zugeraunt: »Ihnen kann ich es ja sagen. Einundsechzig!« Dabei hatte sie ihr Jungmädchenlachen aufgesetzt, das keinen Zweifel an der Richtigkeit dieser Information ließ. Diese Menschen ahnten ja auch nichts von den Hüftschmerzen, die sie ständig quälten. Sobald Besuch kam, mußte Kathie die Krücken, auf denen Eleonore sich im Haus bewegte, schnellstens verschwinden lassen. Keiner sah ihr je an, was für Schmerzen sie beim Gehen litt. Im Gegenteil, ihr Gang in der

Öffentlichkeit wirkte fast schwebend. Überhaupt war das ihr Image. Eine leicht schwebende, ätherische und androgyne Erscheinung. Eleonore war immer schon schlank gewesen, besaß eine knabenhafte Figur und kleidete sich immer in demselben Stil. Sie trug nur weiße Kleider aus fließenden Stoffen. Meist war es Chiffon. Und stets schmückte sie es mit einem edlen gemusterten Schultertuch. Die Farben waren wiederum auf ihre Ohrringe abgestimmt. Diese durften üppig sein, denn ihr Haar trug sie schlicht und meist streng nach hinten gesteckt. Um ihre Haarfarbe wurde sie glühend beneidet. Sie war eine dieser Frauen, deren Haar im Alter nicht grau, sondern früh weiß wurde. Eine Farbe, die sich manche junge Frau mühsam erfärben mußte. Dabei strahlte sie etwas Geheimnisvolles aus, denn obwohl sie eine bekannte Künstlerin war, wußte niemand etwas über ihr Privatleben. Es kursierten die wildesten Gerüchte über sie. Einige munkelten, sie liebe nur Frauen, andere erzählten sich unter vorgehaltener Hand, sie sei früher eine zügellose Nymphomanin gewesen.

Keiner wußte, daß sie in jungen Jahren einmal verheiratet gewesen war. Und daß ihr über alles geliebter Mann früh gestorben war. Sie aber war deswegen nie zur Nonne geworden. Dazu liebte sie die Liebe viel zu sehr. Auch jetzt noch!

Selbst in den letzten zehn Jahren, seit Kathie ihr den Haushalt führte, hatte diese viele männliche Begleiter ein- und ausgehen sehen. Zu viele, wie Kathie, die seit zwanzig Jahren keinen Mann mehr in ihre Nähe gelassen hatte, befand. Aber Kathie wußte sehr genau, daß sie über die Leidenschaft ihrer Chefin zu jungen Männern zu schweigen hatte. Denn noch nie wurde Eleonore in der Öffentlichkeit mit einem ihrer Liebhaber gesehen.

»Decken Sie bitte für zwei Personen!« Damit unterbrach Eleonore die Warnungen ihrer Haushälterin, abends nicht mehr allein auf die Straße zu gehen. »Und bitte eine Flasche Champagner!« fügte sie hinzu und verschwand im Salon. Kathie rümpfte die Nase, denn sie ahnte, was das zu bedeuten hatte. Es wäre eine Untertreibung gewesen, Eleonores Wohnraum profan als Wohnzimmer zu bezeichnen. Sie liebte Stilmöbel und konnte sich diese leisten. Überall auf der Welt suchte und fand sie die wundersamsten Stücke. Und trotzdem wirkte der Raum nicht altmodisch, verstaubt oder überladen, sondern strahlte üppige adelige Eleganz aus. Jeder Besucher war sofort gefangen, wenn er diesen Raum betrat. Die Atmosphäre war verführerisch und faszinierend. Genau wie ihre Bilder. Das jedenfalls hatte der junge Kritiker über die Malerin geschrieben.

Eleonore verspürte jetzt starke Schmerzen in der Hüfte, aber sie konnte nicht stillsitzen. Also durchwanderte sie auf ihren Krücken ein paarmal das Zimmer. Sie mußte nachdenken, genau überlegen, wie sie es taktisch angehen sollte. Dabei wußte sie in ihrem tiefsten Inneren, daß er gar keine andere Wahl haben würde.

Kathie unterbrach die Gedanken ihrer Chefin mit den schnippischen Worten: »Der junge Mann von der Zeitung ist da!« Dabei legte sie die Betonung auf »junge« und sagte das mit einem recht spitzen Unterton. Kathie konnte sich nie ganz verkneifen, ihren Unmut über jene männlichen Besucher zum Ausdruck zu bringen. Sie war streng katholisch und wollte ihre moralischen Bedenken nicht verhehlen. Sie hatte es einmal gewagt, ihre Meinung offen kundzutun. Da hatte sich Eleonore wie eine Furie auf sie gestürzt und sie »verknitterte alte Jungfer« genannt. Seitdem drückte Kathie es nur mit den Augen und dem entsprechenden Unterton aus, aber das übersah Eleonore. Sie lächelte. Immer, wenn sie diese Besucher erwartete, bekam sie etwas Mädchenhaftes. Diese Frau ist alterslos, dachte Kathie in diesem Augenblick mit einem Anflug von Neid.

»Führen Sie ihn ins Eßzimmer!« war Eleonores Antwort, und sie überreichte ihrer Haushälterin stumm die Krücken. Leichtfüßig, als habe sie in ihrem ganzen Leben noch nie das leiseste Ziehen in der Hüfte verspürt, schwebte sie in das Eßzimmer. Auch dieses war geschmackvoll eingerichtet, und es duftete dezent nach Blumen. Auf der Anrichte stand ein Strauß mit fünfunddreißig roten Rosen.

Florian lief sofort rot an, als er die Künstlerin so leichtfüßig auf sich zuschweben sah. Sie reichte ihm ihre Hand und tatsächlich, er deutete einen Handkuß an.

»Hat sie Ihnen gefallen?« fragte er hastig. Eigentlich hatte er sich vorgenommen, nicht gleich mit der Tür ins Haus zu fallen und sie nach der Kritik zu befragen.

Sie lächelte ihn an: »Sehr. Ich habe mich gefreut über Ihre Worte. Sie haben so viel Respekt ausgedrückt. Ich freue mich besonders, daß meine Bilder einem jungen Menschen wie Ihnen noch so viel geben!« Das hatte sie absichtlich gesagt. Sie war sich sicher, er würde jetzt heftig protestieren.

»Aber Sie malen zeitgemäß, so jung, so ... und ihre Handschrift, die ist so unverkennbar. Auf jedem Bild dieser Mann, dieser ...« Er zögerte. Schließlich war sie eine Dame.

»Dieser Mann? Sie meinen sicher, diesen nackten Mann?«

Er nickte und ereiferte sich: »Auch wenn der Mann immer dasselbe Gesicht hat, er ist doch jedesmal anders!«

Sie sah ihn prüfend an und stellte ihm eine einzige Frage:

»Wollen Sie wissen, wer er ist? Dieser Mann?« Florian schluckte.

Sie wiederholte ihre Frage: »Wollen Sie?«

In diesem Augenblick kam Kathie mit dem Essen. Sie servierte die Vorspeise und versuchte dabei, den jungen Kritiker völlig zu ignorieren. Kaum hatte sie das Zimmer verlassen, sprach Eleonore mit ihm über Kathies Kochkünste und beobachtete dabei, wie der junge Kritiker vor lauter Aufregung kaum wußte, wo er sich lassen sollte. Er fieberte nach einer Antwort, aber sie ließ ihn noch ein wenig schmoren.

»Wissen Sie, als Kathie bei mir anfing, konnte sie nicht einmal eine Poularde von einem Hähnchen unterscheiden.« Sie lachte kehlig, »Aber sie ist lernfähig. Wirklich!« Dann legte sie eine Pause ein und konnte förmlich sehen, wie der junge Mann gegen seine Ungeduld ankämpfte. Jetzt wollte sie ihn erlösen: »Ach ja, Sie möchten wissen, wer er ist? Das Gesicht! Ich will Sie nicht unnötig auf die Folter spannen. Er ist mein Mann. Ich habe ihn sehr geliebt. Er ist im Alter von fünfunddreißig Jahren ertrunken.« Sie spürte, wie Florian nach einer intelligenten Erwiderung suchte, aber ihm fiel nichts ein. Das kam so unerwartet. Das war eine so persönliche Äußerung. Darauf war er nicht gefaßt. Man hatte ihn vor diesem Interview gewarnt. Sie sei eine harte Nuß, an ihr hätten sich schon gewiefte Kollegen die Zähne ausgebissen, wenn sie etwas Privates hatten herausfinden wollen. Ihr Privatleben blieb ein Tabu. Sie pflegte in der Regel, Journalisten bei indiskreten Fragen höflich, aber bestimmt an die Luft zu setzen. Und jetzt das! Diese Offenheit. Er konnte sein Glück gar nicht fassen. Plötzlich fühlte er sich ganz benommen. Vielleicht lag es an dem vielen Champagner. Es war bereits das dritte Glas. Ihr schien das überhaupt nichts auszumachen. Und dann war da dieser betörende Duft. Sie sah ihm jetzt direkt in die Augen, und er glaubte einen Augenblick lang zu halluzinieren. Das waren junge strahlende Augen, die Augen einer jungen Frau. Er konnte nicht anders. Er mußte sie ansehen, und er gab seinen Widerstand auf. Er sah, was er sah. Er hatte noch nie eine so schöne Frau gesehen. Ihr Gesicht war glatt, wenngleich es gelebt aussah. Keinesfalls verlebt, sondern es waren ein paar scharfe Linien, die eher markant wirkten als alt. Der Hals war makellos glatt. Ob sie geliftet ist? schoß es ihm plötzlich durch den Kopf, aber es war nur für den Bruchteil einer Sekunde, daß sich sein Kopf eingeschaltet hatte. Denn nun sah er ihr wieder in die Augen. Sein Herz klopfte, und er versuchte jetzt, an etwas anderes zu denken. Was würde seine Freundin wohl sagen, wenn sie ihn jetzt sähe? Er saß mit dieser bekanntermaßen völlig verschlossenen Künstlerin an ihrem Tisch, sie hatte ihm gerade freiwillig eine privat, nahezu intime Information gegeben, und er spürte, statt an das Interview zu denken, nur noch den Impuls, sie zu berühren. Und er tat es. Sanft nahm er ihre Hand. Die alterslose Hand einer von ihm verehrten Künstlerin. Aber es war noch mehr. Diese Erkenntnis traf ihn wie einen Blitz: Er liebte nicht nur ihre Bilder, sondern er liebte sie. Diese Frau. Und … er begehrte sie.

Sie entzog ihm hastig ihre Hand und bat ihn nun in sachlichem Ton, seine Fragen zu stellen. Kathie hatte inzwischen den Hauptgang serviert. Florian versuchte, professionell zu wirken, aber er konnte sich nicht auf seine Fragen konzentrieren. Es fiel ihm keine ein. Dabei hatte er sich so gründlich vorbereitet auf diesen Termin. Etwas linkisch kramte er aus seiner mitgebrachten Tasche einen Zettel hervor, aber die Fragen kamen ihm plötzlich so banal vor. Hatte er sie wirklich fragen wollen: Wann haben Sie angefangen mit der Malerei? Wollten Sie immer schon Malerin werden? Ihre wievielte Ausstellung war das? Auf andere Fragen war er nicht eingestellt, und doch fragte er jetzt etwas völlig Unvorbereitetes:

»Wenn das Ihr Mann ist, warum hat er auf Ihren Bildern immer unterschiedliche Figuren? Ich meine, er ist in dieser Ausstellung beinahe ein Muskelmann. Und in Ihrer letzten, da war er ein Asket.« Er hielt den Atem an. Er hatte Angst, zu weit gegangen zu sein.

»Das ist ganz einfach«, erwiderte sie, ohne zu zögern, »jedesmal steht mir ein anderer Mann Modell.«

»Jedesmal ein anderer?« Florian schluckte laut: »... das heißt, Sie arbeiten mit Aktmodellen? Ehrlich, das wußte ich nicht. Das hat noch nie jemand über Sie geschrieben. Das ist ja irre, ich meine irre spannend.« Mit diesen Worten nahm er seinen Stift in die Hand und wollte sein Wissen aufschreiben, bevor er wieder schwach wurde und den Grund seines Hierseins vergaß.

Sie aber hielt ihn sanft am Arm fest und sagte laut und bestimmt: »Nein! Ich möchte nicht, daß Sie das schreiben!«

»Warum nicht? Ich meine, Sie haben mir das erzählt. Warum soll ich das nicht schreiben?« fragte er mechanisch, und dabei ahnte er bereits, daß er diese Information nie in einem Artikel verwenden würde.

»Das würde den Zauber zerstören. Das muß unser Geheimnis bleiben. Davon dürfen immer nur zwei Menschen wissen. Das Modell und ich.«

»Aber ich bin doch gar nicht Ihr Modell«, erwiderte Florian verunsichert. Er hatte plötzlich Angst.

»Noch nicht!« flüsterte Eleonore ihm zu und sah ihm lange und intensiv in die Augen. Florian fühlte sich mit einemmal merkwürdig willenlos. Seine Freundin warf ihm immer vor, er sei zu kopflastig, aber was hier gerade passierte, konnte er mit dem Kopf gar nicht begreifen.

Diese Frau dort war, soweit er wußte, sechzig und damit genau sechsundzwanzig Jahre älter als er. Nie hatte er auf ältere

Frauen gestanden. Im Gegenteil, seine Freundinnen waren in der Regel unter dreißig. Unter dreißig, unter dreißig, das hämmerte rhythmisch durch seinen Kopf, und doch, er brannte darauf, sich vor dieser großen Künstlerin auszuziehen.

Sie fragte nur noch: »Wie alt sind Sie?« Als er mit belegter Stimme antwortete: »Vierunddreißig«, sagte sie: »Das ist gut.«

Es waren nur ein paar Schritte bis zum Atelier. Eleonore hatte sich bei ihm untergehakt und plauderte jetzt ganz ungezwungen über den Kubismus. Zwei Experten unter sich. Es war anregend, sich mit ihr zu unterhalten.

Sie bat ihn, sich hinter einem Paravent auszuziehen. Mit einemmal hatte sie sich ganz in die Künstlerin verwandelt. Das bezaubernde Jungmädchenhafte war verschwunden. Sie gab klare Anweisungen. Er wollte wissen, was das für ein Bild werde. Sie erklärte sachlich, daß sie ihn als Fischer malen werde. Als einen italienischen Fischer, der den Namen Luigi trage. Sie malte ihn liegend, und nach einer Weile hatte er seine anfängliche Scham überwunden. Als sie fertig war, erlaubte sie ihm sogar einen Blick auf das Bild. Ein Schauer lief ihm über den Rücken. Da war es wieder, dieses durchdringende markante Gesicht des Mannes, ihres Mannes, und er wünschte einen kurzen Moment lang, sie hätte ihm sein Gesicht gelassen. Doch dann stutzte er: Das Gesicht auf dem Bild ähnelte tatsächlich entfernt dem seinen.

In dieser Nacht wurde er Eleonores Geliebter. Es war alles von ihm ausgegangen, und er konnte sich des Gefühls nicht verwehren, eine junge Frau im Arm zu halten. Sie hatte einen erstaunlich jugendlichen Körper. Er wollte sie wiedersehen. Unbedingt! Sie war leidenschaftlich gewesen, aber nun stellte sie klare Bedingungen. Wenn er ihr weiter Modell stehen und über die Beziehung zu ihr schweigen werde, dann sei sie bereit, ein Verhältnis mit ihm zu haben.

Das erschien ihm völlig unproblematisch, aber nach drei Monaten, in denen er ihr fast täglich Modell gestanden hatte, verspürte er plötzlich das starke Bedürfnis, auch in der Öffentlichkeit zu dieser Liebe zu stehen. Er hatte sie noch nie so wütend gesehen. Sie mache sich doch nicht lächerlich, schnaubte sie, nach so einem Outing würden sie beide zu begehrten Objekten der Klatschpresse werden. Er sei dann das Anhängsel der erfolgreichen Frau, die sich einen jüngeren Mann leiste. Ob er das wirklich wolle? Natürlich wollte er nicht, und als er einmal in einem Anfall von überschäumender Emotion ankündigte, er werde sich von seiner Freundin trennen, nahm sie ihm das Versprechen ab, in jedem Fall bei ihr zu bleiben. Sie flehte ihn beinahe an, so zu tun, als sei alles in Ordnung. Das war gar nicht so einfach, denn er hatte sich verändert. Die neue Beziehung nahm nicht nur viel Zeit in Anspruch, sondern auch seine Gedanken drehten sich nur noch darum. Natürlich vermutete seine Freundin bald, daß er fremdging, und es war beinahe rührend, wie sie plötzlich jede Frau unter dreißig verdächtigte, etwas mit Florian zu haben.

Er liebte die Sitzungen als Aktmodell. Viele vergingen wortlos, aber manchmal erzählte sie ihm etwas aus ihrem Leben. Das hing immer davon ab, wie viele Flaschen Champagner sie bereits getrunken hatte. Einmal fragte er sie nach ihrem Mann und warum er so früh gestorben war. Das fragte er weniger aus künstlerischem Interesse als vielmehr aus einem diffusen Gefühl von Eifersucht heraus. Kaum hatte er ihr diese Frage gestellt, liefen ihr Tränen über das Gesicht. Er befürchtete schon, er werde niemals erfahren, was passiert war. Damals vor vielen Jahren mit ihrer großen Liebe! Und doch waren ihre Tränen eine Antwort auf seine Vermutung, daß sie diesen Mann immer noch mehr liebte als alles andere. Mehr als ihn! Zu seiner großen Überraschung aber begann sie stockend, ihm die traurige Geschichte zu erzählen: Es war in Italien geschehen während eines Urlaubs. Sie waren jedes Jahr in dieses kleine Fischerdorf gefahren. Immer in die Pension Luigi. Eigentlich war Luigi ein Fischer, aber er hatte fünf Gästezimmer, und seine Mutter bekochte die Gäste. Oft hatten sie ihn in seinem Boot begleitet. An diesem Tage war nur ihr Mann allein mit hinaus auf das Meer gefahren, war, wie immer, von Bord gesprungen und vom Boot weggeschwommen. Doch dieses Mal hatte ihn ein Krampf überrascht, und Luigi, der in einiger Entfernung mit dem Fischen beschäftigt gewesen war, hatte den Motor nicht anwerfen können. Er hatte nicht zu der Stelle gelangen können, an der der verzweifelte Mann um sein Überleben kämpfte. Luigi war Nichtschwimmer. Vor seinen Augen war Albert ertrunken. Und sie war dieses eine Mal nicht bei ihm gewesen, um ihn zu retten.

Während Eleonore ihm das erzählt, malte sie nicht, sondern ballte die Fäuste und fügte hinzu: »Damals habe ich erst mich, dann Luigi umbringen wollen, aber auch er hatte einen lieben Menschen verloren und ist beinahe an seinem schlechten Gewissen gestorben.«

Florian bekam, während sie das erzählte, eine Gänsehaut, und er fragte Eleonore nun direkt: »Der Fischer Luigi, das bin ich auf dem ersten Bild, oder?« Eleonore nickte und sah in diesem Augenblick zum erstenmal alt und müde aus. Das nahm jedenfalls Florian so wahr. Und trotzdem liebte er sie, weil sie so schutzbedürftig wirkte. Sonst fiel ihm nichts auf. Nur diese gewisse Ähnlichkeit, die Albert und er besaßen, aber er traute sich nicht, sie darauf anzusprechen.

Ihre heimliche Beziehung dauerte mittlerweile schon ein halbes Jahr, als Eleonores neue Ausstellung bevorstand. Sie waren sich einig. Er sollte diese auf keinen Fall rezensieren. Er aber wußte nicht, was er dagegen unternehmen konnte. Von seiten der Zeitung würde man natürlich ihn schicken. Da machte Eleonore ihm einen vernünftigen Vorschlag: Er solle eine Ausstellung in Florenz vorschieben und sich ein paar Tage in Italien erholen. Sie kenne da eine kleine recht einfache Pension. Am Tag nach der Ausstellungseröffnung werde sie nachkommen. Die Aussicht auf ein paar Tage mit ihr ganz allein beflügelten ihn, denn es gab einiges zu klären: Er war nämlich nicht mehr bereit, sich als ihr heimlicher Lover verstecken zu müssen. Die Redaktion der Zeitung war begeistert, daß er über die Michelangelo-Ausstellung aus Florenz berichten wollte, und gab ihm eine Woche. Eleonore nannte ihm die Adresse der kleinen Pension in Ligurien. Er war etwas traurig, jetzt nicht bei ihr zu sein, aber sie entgegnete melancholisch, sie habe schon so viele Ausstellungen allein erleben müssen. Das sei ihr Schicksal.

Er rief sie gleich nach seiner Ankunft in Italien an und sagte scherzend, was für ein Zufall! Er sei in der »Pension Luigi« gelandet, und er fragte sie, ob der alte halbblinde Mann etwa jener Fischer sei? Sie antwortete, das müsse er selber herausfinden. Seinen letzten Anruf bekam sie zwei Tage vor der Ausstellungseröffnung. Er wisse jetzt, daß es Luigi, der Fischer, sei, erzählte ihr Florian übermütig, denn morgen werde er ihn hinaus auf das Meer begleiten. Er legte glücklich auf, denn sie hatte ihm versichert, daß sie ihn wirklich und von ganzem Herzen liebe und ihn nie vergessen werde.

Das entsprach die Wahrheit, denn sie war keinesfalls glücklich, als am nächsten Abend ihr Telefon klingelte. Wie die Male zuvor, brüllte Luigi zunächst übelste italienische Flüche in den Hörer. Das brauchte er, um sich Luft zu machen. Das sei wirklich das letzte Mal. Irgendwann sei jede Schuld abgetragen. Eines Tages würden die Carabieneries vor seiner Tür stehen. Das sei doch langsam auffällig, wenn alle halbe Jahre ein Toter an Liguriens Strände gespült würde. Er steige aus. »Basta!« Wie auch die Male zuvor konnte Eleonore ihn schließlich beruhigen und versprach, sie würde ihm keinen jungen Mann mehr in seine Pension schicken. Während sie das sagte, glaubte sie selbst daran. Schließlich machte ihr das auch keinen Spaß. Im Gegenteil: Sie litt doch am meisten. Den wunderbaren Florian würde sie schmerzlich vermissen. Es war nicht nur sein Körper, der sie inspiriert hatte, sondern er war ihrem geliebten Mann am ähnlichsten von allen gewesen. Und schon deshalb hatte sie sich nicht länger mit ihm vergnügen dürfen. Es war nun einmal Schicksal, daß keiner älter werden durfte als fünfunddreißig. Keiner! Das hatte sie am Grab ihres Mannes geschworen. Keiner seiner Nachfolger sollte jemals älter werden als er.

Zur Ausstellungseröffnung strahlte sie und nahm charmant die Komplimente der Anwesenden entgegen. In einem unbeobachteten Moment aber verfinsterte sich ihr Blick. Sie machte sich ernsthafte Sorgen um ihre Zukunft. Diese Ausstellung war zwar ein voller Erfolg, aber wie würde die nächste werden? Würde es überhaupt noch jemals eine geben? Doch dann nahm sie den jungen gutaussehenden Kellner, der ihr galant und lächelnd ein Glas Champagner servierte, wahr, und ihr Gesicht hellte sich merklich auf …

Schöner Gigolo, armer Gigolo

Constanze lag dösend in der prallen Sonne. Natürlich wußte sie, daß das Grillen in dieser Form längst out war, aber sie hatte sich besonders dick eingecremt. Vorne hatte das allerdings wenig geholfen, denn Constanze war in der Sonne eingeschlafen. Ihr Gesicht glühte und brannte ganz fürchterlich. Ein Feuermelder war nichts dagegen. Theoretisch kannte sie die Gefahren des Sonnenbrandes, aber sie tröstete sich damit, daß man ja nun von dem einen Mal im Jahr nicht gleich Hautkrebs bekäme. Schließlich mied sie zu Hause im Gegensatz zu ihrer Freundin Lydia das Rösten auf der Sonnenbank gänzlich.

Sie seufzte wohlig. Es war einfach zu schön, hier in der Sonne zu braten und nichts zu tun. Wenn nur nicht dieses Hotel wäre! Wie die Jahre zuvor hatte sie einen Pauschalurlaub gebucht. Dieses Mal nach Ibiza. Die Anlage hatte laut Katalog angeblich fünf Sterne. In der Realität mußten aber zumindest drei von ihnen zwischenzeitlich verlorengegangen sein, denn das Zimmer strahlte den Charme einer Zelle aus, und das abwechslungsreiche Büfett hatte sich als Fleischberg entpuppt. Als Rindfleischberg wohlgemerkt! Constanze verzichtete mittlerweile auf die Fütterung im großen Speisesaal und ging abends in einem kleinen Lokal direkt am Strand essen. Natürlich ärgerte sie sich maßlos darüber, denn schließlich hatte sie einen deftigen Pauschalpreis gelöhnt. In diesem Jahr hatte sie sich etwas besonders Feines gönnen wollen und war dabei den Sternen und ihrer Freundin Lydia geradewegs auf den Leim gegangen. Die nämlich hatte geschwärmt, wie wunderschön es hier sei: Diese Anlage direkt am Strand mit zwei Pools! Dabei hatte sie vergessen zu erwähnen, daß es sich bei dem besagten Strand nur um ein verdrecktes handtuchbreites Fleckchen Kies handelte. In allen anatomischen Einzelheiten hatte sie der Freundin hingegen die süßen Animateure beschrieben und ganz nebenbei einfließen lassen, daß sie einem von ihnen sogar etwas nähergekommen sei.

Und da waren sie auch schon wieder, die Animateure! Mit schrillen Ansagen über Lautsprecher wurden alle Kinder dazu aufgefordert, sich doch bitte sofort am großen Pool einzufinden. Zum Wasserball mit Monika! Dann erklang eine scheußliche Musik, und Constanze schaffte es noch gerade rechtzeitig, sich die Ohren zuzuhalten. Vorbei war es mit der Ruhe am Pool, denn jetzt kamen von allen Seiten die kreischenden Kurzen angerannt und hüpften jauchzend ins kühle Wasser. Es spritzte bis zu ihrer Liege. Constanze raffte hastig ihren Krimi, ihre Sonnerbrille und ihr Handtuch zusammen und verließ den ungastlichen Ort. Eigentlich war sie sauer auf Lydia, daß sie ihr das »Estrella« mit dem Charme eines Plattenbaus so warm ans Herz gelegt hatte. Vielleicht bekam sie für jeden Gast Prozente vom Animateur! Constanze war allerdings nicht der Typ Frau, dem man ihren Ärger ansah. Im Gegenteil, sie wirkte immer fröhlich und grüßte alle anderen Anwesenden gleichbleibend freundlich. Selbst die Animateure. Mehr noch, sie nahm sogar an den Abendveranstaltungen teil, und als sie jetzt auf der Tafel an der Bar mit bunter Kreide geschrieben sah: »Heute spanischer Ball. Bitte in Abendgarderobe!«, beschloß sie, am Nachmittag noch ein Kleid zu erstehen. Sie war ja schon froh, daß an diesem Abend nicht wieder »Mister und Misses Estrella« gewählt werden sollten. Eigentlich hatte man inzwischen alle Gäste durch. Nur Constanze hatte sich bislang hinter ein paar stämmigen Urlauberinnen aus Wanne-Eickel verstecken können. Die Frage war nur: Wie lange noch? Manchmal fragte sie sich insgeheim leicht resigniert: Und das soll nun mein Jahresurlaub sein?

Eigentlich war sie eine Frau, die an allem, was ihr im Leben widerfuhr, immer noch etwas Positives entdecken konnte. Gut, das Essen war hundsmiserabel, die Zimmer karg, die Dusche lau, die Gäste deutsch und laut, der Strand ein Witz, aber das Wetter, das Wetter war einfach schön. Sonne und blauer Himmel. Und das bereits seit einer Woche. Da konnte man doch nicht meckern. Und weil es so schön war, wollte Constanze endlich eine Karte an Lydia schreiben. Das stellte sich als gar nicht so einfach heraus, denn sie wollte einerseits nichts von ihrer Enttäuschung durchblicken lassen, andererseits aber auch nicht lügen. Natürlich, das Wetter. Da konnte sie gar nichts falsch machen. Befriedigt klebte sie eine Briefmarke auf die Karte und steckte sie in ihre Handtasche.

Als sie im Bus saß, freute sie auf ihren kleinen Ausflug in »die Hauptstadt«. Dort im Hafenort tobte das Leben. Anfangs war sie auch von diesem Trubel etwas enttäuscht gewesen. Es gab wenige Menschen in ihrem Alter, und wenn, dann traten sie gleich in Rudeln auf. Nicht daß sie sich nun direkt vorgenommen hätte, hier eine Herrenbekanntschaft zu machen, aber es wäre nett gewesen, überhaupt einmal einem alleinstehenden Herren in ihrem Alter zu begegnen. Zumindest auf der Straße. Die Siesta war gerade vorbei. Deshalb schoben sich noch keine Menschenmassen durch die engen Gassen. Constanze bummelte ziellos durch die Straßen und betrachtete die Kleider in den Schaufenstern, um sich inspirieren zu lassen, aber von feiner Abendgarderobe schienen diese bunten Fummel meilenweit entfernt zu sein. Sie würde wohl doch zum kleinen Schwarzen greifen müssen, das sie extra von zu Hause mitgenommen hatte. Für alle Fälle. Bislang war der Fall noch nicht eingetreten wie bei mindestens zehn anderen Kleidern. Das passierte ihr jedesmal wieder. Ob Kreta, Mallorca oder die Kanaren, der zweite Koffer war einer zuviel!

Lustlos betrat sie eines dieser Geschäfte, das nicht ganz so nach Teenieboutique aussah. Constanze konnte sich in Ruhe umsehen. Die Verkäuferin würdigte sie keines Blickes, sondern unterhielt sich lautstark mit einem jungen Mann. Eines der Kleider gefiel ihr sogar, und sie nahm es mit in die Umkleidekabine. Als sich Constanze draußen im großen Spiegel betrachtete, fühlte sie sich zunächst etwas fremd. Noch nie zuvor hatte sie ein rotes Kleid besessen, aber je länger sie es trug, desto besser gefiel es ihr. Es gab nur ein Problem: den Preis! Da sie trotz Vollpension täglich essen ging, war das Urlaubsbudget mächtig geschrumpft. Sie wiegte sich noch einmal hin und her und wollte sich gerade ganz vernünftig dagegen entscheiden, als sie eine Männerstimme sagen hörte: »Gut, Señora!« Sie drehte sich erschrocken um. Der junge Mann stand lässig an eine Säule gelehnt, eine brennende Zigarette im Mund. Sie schätzte ihn auf höchstens Ende Zwanzig, und seine Gegenwart machte sie verlegen.

»Finden Sie wirklich, daß es mir steht?« fragte sie ihn. Er rührte sich nicht, warf die Zigarette auf den Boden, trat sie aus und antwortete in gutem Deutsch: »Das Rot steht Ihnen. Das ist gut zu blondes Haar. Sehr schön!« Er sprach mit einem starken spanischen Akzent, aber es war offensichtlich, daß er es gewohnt war, Deutsch zu reden.

Sie wurde rot und wußte nicht so recht, was sie jetzt tun sollte. Der Mann betrachtete sie prüfend von oben bis unten. Sie beschloß, das Kleid zu kaufen und diesen Laden schnellstens zu verlassen.

»Ich nehme es«, sagte sie hektisch und verschwand in der Kabine. Als sie mit dem Kleid unter dem Arm an die Kasse ging, war er verschwunden. Sie atmete erleichtert auf, denn sie war es nicht mehr gewohnt, von Männern auf diese Weise taxiert zu werden. Seit ihrer Scheidung vor vier Jahren hatte überhaupt kein Mann sie mehr so prüfend angesehen. Sie bezahlte und trat nach draußen in das gleißende Sonnenlicht. Nach diesem verrückten Spontankauf wollte sie erst einmal einen Kaffee trinken. Sie war gerade ein paar Schritte gegangen, als sie den jungen Mann sagen hörte: »Sie haben das Kleid gekauft. Gute Entscheidung!« Er spazierte jetzt wie selbstverständlich neben ihr her. Sie wußte nicht so recht, was sie sagen sollte. Das war doch lächerlich: Eine fast vierzigjährige Frau wurde von einem jungen attraktiven Spanier verfolgt. Das war ihr gleich im Geschäft aufgefallen. Er sah verdammt gut aus. So gut, daß Lydia diesen Mann wahrscheinlich unverzüglich in die Umkleidekabine gezerrt hätte. Zum Probieren! Er unterbrach die peinliche Stille und fragte Constanze, ob sie einen Kaffee mit ihm trinken wolle. Sie nickte, und als sie ihre Lieblingsbar ansteuerte, winkte er ab und lotste sie durch viele enge Gassen immer weiter nach oben. Von hier aus hatte man einen fantastischen Blick über den Hafen. Er redete nicht viel, und auch Constanze schwieg. Was sollte sie diesem wildfremden Menschen auch erzählen? Daß sie Chefsekretärin war? Daß sie Ibiza schön fand?

Daß sie zwar keinen Mann hatte, deshalb aber trotzdem kein Notstandsgebiet war? Plötzlich begann er, ihr etwas über die Insel zu erzählen. Er sprach wirklich gutes Deutsch, und Constanze hatte den Eindruck, er mache das jeden Tag. Wahrscheinlich zeigte er vielen deutschen Touristinnen diesen wunderschönen Blick. Wahrscheinlich berührte seine Hand auch bei all den anderen wie zufällig den Oberarm. Und wahrscheinlich wurden auch die anderen spätestens in diesem Augenblick butterweich. Constanze lauschte seiner Stimme und wünschte sich, daß es so bliebe. Daß sie auf immer und ewig mit diesem jungen Mann hier oben stehen bliebe. Der Druck seiner Hand auf ihrem Oberarm war ganz leicht. Es wirkte unbeabsichtigt. Constanze war nicht naiv genug, um sich einzubilden, das alles nur ein Zufall war. Ihr Verstand wußte, daß es sich um eine geschickte Inszenierung handelte. Lydia würde keine Sekunde zögern, dieses Angebot dankend anzunehmen. Das war auch der Grund, warum Constanze in diesem Jahr ohne die Freundin gefahren war. Sie hatte es so satt. Kreta, Mallorca, Teneriffa. In jedem Urlaub hatte sich Lydia spätestens nach zwei Tagen einen Begleiter zugelegt. Und wehe, wenn sich einmal ein Mann zu Constanze an den Tisch gesetzt hatte: Auch den hatte sich Lydia gnadenlos unter den Nagel gerissen. Vielleicht hatte Constanze deshalb keinen neuen Freund, denn auch zu Hause ging sie ausschließlich mit Lydia auf die Piste. Constanze hatte ihr natürlich nicht die Wahrheit gesagt. Sollte sie der Freundin vielleicht sagen: Entschuldige, aber mit dir reise ich nicht mehr, weil du dir jeden Kerl greifst, der nicht bei drei auf dem Baum ist? Nein, sie hatte in diesem Jahr leider, leider nicht zur selben Zeit wie Lydia Urlaub bekommen können. Die war dann notgedrungen vor vier Wochen allein in dieses großartige, wunderbare »Estrella« gefahren. Constanze mutmaßte bisweilen, daß die Freundin ihr das Hotel nur aus Rache, weil sie nicht mit ihr in den Urlaub gefahren war, so schmackhaft gemacht hatte.

Der junge Spanier redete immer noch und vergaß dabei nicht, sich eine Zigarette mit der anderen anzustecken. Er schwärmte gerade von seinem Heimatdorf, in dem es Gott sei Dank keinen Tourismus gebe.

»Was machen Sie denn hier, ich meine, was arbeiten Sie?« fragte Constanze, um auch etwas zu diesem Gespräch beizusteuern.

Der Mann grinste leicht verlegen und streckte ihr seine Hand entgegen:

»Ich heiße Salvatore und Sie?«

Constanze schüttelte seine Hand: »Constanze Albrecht!« Als ob sie es geahnt hätte, daß er daraufhin sagen würde: »Ein schöner Name. Constanze!« Wahrscheinlich sagte er das auch zu den ganzen Renates, Sabines und Susannes.

»Sie haben meine Frage noch nicht beantwortet!« insistierte sie.

Er grinste wieder leicht verlegen: »Mal das, mal das. Jetzt arbeite ich bei einem Onkel, der hat ein Restaurant.«

»Und woher können Sie so gut Deutsch?« Constanze wollte es jetzt genau wissen.

Er grinste immer noch: »Das lernt man hier. Und ich war auch schon ein paar Male länger in Deutschland.« Ihr lag schon auf der Zunge: Wahrscheinlich als Begleiter diverser Damen, aber sie schwieg. Er war sympathisch, attraktiv und höflich. Warum sollte sie ihn mit einer dummen Bemerkung vergraulen? Nur damit sie ihm zeigte, daß sie nicht so ein naives Dummchen war? Wahrscheinlich hält er mich für wesentlich jünger, schoß es ihr durch den Kopf. Constanze wurde in der Regel für Anfang Dreißig geschätzt. Natürlich schmeichelte es ihr. Andererseits machte sie sich über ihr Außehen keinerlei Illusionen. Sie war ein Durchschnittstyp und fühlte sich am wohlsten, wenn sie nicht auffiel. Wie oft hatte Lydia ihr schon in den Ohren gelegen, sie solle doch endlich einmal dieses Straßenköterblond aufpeppen. Mit einer frechen Tönung! Das wandelnde Ergebnis einer solchen Tönung durfte sie bei Lydia bewundern: Strähnen in einem Farbton wie von seit Jahren ungeputzten Pferdezähnen! Constanze würde nie einem Menschen weh tun, aber den Friseur hätte sie schon lange erschossen.

Sie zog es vor, lieber normal auszusehen, und arbeitete glücklicherweise in einem Unternehmen, wo man derart frech aufgepeppte Frauen wie Lydia gar nicht erst einstellte. Die Kirche bevorzugte unauffällige Mitarbeiterinnen.

Nach einer Woche Urlaub, mit einem Sonnenbrand im Gesicht und dem durch die Sonne aufgehellten Haar sah man Constanze diesen Job allerdings nicht gleich an. Sie standen immer noch an der Mauer und blickten über den Hafen. Constanze entspannte sich zunehmend und fand Gefallen an Salvatores Gesellschaft. Nur das Kettenrauchen störte sie.

»Wollen Sie jetzt mit mir Kaffee trinken?« fragte er höflich. Constanze nickte. Auf halbem Weg nahm er ihre Hand. Sie entzog sie ihm nicht. Plötzlich blieb er vor einem Haus stehen und deutete auf den Eingang. Einen normalen Hauseingang. Dort gab es keine Bar, und Constanze wußte nur zu gut, daß sie sich jetzt entscheiden mußte. Wenn sie mitging, würde sie tatsächlich mit ihm schlafen. Sie blieb abrupt stehen und überlegte. Salvatore drückte ihre Hand und sagte zärtlich: »Constanze, komm!«

Warum eigentlich nicht? dachte sie. Davon wird niemals jemand erfahren. Weder Lydia noch die Kirche! Er bewohnte ein einfaches Zimmer, aber alles war sehr ordentlich und sauber. Komisch, daß ihr das selbst in so einem Augenblick noch wichtig war. Dann hörte sie auf zu grübeln, sondern überließ sich Salvatores geschickten Händen. Sie konnte es nicht leugnen: Es tat ihrer Seele und ihrem Körper gut. Als alles vorüber war, sie Arm in Arm auf dem quietschenden Bett lagen und er seine dritte Zigarette danach geraucht hatte, lud sie ihn zum Essen ein. Sie hatte so etwas noch nie erlebt und war verunsichert, was er jetzt wohl von ihr erwartete. Bargeld? Ein kleines Präsent? Das mit der Essenseinladung konnte so falsch nicht gewesen sein, denn er schien sich ehrlich zu freuen. Er benahm sich zuvorkommend und zeigte echtes Interesse an ihr, als er sie bat, zum Essen doch das schöne rote Kleid anzuziehen! Sie betrachtete sich kurz in dem halbblinden Spiegel und war zufrieden mit sich und der Welt. Natürlich sah man ihr an, was sie gerade getan hatte. Wenn man einen Blick dafür entwickelt, ist es jeder Frau anzusehen, ob sie gerade Sex gehabt hat, behauptete Lydia immer. Mit Salvatore war es überdies nicht nur einfach Sex gewesen, sondern verdammt guter. Wie oft hatte sie sich so etwas in all den Ehejahren gewünscht. Vergeblich! Trotzdem verabschiedete sie sich recht kühl von ihrem Lover, als er sie zum letzten Bus brachte. Er aber hielt sie fest und sagte nur: »Morgen um fünf hier!« Das klang nicht wie eine Bitte, sondern wie eine verlockende Aufforderung. Als sie zum Hotel zurückkam, schlich sie sich vorsichtig an der Bar vorbei. Die feuchtfröhliche Bierzeltstimmung würde sie jetzt nicht ertragen, doch gerade in diesem Augenblick kam ihr einer der Animateure entgegen. Nach Lydias Schilderung handelte es sich um ihren speziellen, den Rudi aus Wolfsburg. Rudi pfiff durch die Zähne, als er sie sah. Constanze wunderte sich. Seit zwanzig Jahren hatte das bei ihrem Anblick keiner mehr getan. Da fiel es ihr ein: Das Kleid. Das rote Kleid. Er versuchte, sie plump anzumachen, aber Constanze wollte nur noch ins Bett mit Salvatore. Jedenfalls in Gedanken.

Am nächsten Tag zog sie gleich das rote Kleid an. Wieder gingen sie in sein Zimmer. Dieses Mal traute sie sich, ihm danach ein T-Shirt zu schenken, bevor sie zum Essen gingen. Am nächsten Tag war es dann eine Uhr, und am letzten Tag steckte sie ihm Bargeld zu.

»Für das Zimmer«, sagte sie, als Salvatore zögerte, das Geld anzunehmen, woraufhin er es dann doch wortlos einsteckte. Am letzten Abend schlenderten sie noch einmal zur Mauer, und es rührte sie, was er sagte. Er scheute sich nicht, ihr zu erzählen, daß er sich im Sommer oft so treiben lasse. Von einer Frau zur anderen. Sein Onkel, für den er eigentlich im Restaurant arbeiten solle, sei stinkend sauer. Das offenbarte er mit so viel Charme, daß Constanze ihn immer wieder in den Arm nehmen mußte. Überhaupt waren sie beide sehr sentimental an diesem Abend. Er beteuerte mehrfach, daß sie eine besondere Frau sei. Das klang weder unecht noch berechnend. Sie hatte ihm ja bereits dreihundert Mark zugesteckt. Nein, er schien ehrlich traurig zu sein und fragte sie sogar nach ihrer Adresse. Damit hatte sie allerdings nicht gerechnet. Mach dir bloß keine Hoffnungen, redete sie sich gut zu, der wird sich niemals melden!

Trotzdem tat der Abschied weh, und sie flog mit gemischten

Gefühlen nach Hause zurück. Einerseits auf Wolke sieben schwebend, andererseits mit der Gewißheit, daß er schon mit der nächsten Wolke an der Mauer stand.

Lydia platzte vor Neugierde, als sie ihre Freundin so verändert wiedersah, aber Constanze hütete sich davor, Salvatore auch nur mit einem einzigen Wort zu erwähnen. Das »Estrella« hingegen lobte sie in höchsten Tönen. Was für ein Strand, was für geschmackvoll eingerichtete Zimmer und was für ein köstliches Büfett! Lydias verdutzter Blick bewies Constanze, daß sie ihr die Anlage tatsächlich nicht aus lauter Menschenfreundlichkeit empfohlen hatte.

Salvatore blieb ihr Geheimnis, und auch als die Kolleginnen immer wieder betonten, sie sehe ja so gut aus, verplapperte sie sich nicht. Sogar ihr Ex, den sie zufällig mit seiner Neuen am Arm in der Stadt traf, schien so angetan, daß er kurz darauf anrief und sie einmal besuchen wollte. Sie war sich ganz sicher, daß keiner auch nur annährend den wahren Grund erraten würde, doch sie hatte nicht mit Lydias Spürnase gerechnet. Die ahnte etwas und ließ keine Gelegenheit aus, die Freundin zu löchern und ihr diverse Fangfragen zu stellen. Ihre Hartnäckigkeit führte zum Erfolg, denn Constanze gab zunächst die Bekanntschaft, dann den näheren Kontakt und schließlich auch das intime Verhältnis zu einem Mann zu, doch seinen Namen behielt sie eisern für sich. Sie taufte ihn Carlos und machte ihn zum Fischer, der am besten auf seinem Boot unten im Hafen anzutreffen sei. Daß Lydia allerdings so dreist sein würde, ihren Resturlaub für den Fischer zu opfern, übertraf Constanzes schlimmste Erwartungen.

Doch glücklicherweise blieb ihr kaum Zeit, sich mit den Neurosen ihrer Freundin intensiver zu beschäftigen, denn Salvatore hatte ihr wider Erwarten geschrieben! Sie las den Brief wieder und immer wieder und konnte ihr Glück kaum fassen: Er wollte sie besuchen, wenn er das Geld für den Flug verdient hatte. Natürlich schrieb sie sofort zurück, sie werde es ihm schicken. Der Gedanke, eine andere Frau finanziere diese Reise, stieß ihr bitter auf. Salvatore nahm das Angebot dankend an. Constanze putzte und schrubbte ihre Zweizimmerwohnung und gönnte sich sogar einen Friseurbesuch. Der Chef musterte ihre strohblonden Strähnen äußerst skeptisch, enthielt sich aber jeglichen Kommentars.

Den Tag seiner Ankunft konnte sie kaum erwarten. Sie war so mit den Vorbereitungen beschäftigt, daß ihr sogar Lydias Abreise nach Ibiza entgangen war. Ein bitterböser Anruf erinnerte sie daran, daß die Freundin jetzt auf der Insel hockte und alle Schiffe im Hafen nach einem Carlos absuchte. Sie wollte jetzt wissen, wo genau das Boot lag, aber Constanze gab vor, sich nicht mehr genau daran zu erinnern. Sie zählte bereits die Stunden bis zu Salvatores Ankunft und traute sich sogar, an diesem Tag eine Stunde früher von der Arbeit zu gehen.

Mit einer Rose in der Hand und zitternden Knien wartete sie am Flugplatz.

Sie hatte große Angst, sie könne sich vielleicht getäuscht haben. Schließlich hatte sie ihn mittlerweile drei Monate nicht gesehen. Wenn er nun ganz häßlich ist, dachte sie, während sie jeden der Ankommenden aufgeregt musterte. Als sie ihn schließlich erblickte, war sie wie vom Donner gerührt: Er war keinesfalls unansehnlich, sondern sah umwerfend gut aus. Viel besser noch als in ihrer Erinnerung. Salvatore begrüßte Constanze mit einem innigen Kuß, und sie hatte das Gefühl, das sei alles ein Traum, bis sie plötzlich Lydia unter den Ankommenden entdeckte. Wie sollte sie das Salvatore erklären? Dazu blieb keine Zeit. Ebenso unmöglich war es, hier einfach stehenzubleiben. Lydia würde keine Sekunde zögern, ihr den Mann hier und jetzt auszuspannen. Sie kannte keine Skrupel und besaß leider eine unwiderstehliche Verpackung. Dieser geballten Weiblichkeit konnte Constanze mit ihrem spröden Charme wenig entgegensetzen. Sie mußte schnell handeln und zog ihren verdutzten Lover in den nächsten Laden hinein, doch Lydia mußte sie bereits gesehen haben, denn sie blickte sich suchend nach allen Seiten um. Statt zum Ausgang zu gehen, kam sie immer näher, aber Constanze duckte sich hinter einer Palme. Salvatore tat es ihr gleich, so daß Lydia nun hastig dem Ausgang zustrebte.

Salvatore stellte keine dummen Fragen und schien ihr überhaupt erstaunlich schweigsam. Auf der ganzen Fahrt, im Stau und auch noch als sie in ihrer Wohnung eintrafen, sprach er kaum ein Wort. Constanze hatte ihn viel lebhafter in Erinnerung. Vielleicht war er zu erschöpft von der Reise. Sie versuchte, das Gespräch in Schwung zu halten, und trotzdem entstanden längere Pausen, in denen beide stumm an dem Fisch kauten, den sie extra nach einem spanischen Rezept zubereitet hatte.

Er kam ihr fremd vor. Das änderte sich nicht einmal im Bett. Es war merkwürdig, aber hier in dem weißen Schleiflackschlafzimmer hatten sie wesentlich weniger Spaß als in seiner einfachen Bude. Obwohl sich ihnen nicht bei jeder Bewegung eine Sprungfeder in den Rücken rammte. Constanze schob das Ganze auf den Streß der Reise. Sie empfand es als merkwürdig, am nächsten Morgen neben einem schlafenden Mann aufzuwachen. Noch merkwürdiger kam es ihr allerdings vor, daß er bei ihrer Rückkehr von der Arbeit immer noch schlief. Zwischendurch mußte er aber mehrfach aufgewacht sein. Circa dreißigmal, wenn sie die Anzahl der Kippen im Aschenbecher richtig schätzte. Genaugenommen war es gar kein Aschenbecher. Es handelte sich vielmehr um einen Eßteller aus ihrem teuren Service. Sie stöhnte leicht auf bei diesem Anblick, riß das Schlafzimmerfenster sperrangelweit auf, damit sich wenigstens der widerliche Geruch verflüchtigen konnte. Als Salvatore sie sah, lächelte er und zog sie zu sich ins Bett. Sie versuchte ihm zu erklären, daß sie lieber erst einmal kochen wolle, aber da lag sie schon unter seiner Decke. Zu ihrer großen Enttäuschung ließ sich auch das, was nun folgte, nicht annähernd mit jenen lustvollen Stunden auf seiner kaputten Matratze vergleichen. Sie erinnerte sich an ihn als einen unvergleichlichen Liebhaber! Hier auf der weichen Sultan-Federkernmatratze reichte es gerade einmal an das heran, was sie von ihrem Exmann kannte. An diesem Abend aber schien er gesprächiger und lobte ihr spanisches Kotelett in höchsten Tönen. Dabei entpuppte er sich keinesfalls als Macho, sondern deckte nach dem Essen nicht nur den Tisch ab, sondern machte freiwillig den gesamten Abwasch.

Constanze wunderte sich sehr, als es an diesem Abend an der

Haustür klingelte. Besuch kündigte sich normalerweise an, nicht aber Lydia. Die stand, kaum daß Constanze die Tür geöffnet hatte, im Flur und redete auf die Freundin ein: »Warst du gestern am Flughafen? Ich meine, ich habe dich gesehen. Mit einem irren Typen. Der ist mir schon im Flugzeug aufgefallen!«

Constanze schüttelte den Kopf, stellte sich schützend vor die Wohnzimmertür und schaffte es, die distanzlose Freundin mit dem Hinweis auf einen schlimmen Infekt abzuwimmeln. Lydia gehörte zu jenen Bazillenphobikern, die bereits panisch reagierten, wenn jemand in ihrer Gegenwart nur ein bißchen hüstelte.

»Na, dann gute Besserung!« verabschiedete sie sich hastig. Allerdings gab sie nicht auf, sondern unternahm auch in den nächsten Wochen allerlei Versuche, das Geheimnis zu ergründen. Ihr kam Constanzes Verhalten sehr spanisch vor.

Salvatores Besuch dauerte nun mittlerweile vier Wochen, und manchmal erwischte sich Constanze dabei, daß sie sich wünschte, endlich wieder allein zu sein. Es war nicht nur wegen des guten Geschirrs, das nach und nach zu Aschenbechern umfunktioniert wurde. Es war auch nicht nur deshalb, weil der Sex immer öder wurde und sie mittlerweile ihren Dispo-Kredit schmerzhaft überzogen hatte. Nein, ihnen war einfach der Gesprächsstoff ausgegangen. Sie spürte beinahe eine Erleichterung, als er eines Sonntags selbst das Thema darauf brachte: Er würde gern am Abend mit ihr ausgehen und über etwas sehr Wichtiges sprechen. Sie hatte sich fest vorgenommen, auf jeden Fall Traurigkeit vorzutäuschen. Schließlich wollte sie ihm nicht weh tun. Er war ja im Grunde genommen ein lieber Mensch. Leider gehörte er zu diesen Männern, die anfangs in der Beziehung alles gaben und bereits in der zweiten Runde k.o. zu Boden gingen. Die gab es überall auf der Welt. Das Problem war nur, daß sie in diesem Fall die K.-o.-Runden auch noch finanzieren mußte. Natürlich würde sie ihn beizeiten gern noch einmal bei den Sprungfedern besuchen. Es fiel ihm anscheinend nicht leicht, mit ihr über den bevorstehenden Abschied zu sprechen. Sogar einen Blumenstrauß hatte er ihr zum Trost besorgt. Er sah sie ganz ernst an, als er sich schließlich traute und sagte: »Ich möchte bei dir bleiben. Willst du mich heiraten?«

Constanze schaffte es noch, ihr blankes Entsetzen in letzter Sekunde zu verbergen. Hätte er ihr diese Frage vor vier Monaten an der Mauer gestellt, sie hätte das »Ja« laut herausgeschrien. Aber jetzt? Das würde ihr Konto nicht unbeschadet überstehen. Sie wollte die Wahrheit sagen, aber sie konnte nicht. Statt dessen seufzte sie: »Das kommt so plötzlich! Laß mir ein wenig Zeit!«

»Eine Woche?« fragte er.

»Eine Woche«, antwortete sie und hatte keinen Schimmer, wie sie das Ganze glimpflich und ohne ihn zu verletzten überstehen sollte.

Nach drei Tagen wurde sie nervös. Es mußte etwas geschehen. Ein Wunder. Und es geschah etwas. Ihr kam ein wunderbarer Gedanke! Warum war sie nur nicht früher darauf gekommen? Lydia war hoch erfreut, von der Freundin zu hören, denn sie war immer noch felsenfest davon überzeugt, am Flughafen keiner Halluzination erlegen zu sein. Die Beichte der reumütigen Constanze war Wasser auf ihre Mühlen: Sie habe solche Angst gehabt, daß die Freundin ihr den attraktiven wunderbaren Salvatore ausspannen werde. Aber jetzt, wo er ihr einen Antrag gemacht habe, sei diese Sorge völlig ungegründet.

»Natürlich«, bestärkte Lydia sie, »ich bin doch deine beste Freundin!«

Constanze spielte die Erleichterung geradezu perfekt und bat sie gleich um einen kleinen Gefallen: »Ich stecke in der Klemme. Morgen abend muß ich Inventur im Büro machen, und ich habe Salvatore versprochen, daß ich koche. Ob du ihn wohl zu dir zum Essen einladen könntest?«

Lydia konnte ihre Begeisterung über diese günstige Gelegenheit kaum verbergen: »Natürlich springe ich für dich ein!« Bei dem Gedanken, wie naiv die Freundin doch war, konnte Lydia sich das Lachen kaum verkneifen.

Salvatore kam nach diesem Essen nur noch einmal in Constanzes Wohnung, um seine Sachen abzuholen. Er machte einen schuldbewußten Eindruck und fragte traurig: »Werden wir uns trotzdem noch mal sehen?«

»Aber klar«, antwortete sie fast eine Spur zu fröhlich und

steckte ihm mit den Worten: »Für alle Fälle!« die Adresse eines billigen Hotels zu.

Der Fall traf, genau wie sie es erwartete hatte, schon kurz darauf ein und wurde bald zur ständigen Einrichtung. Constanze lebte auf und sah fortan aus wie das blühende Leben. Sie kündigte sogar ihren Job bei der Kirche und bekam sofort einen neuen. Bei einer Werbeagentur.

Ein einziges Mal wäre sie beinahe der Ehefrau ihres Lovers begegnet, aber sie konnte gerade noch rechtzeitig die Straßenseite wechseln. Lydia mit ihrem Kennerblick hätte Constanze den Sex wahrscheinlich an der Nasenspitze angesehen. Gut, sie hätte nicht gewußt, mit wem, und auch nicht, wie wahnsinnig es in diesem quietschenden Bett abging, aber man sollte das Schicksal bekanntlich nicht herausfordern. Es hatte sich übrigens als äußerst schwierig erwiesen, in dieser großen Stadt noch ein Hotelzimmer zu finden, bei denen die Sprungfedern durch die Matratze piksten.

Der Neue an ihrer Seite

Carolin ahnte bereits dunkel, daß sie sich wieder einmal in ein komplettes Arschloch verliebt hatte. Welche bösen Folgen dieser Mißgriff und welches Ausmaß die damit verbundene Katastrophe haben würde, sollte sich jedoch erst noch zeigen.

Dabei machte der Neue an ihrer Seite eine durchaus gute Figur. Das war nicht ganz unwichtig. Sie war nicht nur eine erfolgreiche Anwältin, sondern liebte es auch, auf dem gesellschaftlichen Parkett zu glänzen. Man lud sie gern ein, diese charmante und äußerst eloquente Mittvierzigerin. Sie redete kein Blabla, sie machte keine Konversation, sondern sprach gern über das, was wirklich wichtig war. Dabei vertrat sie ihre Positionen leidenschaftlich und überzeugend. Sie war stets eine Art Wortführerin, wenn auch ihr Mundwerk gefürchtet war.

An diesem Abend diskutierte sie gerade heftig mit einem Anwaltskollegen, der nunmehr als überzeugter Grünenabgeordneter in der Politik Karriere gemacht hatte.

»Mein lieber Frank, das kann doch nicht dein Ernst sein. Wie kann jemand, der gerade noch selber bei Sitzblockaden gegen Atommülltransporte mitgemacht hat, nun seine eigenen Parteifreunde dazu auffordern, das zu unterlassen. Das ist doch Schwachsinn, oder sagen wir besser: nackter Opportunismus!« Sie ereiferte sich gern und sprach dabei mit Händen und Füßen. Die meisten der Umstehenden gaben ihr recht, und der inzwischen angepaßte Grünenpolitiker kam ganz schön ins Schwitzen.

Als ihr ein als erzkonservativ bekannter Staatsanwalt beipflichtete und ergänzte, die sollten sich doch erst mal alle für ihre kriminelle Vergangenheit entschuldigen, sagte sie trocken: »Ich glaube, entschuldigen sollten sich erst mal Ihre Parteifreunde für ihre kriminelle Gegenwart!« Mit diesen Worten ließ sie ihn stehen und hakte sich bei ihrem Freund unter.

Der Staatsanwalt sah dem Paar neugierig hinterher: »Woher kennt man den Herren?« Der Grüne grinste: »Herkunft unbekannt!« doch diese Antwort befriedigte den Staatsanwalt nicht. Er war sicher, diesen Mann schon einmal gesehen zu haben, aber das bedeutete bei Dr. Linke gar nichts. Ihn erinnerten alle Menschen entfernt an irgendwelche Angeklagten.

Ein schönes Paar! Das stellten einige der Anwesenden an diesem Abend bewundernd fest, wobei ein paar mißgünstige Damen das Ganze etwas konkretisierten: Was für ein schöner Mann!

Carolin war sich dessen durchaus bewußt, und sie hatte sich anfangs sehr darüber gewundert, daß sich ein so attraktiver Mann ausgerechnet für sie interessierte. Sie war zwar keinesfalls auffallend häßlich, aber eben auch nicht besonders schön. Die ewigen Diäten hatte sie schon vor vielen Jahren aufgegeben. Das hatte doch nichts genützt. Selbst von zwei Wochen Heilfasten pro Jahr hatte sich ihr Ring um die Hüfte nicht verschrekken lassen. Er schien gegen Kräutertee und Einläufe geradezu resistent. Nach jeder dieser Torturen war er sogar noch um ein paar Zentimeter gewachsen. Deshalb kaschierte sie die fünfzehn Kilo Übergewicht lieber mit teurer Garderobe, was ihr allerdings auch nur zum Teil gelang. Carolin verfügte nicht gerade über den herkömmlichen sogenannten »guten Geschmack«, sondern griff bei der Kleiderwahl häufig knapp daneben. Es war ihr auch nicht so wichtig, daß ihre Fassade glänzte. Sie stellte nach außen ein unerschütterliches Selbstbewußtsein zur Schau. Sie war Staranwältin. Was wollte sie mehr? Sollten die anderen Ladies doch ihre Zeit in Boutiquen vergeuden ...

Auch heute betrachteten einige der weniger erfolgreichen Damen abschätzend ihr neues Kostüm. »Cassis ist zwar die Modefarbe, aber das paßt doch gar nicht zu ihrem Typ, und dann der Rock. Schau doch bloß. Bei den Beinen. Viel zu kurz!« flüsterte die schlanke Schöne an der Sektbar der weniger schlanken, dafür elegant gekleideten Nachbarin zu. Dabei musterten beide Frauen die vorbeigehende Anwältin verstohlen von oben bis unten. Möglichst unauffällig, versteht sich, und somit mehr als offensichtlich.

Harald jedenfalls hatte nicht nur die Blicke wahrgenommen,

sondern auch die hämische Bemerkung gehört. Er legte seinen Arm nun noch fester um Carolins Taille. Von außen betrachtet, wirkte das liebevoll besitzergreifend. Sie empfand den Druck als eher schmerzhaft, sagte aber nichts. Im Gegenteil, sie lächelte und strich sich durch das dunkle störrische Haar. Auch so eine Problemzone ohne Aussicht auf Besserung. Sie hatte schon alles versucht, die Haare zu bändigen, doch als sie kürzlich beim Zahnarzt in einer Modezeitschrift gelesen hatte, daß es neuerdings sogar Gels gegen Locken gab, hatte sie auch in diesem Punkt aufgegeben. Sie sah sich schon von morgens bis abends mit dem Striegeln der Haare beschäftigt. Nein, für so einen Schnickschnack fehlte es ihr einfach an Zeit.

Jetzt spürte sie, wie sich seine Finger regelrecht in ihre Hüfte bohrten. Sie wollte protestieren, aber er kam ihr zuvor: »Ich habe dir das gesagt mit diesem Kostüm, aber du wolltest ja nicht hören! Jetzt reden die Leute. Du machst dich ja lächerlich. Du machst uns lächerlich!« Carolin beschloß zu schweigen. Das war die beste Methode, es jetzt nicht in einen Streit ausarten zu lassen. Aber er ließ nicht locker: Das sei mal wieder typisch für sie, ihr sei das Äußere egal, aber er geniere sich. Sie wollte gerade erwidern, dann hätte er eben zu Hause bleiben sollen, als sie von einem korpulenten Herren mit grauen Schläfen überschwenglich begrüßt wurde. Er küßte sie sogar auf die Wangen, woraufhin sich Haralds Finger nun noch schmerzhafter in ihre Seite krallten. »Wie geht's, mein Schatz?« fragte der grauhaarige, wohlbeleibte Mann recht jovial, und Carolin schien diese kumpelhafte Anmache nicht im mindesten zu stören. Im Gegenteil, sie erwiderte lachend: »Klasse, mein Dikker!« Dabei klopfte sie liebevoll auf das Bäuchlein des stattlichen Mannes. Carolin besaß zu viel Selbstbeherrschung, um nicht laut aufzuschreien, denn Harald kniff ihr jetzt einmal kurz und heftig in die Seite. Sie verzog keine Miene und sagte statt dessen freundlich: »Ach ja, übrigens, das ist mein Exmann Robert.« Der reichte Harald nun formvollendet die Hand. Harald versuchte zu lächeln, aber Carolin entging keineswegs das unruhige Flackern in seinen Augen. Sie hatte ihn verärgert, aber das war ihr jetzt egal. Harald fand immer etwas, um sich über sie zu ärgern. So viel hatte sie begriffen in den letzten Wochen. Wann hatte das eigentlich genau angefangen? versuchte sie sich zu erinnern, aber ein zweites fieses Kneifen brachte sie in die Realität zurück. Beide Männer sahen sie erwartungsvoll an. Sie lachte verlegen. Dann deutete sie auf den Mann, in dessen Griff sie gerade gefangen war, und versuchte zu scherzen: »Ach so, ja, und das ist mein neuer Lebensabschnittsbegleiter mit Zukunftsperspektive.« Das hatte sie gerade neulich einmal im Kabarett gehört und glaubte, damit werde sie die beiden Männer zum Lachen bringen und die beklemmende Atmosphäre lockern. Robert reagierte wie erwartet. Er lachte sein lautes dröhnendes Lachen, während Haralds Stimme eisig klang, als er sagte: »Ich denke, wir können es auch anders ausdrücken. Ich werde demnächst der zweite Gatte dieser Dame. Es sei denn, sie hat mir noch andere Ehemänner außer Ihnen verheimlicht.« Robert sah Carolin ratlos an. Er kannte ihre Vorliebe für arrogante Wichtigtuer, aber der hier war nicht einfach nur blöd, sondern gemein. Auf seine Art liebte er seine Ex immer noch, obwohl sie ihn bereits vor mehr als zehn Jahren wegen eines dieser Mistkerle verlassen hatte. Jetzt wollte dieser sonnenbankgebräunte Schnösel also sein Nachfolger werden? Er schluckte und bemühte sich nun seinerseits, die Situation zu entkrampfen:

»Na, dann gratuliere ich! Und wenn ich mal fragen darf, was machen Sie beruflich? Arbeiten Sie auch in unserer Branche? Sie wissen ja sicher, Ihre Braut kann nur mit Juristen oder Kriminellen.« Letzteres sollte ein Scherz sein, doch Harald antwortete lakonisch: »Architekt.« Robert verkniff sich die Frage, was er denn schon gebaut habe. Statt dessen verabschiedete er sich von Carolin und ließ es sich trotz des mörderischen Blickes des Herrn Architekten nicht nehmen, seiner Ex zwei besonders herzliche Küsse auf die Wange zu geben.

Carolin hatte in der Taille fast schon ein taubes Gefühl und war sich sicher, daß sie mehrere blaue Flecke davontragen würde. Sie spürte förmlich, wie Harald vor Wut vibrierte, aber sie befürchtete jetzt keinen seiner Ausraster. In der Öffentlichkeit hatte er sich bislang zusammenreißen können. Sein überschäumendes Temperament, wie Carolin sein Verhalten hilflos bezeichnete, war nur im verborgenen zum Ausbruch gekommen. Neu war allerdings, daß er sich anderen gegenüber so feindselig verhielt wie eben gegenüber Robert. Vielleicht hätte sie Harald doch beizeiten einmal etwas von dieser Ehe erzählen sollen? Sie hatte es ja nicht aus Böswilligkeit verschwiegen, aber schließlich war sie mit Robert überhaupt nur ein halbes Jahr verheiratet gewesen. Am Ende ihrer langen Beziehung. Je mehr sie darüber nachdachte, desto klarer wurde ihr, daß allein sie die Schuld an Haralds Wut trug. Sie hatte ihn in diese dumme Lage gebracht, plötzlich ihrem Ex gegenüberzustehen. Sie wollte sich gerade entschuldigen, als Harald sie mit einem harten Griff in eine Ecke zog und in leisem, aber gefährlichem Ton zischelte: »Das machst du nicht noch einmal mit mir! Kapiert? Läßt mich so auflaufen. Dein Exmann? Den wolltest du wohl verschweigen? Und so was will ich heiraten?« Heiraten? Das war das Stichwort. Plötzlich waren ihre Schuldgefühle wie weggeblasen. Sie konterte wütend: »Du hast vorher noch nie etwas vom Heiraten gesagt. Das höre ich zum erstenmal. Wie kommst du dazu, das ausgerechnet vor Robert als Fakt hinzustellen? Solltest du mich nicht erst einmal fragen?« Ihre Augen funkelten vor Zorn. Wenn sie wütend wurde, dann aber richtig! Beinahe wäre sie wieder einmal in so eine »Mea-culpa-Falle« getappt, aber auch nur beinahe. Jetzt dominierte die Kämpferin. Sie holte tief Luft, um ihn in seine Schranken zu verweisen, als er seinen festen Griff lockerte, sie sanft ansah und flüsterte: »Möchtest du denn?« Sie war verunsichert, wußte nicht, ob sie ihm jetzt weiter die Meinung sagen sollte. Er guckte sie so schuldbewußt an. Jetzt tat er ihr fast ein bißchen leid. Vielleicht konnte er nichts dafür, wenn hin und wieder die Pferde mit ihm durchgingen? Er wiederholte seine Frage: »Möchtest du meine Frau werden?«

Es war wie ein Schalter in ihrem Herzen, der einfach umgelegt wurde. Sie konnte nicht mehr klar denken. Tief in ihr war da dieses kleine romantisch verklärte Mädchen. Robert hatte sie nach zehn Jahren Beziehung während einer Geisterbahnfahrt gefragt, ob sie seine Frau werden wolle. Das »Jaaa« hatte sie herausgeschrien, aber nur aus lauter Angst vor dem schlecht gemachten Plastik-Skelett.

Das hier, das traf ihren Nerv. Wie er sie ansah. Wie die schönste, begehrenswerteste Frau unter der Sonne. Die Topanwältin, die ihren Mandantinnen, die zu gewalttätigen Männern zurück wollten, stets einschärfte: »Bloß nicht!!! Ihr Mann wird sich nie ändern. Alles leere Versprechungen!«, verschwendete keinen Gedanken mehr daran, was vor nicht einmal fünf Minuten in diesem Saal geschehen war. Das Hämatom war vergessen. »Ich will!« antwortete sie und sah ihm dabei in die Augen.

Der Rest des Abends verlief ohne nennenswerte Zwischenfälle. Im Gegenteil, er machte sich prächtig, ließ seinen Charme spielen, und selbst die Neiderinnen mußten zugeben, daß die beiden ein ziemlich gutes Team abgaben und daß er sie offensichtlich liebte. Als Carolin für einen Augenblick allein an einer der Bars stand, kam Robert hektisch auf sie zu.

»Gut, daß ich dich allein erwische«, japste er, »Dein neuer Typ, der hat einen Sprung in der Schüssel. Die anderen waren ja Würstchen, Penner, Schnorrer, aber das hier, das ist 'ne ganz üble Nummer.« Sie gab ihm einen Kuß auf die Nasenspitze und kicherte: »Rede nicht so von meinem Zukünftigen!« Ein Arm legte sich zart um ihre Taille: »Danke für das Plädoyer, Frau Anwältin!« ergänzte Harald, der leise hinzugetreten war. Robert verabschiedete sich schnell und förmlich, doch dann drehte er sich noch einmal um: »Wenn du mich mal brauchen solltest, ruf mich einfach an!« Harald drückte sanft ihre Hand und kommentierte Roberts Abgang mit nur einem einzigen Wort: »Schleimer!«

Die Wochen bis zur Hochzeit verliefen harmonisch und betriebsam. Überall stellte Carolin ihren Ehemann in spe vor, alle waren begeistert. Sogar bei ihrer besten Freundin Rita kam er an, und das grenzte fast an ein Wunder. Rita hatte an »all diesen Losern«, die ihr Carolin in den letzten Jahren zur Besichtigung freigegeben hatte, kein gutes Haar gelassen. Harald aber hatte sie von Anfang an in ihr Herz geschlossen. Sie hatte ihrer Freundin sogar zu verstehen gegeben, sollte diese nicht zugreifen, werde sie das tun. Bei dem süßen Arsch! Das war natürlich ein Scherz, denn Carolin kannte in ihrem Freundeskreis keine andere so glücklich verheiratete Frau wie ihre Freundin Rita.

Carolin zählte in Gedanken immer häufiger durch, wie viele Menschen sie wohl zur Hochzeit einladen sollte. Als sie Harald eines Tages ganz unbefangen fragte, mit wie vielen Gästen denn von seiner Seite zu rechnen sei, bekam sie zunächst keine Antwort. Harald saß wie so oft in letzter Zeit am Computer. Immer häufiger war er auch am Tage zu Hause. Wenn sie ihn danach fragte, erklärte er ihr, daß er vieles auch von seinem Computer aus regeln könne. Es gab keinen vernünftigen Grund, an seiner Information zu zweifeln. Sie beugte sich über seine Schulter, woraufhin er sie unsanft von sich schob und unwirsch knurrte:

»Ich kann das nicht leiden, wenn du mir bei der Arbeit zuguckst! Ich komme ja auch nicht in deine Prozesse!« Komisch, schoß es Carolin durch den Kopf, sieht doch verdammt nach Computerspiel aus! Sie rückte aber sofort ein Stück von ihrem Liebsten ab und wiederholte die Frage: »Wie viele Gäste werden von dir kommen?« Ihr war nämlich plötzlich bewußt geworden, daß sie seine Freunde gar nicht kannte. Auch seine Familie nicht! Das hatte er ihr zwar erklärt: Schlechtes Verhältnis, kein Interesse ... Aber jetzt, wo er heiraten wollte? Er antwortete noch immer nicht. Als sie noch einmal dieselbe Frage stellte, drehte er sich mit einem Ruck zu ihr herum und schrie: »Du siehst doch, daß ich arbeite, blöde Kuh!«

Sie schluckte und wußte nicht so recht, was sie jetzt tun sollte, um ihn nicht noch aggressiver zu machen. Schließlich war sie eine intelligente Frau und durchschaute das Muster mittlerweile. Wenn er so aufbrauste, gab es nur zwei Möglichkeiten: Sie konterte, und es kam mit Sicherheit zu einem heftigen Streit. Sie konterte nicht, und es kam nur vielleicht zu einem heftigen Streit. Manchmal, wenn sie ruhig blieb, machte er so lange weiter, bis sie dann schließlich doch noch explodierte, und wenn sie dann richtig in Rage war, lenkte er urplötzlich ein. Manchmal gab er Ruhe, wenn sie nichts entgegnete. Sie betete, daß heute letzteres der Fall sein würde, doch noch während sie darauf hoffte, sprang er von seinem Stuhl auf und baute sich bedrohlich vor ihr auf: »Du glaubst wohl, nur du hast was zu tun, was? Du glaubst wohl, du kannst mich stören, wann du willst? Was bildest du dir eigentlich ein?« Mit jedem Satz schubste er sie in Richtung Bett, bis sie fiel und auf der weichen Decke landete. Er aber hörte nicht auf, sie zu beschimpfen, und begann, sie dabei zu schütteln. Sie atmete tief durch und spürte die Wut in sich aufsteigen. Es würde nur noch eine Frage von Sekunden sein, bis sie platzen würde. Mit einem Schrei trommelte sie gegen seinen Brustkorb und wollte ihn wegschieben. Doch das ließ er nicht zu. Er ließ sich jetzt mit seinem ganzen Gewicht auf sie fallen. Sie schrie vor Schmerzen, doch dann begann er, an ihrem Kleid zu zerren. Sie wehrte sich, aber er machte weiter. Jetzt begriff sie: Ihn erregte das Gerangel und ihre erbitterte Gegenwehr. Instinktiv ließ sie locker, aber er feuerte sie an: »Komm, zeig deine Krallen.« Sie spielte schließlich mit und war sich bis zuletzt der Spielregeln nicht ganz sicher. Wie auch immer, als dieser kurze heftige Kampf beendet war, wußte sie eines genau: Sie würde sich von diesem Mann trennen und zwar sofort! Sie konnte gerade noch sagen: »Ich muß mit dir reden. So geht es nicht ...«, als Harald ihren ganzen Körper mit Küssen bedeckte und immerzu beschwor, er habe es einfach falsch angefangen. Er habe ihr nicht sagen können, daß er manchmal auf die härtere Gangart stehe. Und da habe er das so schräg rausgelassen. Sie glaubte ihm. Zum erstenmal sprachen sie nun sehr offen über die Ehe. Sie offenbarte ihm, daß sie Gütertrennung beabsichtige, und er weinte. Er verstehe ja, daß sie mißtrauisch sei, aber die Ehe solle ein ganzes Leben lang halten. Er habe ja selber genügend auf dem Konto. Liebe brauche keine Verträge. Jede Mandantin, die auf so einen Schmus reingefallen wäre, hätte Carolin sofort einweisen lassen, aber sie hing geradezu an seinen Lippen. In dieser Nacht konnte er sie sogar davon überzeugen, auf das Hochzeitsfest zu verzichten. Ihm stehe nicht der Sinn danach. Er müsse in nächster Zeit hart arbeiten. Damit er niemals auf ihre Kosten würde leben müssen. Das würde er nicht ertragen. Eine kleine Hochzeit, am liebsten nur sie und er – man brauche doch heute nicht einmal mehr Trauzeugen! Er war so rührend ehrlich und zerknirscht in dieser Nacht, daß sie auf all das Brimborium verzichtete ... und natürlich auf jegliche Verträge.

Der Tag ihrer Hochzeit war grau und verregnet. Als sie das

Standesamt unter einem Regenschirm als Ehepaar verließen, passierte es einfach: Carolin fing an zu weinen und konnte gar nicht mehr aufhören. Zwischendurch entschuldigte sie sich schluchzend für die Tränen. Schließlich sei es der schönste Tag in ihrem Leben. Harald reagierte unendlich verständnisvoll, tröstete sie und versprach ihr noch eine kleine Überraschung.

Im warmen Auto hörte Carolin auf zu weinen und betrachtete voller Liebe das Profil ihres Ehemannes. Sie hatte nie in ihrem Leben zu hoffen gewagt, einmal die Frau eines solchen Prachtexemplars zu werden. Als er die Stadt verließ und in eine kleine Landstraße einbog, löcherte sie ihn mit Fragen. Wohin er sie entführe? Er nahm ihre Hand und verriet nichts. Sie waren über eine Stunde gefahren. Durch mehrere kleine Orte und dann an einem See entlang. Es wurde immer einsamer, und Carolin fröstelte. Der Regen hatte aufgehört, und die Sonne kam hervor. Ein leuchtender Regenbogen hatte sich über dem See gebildet, und dann sah Carolin es zum erstenmal. Mitten im See lag eine kleine Insel. Als Harald sie bat auszusteigen, war sie wie verzaubert von dieser Landschaft. Sie kam sich mit einemmal so kleinlich vor, daß sie Tränen vergossen hatte, nur weil es nicht jene Hochzeit gewesen war, die sie sich als kleines Mädchen erträumt hatte.

Harald führte sie zu einem Steg, an dem ein Ruderboot befestigt war. Galant bat er sie, Platz zu nehmen, und reichte ihr den Korb, aus dem eine Flasche Champagner ragte. Sie sprachen nicht. Man hörte nur das gleichmäßige Eintauchen der Ruderblätter in den fast unbewegten See.

Auch drüben auf der Insel gab es einen kleinen Steg. Er reichte ihr die Hand und half ihr aus dem Boot. Nach ein paar Metern, die sie über ein Feld gingen, sah sie es direkt vor sich: das kleine Holzhäuschen!

Drinnen war alles sehr einfach. Es gab einen simplen Kamin, zwei Zimmer, ein Bad und eine Küche. Was sie vermißte, waren Lampen. Überall standen Kerzen. Strom sei nicht gelegt, erklärte Harald und holte aus dem mitgebrachten Korb eine Lekkerei nach der anderen. Bald hatte der Kamin alles in eine wohlige Wärme getaucht.

Harald wollte sie gerade küssen, als ihr Handy klingelte. Sie war unschlüssig, ob sie rangehen sollte, aber das noch von Weihnachten eingestellte »Jingle Bells« tönte nun immer aufdringlicher. Bis sie das Handy endlich ganz unten am Boden ihrer Tasche zwischen Lippenstift und Haarbürste aufgespürt hatte, war es verstummt. Sie sah ihren Mann entschuldigend an.

»Ich rufe mal eben zurück! Das muß was Wichtiges sein. Sonst hätten die mich heute nicht gestört!« Ohne seine Antwort abzuwarten, rief sie in ihrem Büro an. Ein Richter wollte sie zur Pflichtverteidigerin in einem Mordfall machen und hatte um sofortigen Rückruf gebeten. Carolin strahlte Harald an und wählte die Nummer des betreffenden Richters. Es war selten, daß Robert sie bestellte. Das tat er nur bei den harten Fällen. Sie sprach ganz professionell mit ihm, auch wenn er immerzu versuchte, ihr private Fragen zu stellen. Er habe gehört, sie wolle den Mistkerl tatsächlich heiraten? In ihrem Übermut antwortete sie: »Nicht wollen. Es ist bereits geschehen. Wir befinden uns kurz vor der Hochzeitsnacht. Das einzige, was stört, ist dein Anruf!« Dann lachte sie schallend. Robert fand das gar nicht witzig und regelte das Weitere betont kühl, sachlich und ohne persönliche Anspielungen. Als sie fertig war, das Telefon ausgeschaltet hatte und gerade noch einen Scherz machen wollte, spürte sie nur noch den Schmerz auf ihrer Wange. Harald sah sie wutverzerrt an, riß ihr mit einem Ruck das Handy weg, schleuderte es gegen die Wand und brüllte: »Hier nicht! Verstehst du? Hier nicht!! Was meinst du, warum ich keinen Strom habe? Weil das hier was Besonderes ist, das du dumme Gans nicht verstehen und würdigen kannst.« Carolin fühlte sich plötzlich wie tot. Sie spürte keinen Widerstand in sich. Ihr Kampfgeist war erloschen. Sie starrte nur stumm vor sich hin. Auch als Harald ihr noch eine Ohrfeige gab und sie als »selten unsensibles Miststück« beschimpfte, zeigte sie keine Regung. Er ließ nicht locker, zerrte sie hoch und schleifte sie zum Bett. Wie durch einen Nebel nahm sie wahr, daß er sie mit Handschellen an die Eisenstangen fesselte. Die Mühe hätte er sich sparen können. Sie war sowieso völlig willenlos. Sie ließ alles über sich ergehen. Selbst wenn er sie jetzt hätte umbringen wollen, sie wäre so paralysiert geblieben. Es war etwas in ihr gestorben. Selbst als sie beim Verlassen des Hauses das völlig zerbrochene Handy am Boden liegen sah, rührte sich nichts.

Harald reagierte etwas hilflos auf diese neue Seite von Carolin, die er nicht kannte und auch nicht mochte. Im Gegenteil, das war geradezu der Horror für ihn. Wie sollte er mit einer Frau Machtspiele spielen, der alles egal war? Ihre Passivität machte ihm Angst. Er hatte das Gefühl, den Bogen überspannt zu haben, und änderte sein Verhalten sofort. Er behandelte sie zuvorkommend, war liebevoll und großzügig, bis sie ihm nach ein paar Wochen wieder einigermaßen normal vorkam. Nur ab und zu, wenn er mit ihr in das kleine Häuschen fuhr, machte er seine Spiele mit ihr. Nur so zum Spaß, wie er immer wieder versicherte. Und nur beim Sex. Manchmal überfielen ihn kleine Attacken. Dann nannte er sie »pottenhäßlich« und rief theatralisch aus, wie in aller Welt er sich so hatte vergreifen können! Sie sei ja noch fetter geworden! Das Schlimme war, es stimmte! Allen, die sie kannten, fiel auf, wie still und beinahe lethargisch sie geworden war. Wie unsicher und ängstlich! Wie passiv und ungepflegt! Bald glänzte sie nicht einmal mehr, wenn sie plädierte. Der Mordfall geriet zum Fiasko. Bis Robert es nicht mehr aushalten konnte. Er sagte ihr auf den Kopf zu, sie sehe total beschissen aus und könne, wenn sie so weitermache, ihren Job bald an den Nagel hängen. Es ging fast ein halbes Jahr so, bis sie nach einem besonders brutalen Zwischenfall beschloß, sich wenigstens ihrer Freundin Rita anzuvertrauen. Aus eigener Kraft würde sie es nicht mehr schaffen, Harald zu verlassen. Sie brauchte moralische Unterstützung. Carolin war so erleichtert, endlich darüber sprechen zu können: Ihr Mann sei unzurechnungsfähig, bedrohe und beleidige sie, und ... er könne Sex nur auf eine bestimmte Weise haben! Ritas schrilles Lachen würde sie im Leben nicht mehr vergessen. Wie sie kichernd sagte, wenn es danach gehe, müsse sie sich aber täglich von ihrem Mann scheiden lassen. Und daß Carolin dieses Prachtstück von einem Mann ja nicht verärgern solle! Carolin sprach nie wieder ein Wort mit Rita.

Zum erstenmal spürte sie wieder etwas von ihrem alten Kampfgeist. An diesem Tag kaufte sich zum erstenmal im Leben ein wirklich elegantes Kostüm und schlenderte dann mehr zufällig in Richtung seines Büros. Er hatte ihr verboten, ihn dort zu besuchen. Sie wußte auch nicht genau, was sie dort jetzt eigentlich wollte, aber plötzlich stand sie vor der Hausnummer sieben. Sie suchte nach seinem Namen. Glücklicherweise kam ihr ein Mann in einem abgewetzten Blaumann entgegen. Er sah nach Hausmeister aus. Den fragte sie nach dem Architekten Harald Linke. Der Mann kratzte sich am Kopf und fragte neugierig:

»Was wollen Sie wissen? Sind Sie von der Polizei?«

Carolin stutzte und antwortete geistesgegenwärtig: »Nein, aber ich suche sein Büro. Ich bin eine Kundin. Ich will ein Haus bauen lassen!«

Der Hausmeister lachte trocken: »Haus bauen? Von dem? Das wird wohl nichts. Der hat schon lange Pleite gemacht. Der Laden hier ist schon ein Jahr lang geschlossen!«

»Danke«, sagte Carolin tonlos und rannte um die Ecke, damit der Hausmeister nicht sah, daß sie sich übergeben mußte. Ein Jahr? Sie hatten sich vor einem Jahr kennengelernt. »Zufällig« bei einer Ausstellungseröffnung. Sie erinnerte sich genau, denn an dem Tag hatte etwas über sie in der Klatschspalte einer Zeitung gestanden: »Erfolgreiche Single-Anwältin überall dabei. Gestern bei der Modenschau, heute bei der Vernissage.« Es gibt keine Zufälle, dachte sie, während sie sich noch einmal übergab. Ansonsten behielt sie einen klaren Kopf. Überhaupt konnte sie endlich wieder denken. Für so viel Dummheit sollte ich eigentlich meine Zulassung verlieren, dachte sie wütend, als sie nun in ihrem Büro ankam. Dort begann sie fieberhaft zu rechnen. Sie hatte längst eine Entscheidung getroffen: sofortige Scheidung! Als sie aber errechnet hatte, was sie diese vernünftige Lösung kosten würde, wurde ihr gleich wieder schlecht. Der Fall mußte ganz anders gelöst werden.

Harald war ehrlich überrascht, als er seine Gattin an diesem Abend so dynamisch und gutaussehend nach Hause kommen sah. Bei dem Anblick von so viel Power kribbelte es doch auch in ihm gleich wieder. Er hatte Essen gekocht, und sie hatte den fein gedeckten Tisch noch keines Blickes gewürdigt. Na wunderbar! Kaum hatte sie ihren Mantel abgelegt, packte er sie am Arm und zog sie ins Zimmer: »Hast du das schon gesehen? Habe ich alles für dich gemacht!«

»Na und?« gab sie forsch zurück. Die Antwort war eine der obligatorischen Ohrfeigen. Carolin spürte den Schmerz auf ihrer Wange. Zum erstenmal fühlte sich das gut an, denn Carolin dachte befriedigt an das Echo.

Sie konnte es kaum erwarten, aber dann endlich war es soweit. Sie fuhren schweigend den langen Weg am See entlang, und Carolin lächelte versonnen. Ausgerechnet an diesem Morgen war sie noch einmal ins Grübeln gekommen, ob der Plan wirklich so genial war, wie sie hoffte. Und es war ausgerechnet Staatsanwalt Linke gewesen, der ihr die letzten Zweifel genommen hatte. Der hatte ihr nämlich in einer Prozeßpause triumphierend verkündet: »Ich kenne ihn.« Sie hatte nicht gleich geschaltet und gefragt: »Wen kennen Sie?« Linke hatte sich ereifert: »Ihren Mann meine ich, und wissen Sie woher? Der war hier als Angeklagter, hatte seine Frau, weil die sich scheiden lassen wollte, bedroht und tätlich angegriffen. Und zwar so schwer, daß die Frau ins Krankenhaus mußte ...« Carolin hatte zuckersüß geflötet: »Da müssen Sie sich irren. Mein Mann ist der sanftmütigste Mensch, den ich kenne.« Mit diesen Worten hatte sie sich rasch auf dem Absatz umgedreht, war in den Waschraum geeilt und hatte sich erst einmal mit einer Spülung den Mund desinfiziert.

Als sie den Steg betraten, stellte sie befriedigt fest, daß der See spiegelglatt war. Das hatte ihr ein wenig Sorge gemacht. Wo sie doch so schlecht rudern konnte.

Harald war ein Gewohnheitsmensch mit beinahe zwanghaften Ritualen. Deshalb war sie sicher, daß alles exakt nach Plan verlaufen würde. Gleich nach dem Essen befahl er ihr: »Komm!« Sie folgte ihm ins Schlafzimmer, doch als er sie fesseln wollte, sagte sie provozierend: »Das ist so langweilig, immer dieselbe Nummer! Hast du denn gar nichts anderes drauf? Wenig einfallsreich, mein Lieber!« Er stutzte. Jetzt kam der entscheidende Augenblick. Wenn er doch anders tickte, als sie vermutete, dann ... Ihr Herz klopfte bis zum Halse.

Er stöhnte genervt. »Okay, dann machen wir es eben anders. Mach einen Vorschlag! Was willst du?«

»Härter.« Sie bemühte sich, das Zittern in ihrer Stimme zu unterdrücken. »Ich will es härter! Tu doch einfach mal so, als wolltest du mich wirklich mit Gewalt nehmen!« Er verstand noch nicht ganz.

»Das muß mal richtig prickeln. Nimm einfach ein Messer in die Hand, und ich wehre mich dann ...« Er grinste einfältig: »Na gut, wenn du willst, aber das finde ich jetzt schon ganz schön gewagt, also, ich meine ...« Sie ergänzte: »Pervers, meinst du?« Er mochte jetzt nicht zugeben, daß ihr Ansinnen selbst ihn überraschte, und war bereit mitzuspielen. Er wollte sie ausziehen, doch sie hielt seine Hand fest.

»Ich behalte meine Klamotten an. Das ist noch spannender. Du darfst sie zerreißen. Bitte mach es echt.« Jetzt standen ein paar Schweißtropfen auf seiner Stirn.

»Hol das Messer!« befahl sie. Folgsam trabte er in die Küche. So richtige Lust wollte nicht aufkommen!

Etwas linkisch stand er vor ihr und wußte nicht so recht, wie er es anfangen sollte. Sie gab jetzt die Regieanweisungen.

»Du machst jetzt die Kamera an, und dann komm langsam auf mich zu. Sag was Bedrohliches!« Er schaltete das batteriebetriebene Gerät an, für das er extra über dem Bett eine Halterung installiert hatte. Er liebte es, sich zu Hause alles noch einmal anzusehen.

Film ab, dachte sie jetzt ein wenig nervös bei dem Gedanken daran, eine glaubwürdige Vorstellung abliefern zu müssen. Aber, sprach sie sich Mut zu, Lampenfieber ist völlig normal beim erstenmal!

Ihre Stimme klang nahezu perfekt, als er jetzt auf sie zukam. Das Messer in der Hand. »Nicht ...«, schrie sie ängstlich. »Bitte nicht!« Und auch er übertraf sich selber. Er meinte, jetzt wirklich ihre Angst zu spüren. Das machte ihn an. Er hielt ihr das Messer direkt an die Kehle, drohte, er werde sich jetzt alles nehmen! Sie wurde immer hysterischer, schrie um ihr Leben: »Bring mich nicht um! Bitte! Ich gebe dir alles! Ich will nur weg von dir. Die Hälfte von allem!« Er hörte nicht auf den Wortlaut. Er war jetzt erregt, und das Spiel machte mehr Spaß, als er anfangs vermutet hatte. Er fühlte ihren Schweiß. Angstschweiß! Er keuchte. Und gerade, als er ihre Bluse aufreißen wollte, sprang sie plötzlich auf, hechtete zur Kamera, riß sie aus der Halterung und lief davon. Er war zu überrascht, um ihr zu folgen.

Die Polizisten, die das Video wenig später auf der kleinen Dorfwache sahen, empfanden Mitgefühl für die leicht hysterische, völlig zerschundene Frau, die nur knapp einem Mordanschlag entgangen war. Dem einen Beamten war es fast peinlich, ihr diese Frage zu stellen: Wie sei es zu erklären, daß sie in dieser Situation, wo sie um ihr Leben gerannt sei, noch daran gedacht habe, die Kamera zu greifen?

Sie sah ihn verstört an und erwiderte unter heftigem Schluchzen, sie sei Anwältin und wisse doch am besten, wie leicht man einen Mörder freibekomme, wenn es keine Beweise gebe. Das klang plausibel, und niemand wagte es mehr, dieser vom Schicksal gebeutelten Frau je wieder eine so dämliche Frage zu stellen. Auch im Prozeß faßte man sie mit Samthandschuhen an. Sie war einfach umwerfend glaubwürdig. Keiner gab auch nur einen Pfifferling auf die Aussage des Angeklagten mit der einschlägigen Vorstrafe. So sehr sich sein windiger Anwalt auch abstrampelte und immer wieder beschwor, sein Mandant sei in eine böse Fall getappt! Als er sogar behauptete, die Ehefrau habe von ihm verlangt, daß er sie mit dem Messer bedrohe, ging ein Raunen durch den Zuschauerraum. Staatsanwalt Linke sagte in seinem Plädoyer wörtlich, so einen Bockmist habe er ja noch nie gehört, und forderte die Höchststrafe wegen versuchten Mordes. Als alles vorbei war, raunte er Carolin auf dem Gerichtsflur noch ins Ohr: »Hab ich's doch gewußt!« Auch Robert wartete nach dem Prozeß auf sie und kommentierte das Ganze mit drastischen Worten wie: »So ein Schwein! So ein Mistkerl!« und versuchte, sie zu trösten: »Das hätte alles noch viel schlimmer kommen können!« Stimmt, dachte Carolin befriedigt, noch viel, viel schlimmer und vor allem viel, viel teurer!

The show must go on!

Frauke hatte nicht einmal die Zeit gehabt, sich über ihren Karrieresprung zu freuen. Wie in dieser Branche so üblich, war alles wahnsinnig schnell gegangen. Im Sender hatte keiner an Fraukes billig kopierte Herzblattshow geglaubt, aber jetzt war »Ich will Dich!« schon seit Monaten Quotenknüller Nummer eins … und sie damit die unangefochtene Quotenqueen! Im Moment jedenfalls. Der Erfolg aber forderte seinen Tribut, denn Frauke arbeitete nun verbissen daran, die Show auch dort oben zu halten. Wie eine Sklaventreiberin hielt sie ihre Mitarbeiter auf Trab. Erst übersah man die Ausfälle der quotenträchtigen Redakteurin. Doch dann häuften sich die Beschwerden. Nachdem sie mit einem Glasbaustein aus der Deko nach der Stylistin geworfen, mit einem Drehbuch auf die Moderatorin eingeschlagen und einem aufmüpfigen Regisseur das Kantinengulasch über den Kopf geschüttet hatte, legte man ihr vorsichtig nahe, ein wenig an ihrem aufbrausenden Temperament zu arbeiten. Auf Kosten des Hauses, versteht sich. Man bezahlte zweimal wöchentlich eine professionelle Kraft, die Frauke dabei helfen sollte, cool zu bleiben. Frauke war lernfähig, und nach ein paar Wochen intensiver Schulung durch die Verhaltenstrainerin Frau Burger bekam sie alles wieder in den Griff. Ihre emotionalen Entgleisungen ersetzte sie durch klare coole Anweisungen. Sie duldete keinen Widerspruch, und wenn etwas nicht klappte, entledigte sie sich des nicht funktionierenden Personals unbürokratisch und ohne große Worte. Das machte sie bei den Kollegen zwar noch verhaßter, aber in der Chefetage ungleich beliebter.

Ihren Freund Niklas, mit dem sie seit fünf Jahren Tisch und Bett teilte, sah sie nur noch sporadisch. Niklas hatte es aufgegeben, sich über den Dauerstreß seiner Dauerverlobten zu beschweren. Als er sie einmal während eines heftigen Streits als »krankhaft ehrgeizig« beschimpfte, konterte sie unbarmherzig: Einer wie er, der nichts auf die Reihe kriege und von ihrem

»krankhaften Ehrgeiz« lebe, solle das Maul lieber nicht so weit aufreißen. Seitdem beklagte er sich nur noch gelegentlich und beschäftigte sich um so intensiver mit seiner Leidenschaft, dem Drachenfliegen. Manchmal träumte er davon, selber einmal Karriere zu machen. Wie und womit, war ihm allerdings nicht ganz klar. Vor allem änderte sich sein Ziel fast täglich. Einmal wollte er ein Geschäft eröffnen, am nächsten Tag träumte er von einer Karriere als Manager im Sportbusineß. Schließlich hatte er drei Semester Betriebswirtschaft studiert. Frauke ließ ihn gewähren und erwartete lediglich, daß alles eingekauft war, wenn sie nach Hause kam. Solange er funktionierte, machte es ihr nichts aus, daß sie die Einkäufe bezahlte. Geld war schließlich kein Thema für sie.

Wie jeden Tag saß sie auch an diesem Morgen, übernächtigt und mit Ringen unter den Augen, in einer Besprechung. In der Nacht zuvor hatte sie eine lange Liste mit Kritikpunkten an der letzten Sendung erstellt. Die härteste Kritik ging an Dominique, die für die Auswahl der Kandidaten zuständig war. Diese ahnte schon, daß es heute um ihren Kopf gehen würde. Noch bevor die Chefin sie mit einem vernichtenden Urteil über die Langweiler des gestrigen Abends bloßstellen konnte, kam sie ihr zuvor: »Das sind die drei Typen für morgen.« Dabei zog sie rasch drei Kassetten aus der Mappe und schob den ersten Kandidaten in den Videorecorder. Sie wußte, daß er Zustimmung finden würde. Ein glatzköpfiger Riese, der seine Wohnung mit etlichen Giftschlangen teilte. Auch gegen den zweiten Kandidaten war nichts einzuwenden: der indianisch aussehende Betreiber eines Tattoo-Studios! Die Redaktionsassistentin pfiff anerkennend durch die Zähne und ulkte, daß sie den, sollte sich die Kandidatin gegen ihn entscheiden, als Trostpreis selber behalten würde. Ganz nach Fraukes strengen Anweisungen: zwei Exoten, einen Supermann, holte Dominique nun den Traummann hervor: einen muskulösen Blonden mit Namen Johannes, der eine Surfschule leitete und sich auf dem Video charmant als passionierter Freeclimber outete.

»Nicht schlecht!« kommentierte Frauke die Vorführung, »und ... da drunter möchte ich in Zukunft nichts mehr sehen.

Okay?« Dominique atmete erleichtert auf. Das war ja noch einmal glimpflich abgelaufen. Ein wenig zögerlich nahm sie nun die Kassette der weiblichen Kandidaten aus der Hülle. Dieses Mädchen sollte sich vor laufender Kamera nun einen der drei Kerle aussuchen. Natürlich waren diese in der Sendung auch durch eine Wand vor ihr verborgen. Die Fragen, die sie den Kandidaten stellen sollte, waren allerdings nicht so nett wie beim kopierten Original. Bei »Ich will Dich« war die Frage nach der Länge des Schwanzes eine der harmlosen. So jedenfalls lauteten die Anweisungen der Chefin: je fettiger desto besser!

Bei der Kandidatin war sich Dominique nicht ganz sicher. Sie war weder auffallend schön, noch hatte sie die in der Sendung obligatorische Modelfigur. Sie war auch nicht dick, aber doch eher rundlich. Was Dominique faszinierte, war die schlampige Ausstrahlung der Frau und deren freche Schnauze. Als nun die rotblonde langhaarige Frau im Hippielook in die Kamera grinste, herrschte eisiges Schweigen im Raum. Das änderte sich, als diese in selbstbewußtem Ton sagte: »Bis jetzt habe ich jeden Mann bekommen, den ich wollte! Ich mache es nur mit Männern, die ich absolut geil finde!« Dabei faßte sie sich mit der einen Hand ganz ungezwungen in den Push-up und rückte ihre rechte Brust in die richtige Form.

»Gekauft!« ertönte das Göttinnenurteil. »Und du, Moni …« Sie wandte sich jetzt an die Kostümbildnerin: »Mach ihr voll den Schlampenlook!« Mit diesen Worten stand Frauke auf und gab damit zu verstehen, daß die Sitzung beendet war. Die Anwesenden atmeten erleichtert auf. Sie waren noch einmal davongekommen! Doch dann drehte sich Frauke noch einmal um und sprach die Haarstylistin Tanja an: »Und wenn du den Mädels noch einmal so einen Mop auf den Kopf zauberst, werde ich für dich ein gutes Wort beim Musikantenstadl einlegen!« Tanja schluckte. Vor Erleichterung, denn das hätte schlimmer kommen können, und sie beschloß, der Blonden eine wahre Löwenmähne zu zaubern.

»Und noch was!« Frauke hatte den Raum immer noch nicht ganz verlassen. »Sorgt dieses Mal dafür, daß die Jungs tatsächlich in einem anderen Hotel untergebracht werden und sich nicht wieder zusammen mit dem Mädel an der Bar sinnlos auf unsere Kosten besaufen! Und ... ich möchte sie heute abend alle drei noch sehen!« Die Mitarbeiter nickten beflissen.

Endlich hatte Frauke Zeit, einen schwarzen Kaffee hinunterzustürzen und sich eine Zigarette ohne Filter zu genehmigen. Eigentlich hatte sie vorgehabt, sich das Rauchen ganz abzugewöhnen. Nun war sie statt dessen auf ganz starke Teile umgestiegen in der Hoffnung, weniger zu qualmen. Auf ihrem Schreibtisch lagen lauter unerledigte Dinge, und sie nahm sich vor, diese bis mittags zu erledigen. Doch kaum hatte sie damit begonnen, wurde sie auch schon gestört. Sie hatte ihrer Sekretärin die Instruktion gegeben, keinen in ihr Büro zu lassen, aber es war angeblich dringend und betraf die morgige Sendung. Pit, ein junger Mitarbeiter, stand blaß mit einer Zeitung im Arm vor ihr und deutete auf einen Artikel mit der Überschrift: »Tandemsprung in den Tod!« Sie verstand nicht, was er ihr damit sagen wollte, und zuckte mit den Achseln.

»Aber, guck doch.« Er zögerte. Er konnte schlecht einschätzen, ob sie es wirklich nicht verstand. Sie sah ihn fragend an. Also mußte er es ihr erklären: »Das Paar von morgen abend soll doch auf unsere Kosten einen Tandemsprung machen! Ist das nicht zynisch, wenn wir das auf so einem Hintergrund anbieten?« Frauke sah Pit verständnislos an. Er war manchmal so furchtbar moralisch. Darüber ärgerte sich Frauke schon seit längerem. Sie hatte sich doch nicht von der Sonderschullehrerin zur Topredakteurin hochgearbeitet, um sich so einen Mist anzuhören.

»Wo ist das Problem?« fragte sie ihn provozierend. Er war klug genug, ihr nicht zu widersprechen, und murmelte resigniert: »Ich meinte ja nur!«

»War's das?« Sie wartete seine Antwort gar nicht erst ab, sondern wandte sich demonstrativ ihrer Arbeit zu. Die Sache beschäftigte sie nur noch einen kleinen Augenblick lang mit der Konsequenz, daß sie sich nun endgültig von dem jungen Mitarbeiter trennen wollte. Sie benötigte jemanden mit mehr Biß.

Ansonsten verlief dieser Tag ohne gravierende Probleme, und sie schaffte, wie immer, mühelos die ganze Arbeit. Um neunzehn Uhr sollten ihr die Kandidaten vorgestellt werden, und sie war sehr gespannt auf die vielversprechende Schlampe. Die gefiel ihr auf Anhieb, so unverkrampft locker und lässig, wie sie sich auf das Sofa im Besprechungszimmer gelümmelt hatte. Das war keine, die auf den letzten Drücker noch kalte Füße bekam und jammerte: »Aber das kann ich doch nicht so sagen. Wenn das mein Freund sieht!« Nein, diese Frau wird vor laufender Kamera wahrscheinlich erst zu echter Hochform auflaufen, dachte Frauke befriedigt. Das bestätigte sich, als die Redakteurin ihr nun unmißverständlich mitteilte, was für Fragen sie in der Sendung von ihr hören wolle. Die Schlampe namens Clarissa brachte sogar noch eigene brauchbare Vorschläge ein, so daß Frauke sie zum Abschied freundlich anlächelte:

»Ich glaube, das wird was!« Das war aus ihrem Munde die allerhöchste Auszeichnung, die sie äußerst selten so freizügig an Kandidaten verteilte.

Zutiefst befriedigt wartete sie nun auf die Männer, als eine kalkweiße Dominique hereinplatzte. Sie ließ sich auf das Sofa fallen und stöhnte:

»Er ist nicht gekommen. Einfach nicht gekommen!«

»Wer ist nicht gekommen?« fragte Frauke in scharfem Ton.

»Der blonde Freeclimber!« entgegnete Dominique.

Frauke versuchte, jetzt ganz ruhig zu bleiben. Sie dachte an Frau Burger und ihre mahnenden Worte: Immer, wenn Sie diese Wut spüren, wie Sie Besitz von Ihnen ergreifen will, dann atmen Sie tief durch, stellen sich mental neben sich selber und reagieren dann. Frauke atmete mehrfach hörbar ein und aus, und statt Dominique als »unfähiges Arschloch« zu beschimpfen und mit Gegenständen zu bewerfen, fragte sie kalt und ganz ruhig: »Was heißt das: Der Mann ist nicht gekommen?«

Dominiques Stimme überschlug sich jetzt fast vor lauter Aufregung: »Er war um achtzehn Uhr nicht da. Nicht im Hotel, nicht hier. Aber der Flieger hatte keine Verspätung, also haben wir bei ihm zu Hause angerufen, und da war er selber dran. Pech gehabt! hat er gesagt. Dann schnitzt euch mal einen Freeclimber. Scheißsendung, hat er noch gesagt!«

»Scheißsendung hat der Scheißtyp gesagt? Na toll!« Jetzt nur nicht ausflippen, hämmerte es in Fraukes Kopf, jetzt nur nicht ausflippen. Sachlich bleiben. Sachlich bleiben. Sachlich …

»Dann mußt du wohl einen neuen Scheißfreeclimer finden! Du hast ja noch viel Zeit. Sechzig ganze Minuten!«

Frauke genoß Dominiques erschrockenes Gesicht. Schon vorher hatte es die Farbe einer weißen Wand gehabt. Jetzt kam ein leichter Grünstich hinzu.

»Aber …« Mehr traute sie sich nicht zu entgegnen. Sie wußte, daß es keinen Sinne hatte.

Frauke sprach nun ein paar Worte mit dem glatzköpfigen Schlangenliebhaber, dann mit dem Besitzer des Tattoo-Studios, der ihr voller Stolz seinen selbstentworfenen Oberarm entgegenstreckte. Frauke haßte Tätowierungen und mußte gegen eine leichte Übelkeit ankämpfen. Vielleicht lag es auch am Mundgeruch des Kandidaten, der sich am Abend zuvor offensichtlich in Knoblauchsauce ertränkt hatte.

Ihre innere Anspannung konnte sie kaum verbergen. Sie hatte im Sender zwar die Toyota-Devise ausgegeben: »Nichts ist unmöglich«, aber insgeheim befürchtete sie, Dominique werde versagen.

Mitten in diese düsteren Gedanken klingelte ihr Handy. Es war Niklas, der in einem Restaurant auf sie wartete. Zu ihrem fünfjährigen Jubiläum hatte sie ihn zum Essen eingeladen. Jetzt wartete er bereits eine Dreiviertelstunde auf sie, hatte schon drei Aperitifs getrunken und war stocksauer.

Sie versuchte, ihm zu erklären, daß es Streß gab, aber er ließ sich nicht ganz so leicht beschwichtigen wie sonst. Er bestand darauf, den Abend mit ihr zu verbringen. Schließlich einigten sie sich auf einen Kompromiß: Er solle das Diner mitnehmen, und sie würden in ihrem Büro wenigstens kurz gemeinsam essen. Frauke hatte sich in letzter Zeit kaum Gedanken über die Beziehung gemacht. Es lief ja alles wunderbar bis auf die gelegentlichen Streitereien, wenn er ihr vorwarf, sie arbeite zuviel, und sie konterte, einer müsse ja schließlich seinen Hang zu teuren Sportarten finanzieren. Grundsätzliche Zweifel an der Verbindung hatte Frauke nicht. Auf ihre Weise liebte sie ihn. Als er ihr vor fünf Jahren begegnet war, war sie sich absolut sicher gewesen, den Mann fürs Leben gefunden zu haben. Das glaubte sie auch heute noch. Er hatte ihr nach zwei Jahren einen Heiratsantrag gemacht. Sie hatte angenommen. Aber bislang fehlte es zur Umsetzung nur an dem einen: an der Zeit für solchen Luxus.

Als nun Dominique mit gesenktem Kopf in ihr Büro kam, ahnte Frauke, daß sie nicht fündig geworden war. Sie zeigte Frauke die Fotos der drei Männer, die sofort bereit wären einzuspringen. Kein Wunder, es waren welche von der Ausschußliste. Sie merkten erst gar nicht, daß Niklas – schwer bepackt mit diversen Gefäßen – das Zimmer betreten hatte.

»Wo speisen wir?« fragte er laut und vernehmlich.

»Stell's auf dem Tisch ab!« entgegnete Frauke, ohne aufzusehen von diesen schrecklichen Fotos, doch Niklas beugte sich zu ihr herunter und gab ihr einen Kuß.

»Einen Moment noch«, vertröstete sie ihn und ließ sich jetzt hemmungslos über die potentiellen Kandidaten aus.

»Das kann doch nicht wahr sein! Diese Langweiler können wir unmöglich nehmen. Wo habt ihr die bloß aufgetan? Das ist das Grauen. Diese unmögliche Figur allein!« Dabei deutete sie auf das Bild eines spindeldürren Mannes in Badehose. »Ich habe gesagt, einen gutgebauten Freeclimber und keinen Spargeltarzan!

Sie wurde unterbrochen von Niklas, der spöttisch bemerkte: »So redest du also über Männer? Würde ja gern wissen, wie du mich so kommentierst?« Beide Frauen sahen jetzt in seine Richtung, registrierten den strahlenden blonden Hünen in seiner ganzen Schönheit und hatten denselben Gedanken … Dominique wagte nicht, ihn auszusprechen, aber Frauke war schon in die Offensive gegangen.

»Schatz«, begann sie. Dominique mußte jetzt ein Grinsen unterdrücken. Nicht nur weil sie Frauke noch nie so ein zärtliches Wort hatte sagen hören, sondern weil sie intuitiv erfaßte, was jetzt passieren würde. Frauke stand auf und kuschelte sich nahe an Niklas heran, der ganz überrascht war, daß sie ihn überhaupt beachtete. Er küßte sie und ahnte nicht im geringsten, warum sie sich jetzt so weiblich gebärdete.

»Würdest du uns einen Gefallen tun?« Dabei sah sie Dominique an, die jetzt über beide Backen grinste.

»Heute immer«, entgegnete er.

»Du bist ein echter Schatz.« Frauke ließ ihn schnell wieder los und gab ihre Instruktionen. Er müsse sofort zur Kostümbildnerin wegen der Klamotten! Niklas sah sie verwirrt an und fragte nur: »Welche Klamotten?«

Jetzt mußte Frauke ihm wohl oder übel erklären, worin die kleine Gefälligkeit bestehen sollte. Sie versuchte, das Ganze möglichst harmlos zu schildern: Es sei ein Kandidat ausgefallen, und er müsse einfach nur morgen in der Sendung für ihn einspringen. Die Antworten auf die Fragen der Kandidatin werde sie beim Essen mit ihm durchgehen!

Niklas hatte begriffen. Widerwillig schüttelte er den Kopf. Er haßte diese Sendung, er haßte es, im Rampenlicht zu stehen, und er haßte Heuchelei.

»Du tickst doch nicht richtig. Ich setze mich doch nicht in diese Schwachsinnssendung und tue so, als sei ich scharf auf die blöde Tussi, die dämliche Fragen stellt. Niemals!« Frauke gab Dominique mit einem Blick zu verstehen, daß sie das Feld räumen solle. Sie wollte keine Zeugen bei dem jetzt vorprogrammierten Streit, doch man hörte das Geschrei bis auf den Flur. Sie warf ihm vor, von diesem Schwachsinn aber recht gut zu leben. Er warf ihr vor, skrupellos zu sein und für die Quote die eigene Großmutter als Stripperin zu verkaufen. Es hatte keinen Sinn. Frauke überlegte fieberhaft. Sachlich bleiben. Sachlich bleiben. Sachlich ...

Unvermittelt schmiegte sie sich an ihn: »Du würdest doch so gern mit zu diesem Event in den USA fliegen, oder?« Er sah sie verblüfft an. Sie wußte doch, daß er sich die Teilnahme an der Reise nicht leisten konnte und auch nicht einmal das entsprechende Equipment zum Drachenfliegen besaß.

»Und hast du das Geld schon zusammen?« fragte sie bohrend.

»Blöde Frage«, knurrte er.

»Du fährst. Ich zahle den Flug und den Kram, den du brauchst, wenn du dich morgen abend mit da hinsetzt und dumme Fragen dumm beantwortest.« Ein großzügiges Angebot, wie sie fand.

»Und was ist, wenn die Tussi mich wählt? Dann geht der Mist doch erst richtig los. Dann müssen wir ins Hotel und ...« Sie unterbrach seine Zweifel: »Keine Panik. Ich werde klare Ansagen machen, daß die Frau auf keinen Fall den Kandidaten drei nimmt«.

Er grinste jetzt leicht.

»Du machst es also?« fragte sie rein rhetorisch.

»Okay, aber nur, wenn der Kandidat drei als Verlierer aus dem Saal geht!«

»Ja, was denkst du denn? Danke!« Voller Dankbarkeit nahm sie ihn leidenschaftlich in den Arm.

Am nächsten Tag gab es viel zu tun. Niklas war vier Zentimeter größer als der abgesprungene Kandidat Nummer drei, und so wurde fieberhaft alles nach dem passenden Outfit durchsucht. Erst als er im sportlichem Dreß vor dem Spiegel stand, gab die Redakteurin Ruhe. Dann kam es zwischen ihnen zu einem erbitterten Streit wegen der Antworten. So schlüpfrig werde er nicht antworten, protestierte Niklas heftig, als ihm Frauke seine Sätze in den Mund legen wollte. Sie aber wollte kein Risiko eingehen und ließ prinzipiell niemals zu, daß Kandidaten improvisierten. Jedes Wort war vorgeschrieben. Er aber weigerte sich hartnäckig, auf die Frage nach seinen Hobbys zu antworten: Ich fahre gerne Schlitten mit großen und mit kleinen ... Na, welche Körbchengröße hast du denn, schöne Unbekannte?« Sie versuchte alles, aber Niklas blieb hart: Er werde seinen eigenen Text sagen. Sie ließ sich darauf ein – was blieb ihr anderes übrig? – und forderte ihn auf, ihr bis zum Mittag einen entsprechenden Alternativvorschlag zu machen.

Frauke dachte nur noch an das eine: das Gelingen der Sendung, an die Quote, an ihren Job! Das hier war ihr Leben! Als Niklas wenig später plötzlich noch einmal ganz aussteigen wollte, fertigte sie ihn in demselben herablassenden Ton ab wie manche der Kandidatinnen, die kurz vor der Sendung in Panik gerieten. Mitgehangen, mitgefangen! Als er immer noch keine Ruhe geben wollte, schickte sie ihm die vom Sender bezahlte

Verhaltenstherapeutin Frau Burger in die Garderobe. Frauke mußte jetzt einen klaren Kopf behalten. Schließlich handelte es sich um eine Life-Sendung. Es durfte nichts schiefgehen! Und doch, irgend etwas ging an so einem Abend immer schief. Heute war es der Comedian, der das Warming-up des Saalpublikums machen sollte. So etwas Trauriges hatte Frauke in ihrem ganzen Leben noch nicht gehört. Es war mucksmäuschenstill, während er sich von einer mißlungenen Pointe zur nächsten hangelte. Es war so peinlich, daß Frauke ihn erlösen und selber übernehmen wollte. Doch der junge Mann rief immerzu: »Aber das Beste kommt doch noch ...« Zwei Kameraassistenten mußten ihn aus dem Saal schleifen. Da endlich lachte das Publikum, und Frauke hatte ein leichtes Spiel. In launigen Worten erzählte sie dem Publikum Hintergründe zur Sendung. So waren sie einigermaßen aufgetaut, als es ernst wurde, und die Sendung begann. Frauke sah sich die Sendungen grundsätzlich aus der MAZ, in der alle Kameraeinstellungen auf Monitoren zu sehen waren, an, weil sie hier quasi noch mitgestalten konnte. Und das tat sie sehr zum Ärger der Männer in der Technik auch. Sie wollte bis zum Schluß bestimmen. Ja sogar, welchen Zuschauer man ins Bild holen solle. Die Regisseure haßten sie dafür.

Sie war so sehr in ihrem Element, daß sie fast völlig vergaß, wer da unten jetzt schlotternd saß. Sie hatte ihm nicht einmal mehr toi, toi, toi! gewünscht. Die Kandidatin war umwerfend präsent, und Frauke überlegte gerade fieberhaft, ob man die nicht gleich noch einmal buchen sollte. Dann natürlich mit schwarzgefärbten Haaren und einem anderen Outfit. Sie saß so natürlich und frech auf ihrem Stuhl und hielt sich dabei präzise an den Text. Dann traten die Männer auf. Frauke hatte Niklas noch nie so gesehen. Sie war verblüfft. Er wirkte gut vor der Kamera, kein bißchen nervös, und in dem Moment fiel es Frauke ein: Er hatte ihr seinen Text gar nicht mehr gesagt. Was würde er jetzt für einen Mist erzählen? Sie begann vor Aufregung zu zittern, als die Kandidatin ihn nach seinen Hobbys fragte.

»Ich liebe Surfen, Fliegen, Schwimmen, und in der Liebe soll es stimmen!«

Einige vereinzelte eher peinliche Lacher waren aus dem Saal zu hören, und Frauke konnte erkennen, daß die Moderatorin einen Augenblick irritiert guckte. Doch die Kandidatin strahlte über das ganze Gesicht und sagte: »Das hoffe ich auch, Kandidat drei!«

Frauke atmete auf. Das war noch einmal gutgegangen, obwohl seine Antwort gegen die Anzüglichkeiten der beiden anderen Kandidaten völlig abfiel.

Endlich kam der Schluß, zu dem sich die Männer vor der Wand aufstellen und ihre Hände durch kleine Öffnungen schieben mußten, damit die Kandidatin sie anfassen konnte. Die ließ sich Zeit, berührte die Hände des Riesen, streichelte die des Tätowierten und verweilte dann sehr lange bei den Händen des »Surflehrers«. Endlich gab sie ihr Urteil bekannt:

»Kandidat drei bitte!« Frauke war so fasziniert von der Intensität, daß sie ein paar Sekunden berauchte, um zu begreifen. Kandidat drei? Verdammt noch mal, sie hatte in der Hektik vergessen, der Frau zu sagen, daß sie auf keinen Fall die Drei wählen durfte. Jetzt war es zu spät. The Show must go on, dachte Frauke, als sich nun unbarmherzig die Wand öffnete. Es ertönte ein Tusch, die Kandidatin stand ihrem Auserwählten gegenüber, sagte: »Ich will dich« und küßte ihn auf den Mund. Niklas schien so überrascht, daß er sie nur blöd anstarrte. Man hatte ihn ja nicht darauf vorbereitet, daß er ihren Kuß erwidern sollte.

»Komm, nun küß sie schon. Los Johannes!« heizte die Moderatorin den schüchternen Kandidaten drei an. Das Publikum tobte und klatschte rhythmisch. Sie hörten erst auf, als er sie nun tatsächlich küßte. Frauke war zufrieden. Das wirkte echt und leidenschaftlich.

Sie rechnete mit einem Donnerwetter des Kandidaten drei, aber als er in ihr Büro geschossen kam, übertraf das ihr schlimmsten Befürchtungen. So sauer hatte sie ihn noch nie erlebt! Er fluchte, schimpfte und machte deutlich, daß die Gefälligkeit hiermit ein Ende habe. Er werde keinen Einspielfilm mitmachen und sich auch nicht noch einmal so zum Deppen machen!

Schließlich und endlich machte er es doch. Frauke versprach ihm nicht nur die Finanzierung der Reise, sondern konnte ihm überdies eine ansehnliche Gage in bar bieten. Keiner wußte, wo sie das Geld lockergemacht hatte, denn die Kandidaten bekamen in der Regel nur ein paar hundert Mark in die Hand gedrückt. Daß es ihr privates Geld war, sagte sie keinem. Schließlich bleibt es ja in der Familie, dachte sich Frauke.

Niklas strafte sie mit schlechter Laune. Besonders an dem Tag, als er mit dem Kamerateam den Einspielfilm machen sollte. Die Zuschauer wollten ja nun erfahren, wie es mit Clarissa und Johannes weitergehen würde. Zu dem Zweck wurden sie einen ganzen Tag gemeinsam gefilmt. Höhepunkt sollte ein Tandemsprung sein. Das hatte sie bereits vorher mit einem Lehrer geprobt. Danach sollten sie zum Hotel gebracht werden. Vor ihrer Zimmertür mußte die Kandidatin zu ihm sagen »Ich will dich!«, und er durfte entscheiden, ob er mitging oder nicht! Frauke hatte Niklas eingeschärft, vor der Kamera natürlich mit in das Zimmer zu gehen. Er könne das Zimmer durch einen Hinterausgang verlassen.

Niklas hatte mehrfach versichert, das sei ja alles noch widerlicher und verlogener, als er vermutet habe. Er bat Frauke, wenigstens mit zum Dreh zu kommen, aber sie war zu beschäftigt. Die Sache lief genial. Nach der Zuschauerpost zu urteilen, waren Clarissa und Johannes so beliebt, daß sich bereits der erste Fanclub gegründet hatte. Das muß man pushen, entschied Frauke. Sie lancierte sogar einige Berichte mit dem Titel:

»Wieder neues Traumpaar bei ›Ich will Dich‹ in die Presse.«

Niklas hatte seinen Protest inzwischen aufgegeben und verbrachte nun jede freie Minute im Sportstudio, um sich für seine Reise in die USA fit zu machen. Sie sahen sich in diesen Wochen noch seltener als zuvor.

Drei Wochen später war es dann soweit: der zweite Auftritt von Clarissa und Johannes bei »Ich will Dich«. Wieder schaute Frauke sich die Sendung von ihrem Beobachtungsposten in der MAZ an. Als das Paar auf dem Liebessofa Platz nahm, brandete tosender Applaus auf. Daraufhin ergriff er ihre Hand und küßte sie zart. Direkt in die Kamera hinein.

»Du Rampensau«, dachte Frauke liebevoll, »jetzt hast du doch Spaß daran!« Der Einspielfilm wurde gezeigt und endete schließlich damit, daß er mit ihr im Hotelzimmer verschwand. Er hatte sich noch einmal umgedreht und schelmisch in die Kamera gewunken. Das galt sicher ihr. Frauke grinste. Niklas war wirklich nicht schlecht. Und Clarissa, die alte Schlampe, hatte es ebenfalls in sich. Sie begann jetzt zu schildern, wie es alles gekommen sei. Mit ihnen beiden! In jener Nacht sei ja gar nichts passiert. Er lächelte sie an. Frauke wollte nicht glauben, was sie da hörte. Sie hatten doch klare Instruktionen, was sie sagen sollten. Und jetzt? Aus dem Publikum wurden einzelne Buhrufe deutlich, doch das Paar ließ sich nicht aus dem Konzept bringen. Als die Reaktion verebbt war, sagte Clarissa mit einem zärtlichen Blick auf Niklas: »Erst am nächsten Tag hat es gefunkt, als wir uns noch einmal getroffen haben. Privat. Und dann noch einmal!«

Niklas legte den Arm um Clarissa und ergänzte mit weichgespülter Stimme: »Und dann jeden Tag!« Die Sendung konnte gar nicht besser laufen. Selbst die Männer hier oben in der MAZ, die viel Mist gesehen hatten, waren begeistert. Da kam was rüber! Das war »reality«. Frauke glaubte immer noch nicht, was sie da sah. Sie hielt das für eine professionelle Performance, doch jetzt hörte sie Clarissa laut und deutlich sagen: »Er hat mich zu einem USA-Urlaub eingeladen! Er will dort Drachen fliegen ...« Eingeladen? Urlaub? In Fraukes Kopf begannen die Gedanken zu kreisen. Wovon denn?

»Und fliegen Sie auch? Mit dem Drachen, meine ich?« fragte die Moderatorin interessiert. Die Gage! Natürlich, die Gage!

»Nein, ich sehe zu, aber wir fliegen von da aus direkt nach Las Vegas. In die Wedding-Chapel!« Clarissa grinste vielsagend in die Kamera. Die Moderatorin überschlug sich fast vor Begeisterung: »Da gratuliere ich aber. Eine Hochzeit? Das hat es ja noch nie gegeben ...!« Der Rest ging in einem frenetischen Applaus des Saalpublikums unter. So gut konnte gar keine Show sein. Das hier war bitterer Ernst! Frauke konnte gar nichts dagegen unternehmen. In Sekundenschnelle hatte die Wut sie übermannt. Da half kein Atmen mehr. Sie kämpfte erst gar nicht dagegen an. Im Gegenteil, zielstrebig rannte sie ins Studio, vorbei an dem Mitarbeiter, den sie extra vor der Tür abgestellt hatte, damit während der Sendung kein Unbefugter ans Set kam. Das rote Licht schien ihr nicht verläßlich genug. Der junge Mann versuchte, sie aufzuhalten, aber sie trat ihm mit voller Wucht gegen das Schienbein. Auch der Regieassistent, der sie wie eine Furie auf das Set zurennen sah, konnte nichts mehr tun, denn ihn schlug sie mit einem einzigen Schlag k.o. Als sich ihr die Moderatorin in den Weg stellen wollte, schrie sie: »Sie sind gefeuert!« und schubste die Frau unsanft in die Kulisse. Clarissa und Niklas war es in letzter Sekunde gelungen, durch den Zuschauerraum zu entkommen. Frauke aber ließ sich genüßlich an der Deko aus, bis nichts mehr stand. Die Zuschauer im Saal johlten. Erst ein paar Sicherheitskräften gelang es, die durchgeknallte Redakteurin festzuhalten. Als sie immer weitertobte, brachte man sie sicherheitshalber in eine Klinik. Da sie aber trotz der ihr verabreichten Sedativa jedesmal, wenn die Wirkung nachließ, schrie und pöbelte, hielt man eine Einweisung in die geschlossene Abteilung für erforderlich.

Dort wurde sie von Tag zu Tag ruhiger, und als sie sogar die fristlose Kündigung, die man ihr in die Klinik schickte, gefaßt aufnahm, entschied man, sie in den nächsten Tagen zu entlassen. Am Tag ihrer Entlassung wollten Schwester Susanne und Pfleger Georg ihrem Stargast einen besonderen Gefallen tun und brachten ihr eine Zeitung mit. Als sie die Überschrift:

»Clarissa, Johannes und die große ›Ich-will-Dich-Hochzeit‹!« las, konnte sie gar nichts dagegen tun: Schwester Susanne bekam einen Kinnhaken, Pfleger Georg eine Ohrfeige, und das Klinikessen klatschte mit einem häßlichen Geräusch an die Wand. Man behielt sie nun doch noch ein wenig dort. Zur Beobachtung, wie man es ihr vorsichtig erklärte, aber ihr machte das überhaupt nichts aus. Im Gegenteil, sie entwarf fieberhaft neue Showkonzepte und kam richtig groß raus. Endlich war sie alles: Autorin, Regisseurin und Produzentin. Jede ihrer Shows wurde unverzüglich auf die Bühne gebracht. Und nicht nur die Patienten machten voller Begeisterung mit, nein, auch Schwester Susanne und Pfleger Georg brannten darauf, tragende Rollen zu spielen. Alle waren traurig, als man sie dann schließlich doch als geheilt entließ, doch Frauke allein wußte, daß es kein Abschied für immer sein würde. Sie würde zurückkehren, sobald sie die letzte Show dort draußen erfolgreich hinter sich gebracht hatte. Nur mit dem Titel des eigens für Clarissa und Niklas geschriebenen Konzepts tat sie sich noch ein wenig schwer. »Die ultimative Racheshow« schien ihr ein wenig zu harmlos für das, was die beiden Protagonisten bald an bösen Überraschungen erleben würden!

So wie Max

»Und ich schwöre es euch, an meinem dreißigsten Geburtstag habe ich ihn, den Mann meines Lebens.« Das hatte Anna ihren Freundinnen auf der Party zu ihrem Neunundzwanzigsten am frühen Morgen in einer flammenden Rede verkündet. Sie hatte sogar ihre Freundin Maje gebeten, es mit knallroter Schrift auf eine große Pappe zu schreiben: *»Ich habe an meinem dreißigsten Geburtstag den richtigen Mann!«*, damit sie es immer vor Augen habe und nicht vergesse.

Jetzt hing dieses leicht eingerissene Stück Pappe mit dem dummen Spruch bereits über elf Monate nutzlos über ihrem Schreibtisch. Allmählich wurde es zum Ärgernis, und Anna verspürte mehrmals täglich den Impuls, den Fetzen herunterzureißen und endgültig zu entsorgen. Genau wie die Hoffnung, in den nächsten Wochen den Richtigen herbeizuzaubern. Es half eben kein Simsalabim, auch wenn ihre Freundinnen alles nur Denkbare versuchten, sie mit Supermännern bekannt zu machen. Sie hatte es so satt, bei jedem Essen scheinbar unauffällig neben einen netten Single gesetzt und auf jeder Party zufällig in der Küche am Büfett mit einem gutaussehenden Muskelmann allein gelassen zu werden. Sie war doch kein Fall für die Notschlachtung! Außerdem hatte sie ihre Freundinnen mehrfach darauf hingewiesen, daß sie mehr auf den schlanken, knabenhaften Typ Mann stand. Das verstanden diese zwar nicht, stellten ihr aber fortan alle verfügbaren unreifen Milchbubis vor. Das war ja nett gemeint, und Anna hatte sich auch redlich bemüht, sich für einen zu entscheiden. Dafür war sie sowohl mit sämtlichen netten Singles als auch mit den gutaussehenden Muskelmännern ins Bett gegangen! Natürlich hatte sie auch all die dürren Männer ausprobiert. Mit einigen hatte sie sich sogar mehrfach verabredet. Überhaupt hatte sie in den letzten zehn Monaten so viel Erfahrungen mit Männern gesammelt wie in den zehn Jahren zuvor nicht einmal zusammen. Und doch war da immer etwas, das ihr nicht gefiel ... Kurzum, keiner bestand den »Anna-Test«. Ihren Freundinnen ging ihre überkritische Betrachtung all dieser Prachtexemplare reichlich auf die Nerven. Sie hielten sie mittlerweile für oberarrogant. Die abgewiesenen Männer schlossen sich dem Urteil an. Bald hieß sie nur noch »Miss Zicky«. Als ihr das eines Tages zu Ohren kam, verließ sie zutiefst gekränkt die Party und beschloß, das ganze Unterfangen aufzugeben. Auch vom Testen selbst hatte sie die Nase voll! Die Freundinnen wollten natürlich jedesmal genau wissen, was der Gnädigsten denn nun wieder nicht gefallen hatte. Langsam hatte sie doch alle in Frage kommenden freilaufenden Sahnestücke durch, aber sie konnte doch keinem Menschen den wahren Grund für ihre ständigen Absagen an die holde Männerwelt anvertrauen! Keiner würde sie verstehen. Was wäre, wenn sie ehrlich sagen würde: »Es ist wegen Max!« Man würde fragen: »Who the hell is Max?« Und wenn sie nun erklären würde, das sei ihr erster Mann gewesen, würde man sie endgültig für meschugge halten! So druckste sie herum, erfand Ausreden und konnte es doch nie so richtig benennen. Damit machte sie sich noch unbeliebter. Die Freundinnen wollten eine konkrete Information. Zusätzlich kam in letzter Zeit ein gewisser familiärer und gesellschaftlicher Druck hinzu. Annas Mutter löcherte sie bei jedem Besuch zu Hause, ob es denn nun einen jungen Mann in ihrem Leben gebe. Als bestehe die Welt nur aus jungen Männern! Als Anna neulich frech geantwortet hatte, in der letzten Woche seien es wieder fast sechs gewesen, hatte ihre Mutter keine Miene verzogen. Nein, bei diesem so ernsthaften Thema kannte sie keinen Humor. Anna ärgerte sich maßlos über diese blöden Fragen. Warum fragte die Mutter sie nicht, wie sie sich nach ihrem Karrieresprung von der freien Mitarbeiterin zur Angestellten fühlte? Aber selbst im Museum wunderte man sich, daß eine so attraktive Frau noch keinen Mann hatte. Die meisten anderen hatten. Anna fragte sich zwar manchmal, wie einige der Kolleginnen zu ihren Göttergatten gekommen waren, aber da war sie wohl die einzige.

Insofern war sie überhaupt nicht erfreut, als sie nun die Einladung des Direktors zu einem Fest in der Hand hielt: »Mit Herren! Und Damen!« Toll, woher nehmen, wenn nicht stehlen? Anna ging in Gedanken alle Testpersonen der letzten Wochen durch, doch ihr fiel kein passender ein. Sie hatte alle so verärgert, daß mit Sicherheit keiner nach der Abfuhr, die sie ihnen erteilt hatte, zum Dank ihren Alibimann spielen würde. Doch, einen gab es. Tobias! Dem hatte sie von vornherein ganz ehrlich gesagt, es habe keinen Zweck. Sie sollten es erst gar nicht versuchen. Tobias war anfangs ein wenig beleidigt gewesen, aber dann hatte sich eine Art Freundschaft daraus entwikkelt. Sie würde Tobias fragen. Sie wußte bereits, womit sie ihn ködern konnte. Er hatte ebenfalls Kunstgeschichte studiert und suchte händeringend einen Job. Sie würde ihn mit den wichtigen Menschen bekannt machen.

Tobias sah wirklich blendend aus. Das stellte sie anerkennend fest, als sie in Abendgarderobe und gemeinsam aus dem Taxi stiegen. Museumsdirektor Dr. Stegmann legte Wert auf anständige Kleidung und hatte das in seiner Einladung auch sehr deutlich gemacht. Nicht schlecht, dachte Anna, als sie Tobias nun so im schwarzen Anzug neben sich wandeln sah. Auch die ganze Haltung. Eins a! Kein Wunder, Tobias wußte, wie man sich benahm. Er kam schließlich aus gutem und überdies auch noch reichem Hause. »Ich muß wirklich bescheuert sein«, seufzte sie. Tobias hatte ihr Gemurmel nicht ganz verstanden und fragte: »Was hast du gesagt?« »Ach, nichts«, antwortete sie schnell. Wenn sie jetzt zugeben würde, woran sie soeben gedacht hatte, würde es wieder eine dieser endlosen Diskussion mit ihm geben: Warum nicht ich? Was willst du denn? Wir können es doch wenigstens ausprobieren! Können wir nicht, dachte Anna ein wenig traurig und betrachtete dabei den einen Grund, der auch unter der feinen Jacke sichtbar wurde: Tobias hatte so lange im Fitneß-Studio gerackert, bis er sich diese Muskeln antrainiert hatte. Stahlharte Muskeln, bei deren Anblick ihre Freundinnen umgehend Lustschreie ausstoßen würden. Sie war froh, daß sie ihn nicht auf einer dieser dummen Kuppel-Partys kennengelernt hatte. Er war ihr im Supermarkt zugelaufen und hatte ihren Einkaufswagen haben wollen. Auf ihren Einwand hin, sie habe aber einen Chip drin, hatte er ihr versichert, das habe er auch. Als sie dann seinen angeknabberten

Plastikchip in der Hand gehalten hatte, war sie ihm wütend durch den ganzen Supermarkt gefolgt, um ihren Hochglanzchip wiederzubekommen. Zur Entschädigung hatte er sie zum Essen eingeladen. Bislang hatte sie es vermieden, diese attraktive Zufallsbekanntschaft den Freundinnen zum Fraß vorzuwerfen. Die würden sie einweisen lassen, wenn sie zugeben müßte, diese Muskeln noch nicht näher und schon gar nicht nackt betrachtet zu haben. Sie stand mit ihrem Geschmack eben auf einsamem Posten. Deshalb hielt sie ja auch lieber ihren Mund. Sie liebte schlanke Männerarme, die erst Muskeln zeigten, wenn der Träger sie auch anspannte. Sie wollte jemanden, der genau solche Arme hatte. Solche Arme wie Max! Das aber hatte sie bislang nur einem anvertraut: ihrem kleinen roten Büchlein!

Der Chef nebst Gattin begrüßte jeden Ankommenden höchstpersönlich. Was ist denn das für ein Barbieteil? schoß es Anna durch den Kopf, während sie Stegmanns blondgelockte, langbeinige und dritte Ehefrau intensiv musterte. Er ging schlapp auf die sechzig zu, und die Lady war ganz offensichtlich nur wenig älter als Anna. Ihr wurde beinahe schlecht bei dem lasziven Blick, den die Dame des Hauses Tobias zuwarf. Als wolle sie ihn umgehend hier auf der Türschwelle vernaschen! Stegmann tat ihr beinahe leid. Der war so nett, so bemüht, wie er jetzt seine Hand auf dem Hintern der Gattin plazierte. Oder war es kurz darüber? An der Stelle jedenfalls, an der dieser endlose Rückenausschnitt des gewagten Fummels endete. Er macht sich doch lächerlich! dachte Anna, schaute die Gastgeberin nun provozierend an, legte ihrerseits zärtlich die Hand auf Tobias' Hintern und flötete: »Darf ich vorstellen, mein Liebster. Verlobter, Noch-Verlobter!« Stegmann, die dritte, guckte sie giftig an und grüßte sie nur knapp, während der Chef hoch erfreut schien, daß seine gutaussehende Mitarbeiterin einen ebenso gutaussehenden Begleiter mit sich führte.

»Habe ich mir gleich gedacht! Eine Stutenbissige!« zischelte Anna ihrem »frischgebackenen« Verlobten zu, als sie außer Sichtweite waren. Dann stürzten sie sich ins Partygewühl. »Alles stilvoll, alles vom Feinsten in diesem Haus«, stellte Anna bewundernd fest. »Villa!« verbesserte sie ihr Begleiter. Die Empfangshalle besaß eine gläserne Kuppel, die dem Raum etwas Sakrales verlieh. In die oberen Gemächer führte eine Treppe aus Marmor. Anna war total begeistert. Vielleicht sollte sie endlich vernünftig werden und sich beizeiten von ihren Fixierungen lösen! Und ältere Männer bekamen doch auch wieder dünnere Arme …

Anna schüttelte sich bei dem Gedanken so sehr, daß Tobias sie in der irrigen Annahme, sie friere, stürmisch in den Arm nahm. Zu stürmisch, so daß sie sich wütend befreite und fauchte: »Laß das!« Tobias zog seine Hand zurück. Jetzt hatte sie den Salat: Er war beleidigt, und wenn er erst einmal in diesem Zustand war, konnte es Stunden dauern, bis er sich wieder entspannte.

Doch in dem Moment kam Annas Lieblingskollegin Evelyn auf sie zu. Auch sie war in Begleitung eines jungen Mannes. Evelyn hatte noch nie zuvor von ihrem Partner gesprochen. Sie stellten sich artig einander vor. Als Evelyns Begleiter ihr die Hand gab, durchzuckte es Anna. Das war ein Händedruck. Kräftig, aber nicht zerdrückend, warm, aber nicht feucht! Sie sah dem Besitzer dieser Hand direkt in die Augen und blickte erschrocken sofort wieder weg. Der Mann hatte blaue Augen. Nach solchen blauen Augen hatte sie sich seit vierzehn Jahren gesehnt und nie auch nur annähernd wieder gefunden. Wenn er nun auch diese blonden Locken hat. So wie … Annas Herz klopfte wie verrückt. Sie wagte kaum, ihr Gegenüber noch einmal anzusehen. Als sie es jetzt doch tat, sah sie kurzgeschnittenes straßenköterblondes Haar mit unübersehbaren Geheimratsecken im Stirnbereich. Sie entspannte sich, auch wenn sie ein wenig enttäuscht war. Einen kurzen Moment lang war da so etwas gewesen wie ein winzig kleiner Hoffnungsschimmer. Ihr kam es allerdings schon merkwürdig vor, daß Tobais immer noch Evelyns Hand hielt. Und das vor ihrem Begleiter. Er sollte jetzt bloß nicht aus der Rolle fallen. Sanft stieß sie ihn an, hakte sich bei ihm unter und schlug vor:

»Laß uns an der Bar was gemeinsam trinken!« Es gab exotische Mixdrinks, und beim vierten Drink wurden sie bereits lustiger, als es der steife Rahmen gestattete. Die beiden Frauen kicherten unentwegt, so daß die Frau des Hauses sie strafend ansah. Dann verschwand Evelyns Begleiter. Oder war es ihr Mann? Vielleicht ist ihm auch so schlecht wie mir, dachte Anna, denn sie hatte plötzlich das Gefühl, alles würde sich drehen. Sie wollte nur noch eines: die Waschräume finden. Da im unteren Stockwerk sämtliche Örtlichkeiten besetzt waren, traute sie sich in ihrer Not die Treppe hinauf in der Hoffnung, dort eine Toilette zu finden.

Sie irrte durch das Obergeschoß, öffnete vorsichtig alle Türen, die nach WC aussahen, als sie laute Stimmen vernahm. Unwillkürlich blieb sie stehen. Eine Frau schien einen Mann anzubrüllen, aber was, das konnte Anna noch nicht verstehen. Als sie nun die Frauenstimme erkannte, stachelte das ihre Neugier an. Ließ sich ihr Chef etwa von seiner Gattin so zur Sau machen? Unglaublich! Sie schlich weiter und konnte jetzt erkennen, wo sich die Streitenden befanden. Eine der Zimmertüren stand halb offen, und Anna konnte nicht umhin, einen Blick hineinzuwerfen. Die Frauenstimme hatte sie richtig identifiziert, nicht aber jene Männerstimme, die monoton wiederholte: »Es geht dich gar nichts an, mit wem ich hier bin! Es ist vorbei!« Die Stimme gehörte Evelyns Begleiter! Kaum hatte er das ausgesprochen, trommelte die Dame des Hauses auf seiner Brust herum und fragte in scharfem Ton: »Benedict? Seit wann hast du was mit ihr? Seit wann hast du sie als Freundin? Ich werde dafür sorgen, daß sie fliegt, die Schlampe!«

Wie kann man sein Kind nur Benedict nennen? schoß es Anna durch den Kopf. Jetzt hörte sie den Mann mit dem warmen Händedruck und den wunderschönen blauen Augen kalt antworten: »Ich wiederhole es ungern. Es geht dich nichts an, aber wenn es dazu angetan ist, deinen hysterischen Anfall etwas zu bremsen. Evelyn ist nur eine Freundin, und weil dein Gatte Wert darauf legt, daß seine Mitarbeiterinnen in geordneten Verhältnissen leben, bin ich mitgekommen: als Alibimann! Alles klar?«

Die Lady sah sichtlich erleichtert aus und schob sich nun dicht an ihn heran. Jetzt nahm Anna seine Figur ganz deutlich wahr. Wenn es sie nicht alles täuschte, war auch er ganz schön kräftig gebaut. Schade, dachte sie. Dann ging alles ganz schnell. Mit einem Ruck befreite er sich aus der Umarmung der anhänglichen Chefgattin, drehte sich mit den Worten: »Ich mag keine Verhältnisse mit verheirateten Frauen, okay?« auf dem Absatz um und war schon draußen im Flur. So schnell konnte Anna gar nicht verschwinden. Sie starrten sich an, und bevor sie sich wegen ihres unfreiwilligen Lauschangriffs entschuldigen konnte, hatte er sie schon in das nächste Zimmer hineingestoßen. Sie wollte sich gerade über diesen rabiaten Umgang beschweren, als er ihr seine Hand auf den Mund legte. Obwohl sie vor Wut schnaubte, konnte sie nicht leugnen, daß es sich angenehm anfühlte. Sie hörte die klappernden Absätze der Gattin und erst, als diese offensichtlich die Treppe hinuntergerannt war, ließ er sie los. Sie beschimpfte ihn wüst. Er konterte mit nur einem Wort: »Spannerin!« Sie schnappte nach Luft, doch ihr fiel keine passende Entgegnung ein. Obwohl sie ihn gar nicht danach gefragt hatte, erklärte er ihr jetzt seine Situation sehr ruhig und plausibel. Er habe mit der Dame ein Verhältnis gehabt. Die habe Stegmann geheiratet und sei davon ausgegangen, daß er weiter den Lover spiele. Er aber sei sehr froh, daß Madame unter der Haube sei. Sie sei nicht sein Typ.

»Und Evelyn?« fragte Anna, ohne sich ihre indiskreten Frage bewußt zu werden.

»Evelyn ist meine liebste Freundin, wobei ich durchaus geneigt wäre, mehr zu wollen, aber sie steht ausschließlich auf Dunkelhaarige!« Dabei zeigte er auf sein kurzgeschnittenes verwaschenes Haar und fügte grinsend hinzu: »Und voll soll es auch noch sein!« Er lachte laut auf, bückte sich nach unten und steckte ihr seinen Hinterkopf entgegen. Es war schwerlich zu übersehen, daß es sich dort unter dem blonden Haar ganz leicht zu lichten begann.

Sie guckte ihn verwundert an. Er war verwirrend offen und alles andere als ihr Typ. So viel war klar. Und doch, er faszinierte Anna. Sie sah ihn staunend an und konnte es nicht fassen, als er sie nun unvermittelt an sich zog und leidenschaftlich auf den Mund küßte. Das ernüchterte Anna. Sie riß sich los und gab ihm eine schallende Ohrfeige. Er wurde mit einemmal ganz ernst und entschuldigte sich. Das sei einfach so passiert, aber nicht fair, wo doch ihr Freund unten auf sie warte. Anna sagte gar nichts, sondern sah sein zerknirschtes Gesicht eine Zeitlang prüfend an. Plötzlich überfiel sie ein fürchterlicher Lachkrampf. Sie konnte überhaupt nicht mehr aufhören. Dann beruhigte sie sich und fragte: »Sag mal, wer hat das mit dem Benedict verbrochen?«, um dann wieder ungehemmt loszuprusten.

»Meine Eltern«, erwiderte er ernst. Er machte eine Pause und fügte schmunzelnd hinzu: »Ich glaube, weil ich nach einem Kinobesuch von ›Giganten‹ entstanden bin!« Und dann lachten sie beide. Wenig später verließen sie kurz hintereinander das Obergeschoß der Villa.

Anna kam als erste unten an und sah sich suchend um. Von Evelyn und Tobias keine Spur. Unschlüssig schlängelte sie sich zur Tanzfläche durch. Und tatsächlich, dort tanzten die beiden unverschämt eng miteinander. So eng, daß sie eigentlich etwas hätte unternehmen müssen. Statt dessen nahm sie noch einen Cocktail, denn die Übelkeit war völlig verschwunden. Sie hatte kaum einen Schluck getrunken, als sie Gesellschaft bekam. Verlegen fragte Benedict: »Ich habe die anderen beiden eben tanzen sehen! Mögen Sie auch?« Er war jetzt sehr förmlich und siezte sie wieder. Anna ließ sich nicht zweimal bitten. Sie tanzte leidenschaftlich gern. Er hielt einen extrem großen Abstand zu ihr, wenngleich er durchaus sah, wie unverschämt eng »ihr Freund« mit Evelyn tanzte. Anna wünschte sich, er würde sie ein bißchen fester in den Arm nehmen, aber sein Griff lockerte sich noch mehr, als ausgerechnet »Nights in white Satin« gespielt wurde. Eigentlich war das ein uralter Schinken, nach dem ihre Eltern sich vergnügten, aber für Anna hatte er eine besondere Bedeutung. An jenem letzten Abend mit Max hatten sie keine andere Musik gehabt dort unten im Partykeller. Es war die Musik des ersten Mals, und die würde sie nie vergessen. Sie konnte es jetzt schwer ertragen, dazu im Arm gehalten zu werden wie ein lästiger Holzklotz.

»Bitte, etwas enger«, flüsterte sie ihm ins Ohr. Er zischte zurück, er habe keine Lust, das Eifersuchtsspiel zwischen ihr und ihrem Freund auch noch zu pushen.

»Er ist genausowenig mein Freund wie Evelyn deine ...!« Mit diesen Worten legte sie ihm die Arme um den Hals und ihren Kopf auf seine Schulter. Er spielte mit, auch wenn er spürte, daß sie trotz dieses Geständnisses nicht bei ihm, sondern in einer völlig anderen Welt war. Benedict war sehr sensibel, aber was sie dachte, konnte er in diesem Augenblick nicht erahnen. Sie sah Max vor sich, wie er bei diesem ersten und letztenmal seine Arme um sie legte. Das waren noch keine Männerarme, sondern die kräftigen Oberarme eines Siebzehnjährigen. Sie hatten sich nicht trennen wollen, ohne Abschied voneinander zu nehmen. Es war für beide ein Schock gewesen, als sein Vater nach Kenia geschickt wurde. Sie hatte gefleht und gebettelt, er müsse doch nicht mit, doch er hatte sich dafür entschieden. Wenn er jetzt schon bliebe, würde er niemals mehr etwas Neues sehen. Niemals! Und dann dieses eine unbeschreibliche Mal. Das erste und auch das letzte Mal. Er hatte danach in ihren Armen gelegen und geweint. »Ich werde dir schreiben.« Sie aber hatte ihm trotzig geantwortet: »Ich will deine Post nicht!« Er hatte sich daran gehalten. Geblieben war ihr nur das kleine rote Büchlein, das er ihr an ihrem sechzehnten Geburtstag geschenkt hatte. Seitdem vertraute sie ihre geheimsten Gedanken diesem Buch an. Es wußte alles über sie. Jede ihrer Tagebucheintragungen begannen mit: Liebster Max! Vier Jahre später hatte er über ihre Eltern noch einmal versucht, Kontakt zu ihr aufzunehmen. Sie solle ihn doch besuchen in Kenia. Sie hatte den Brief vernichtet. Er war es, der sie verlassen hatte! Sie merkte gar nicht, daß unaufhörlich Tränen auf das Jackett ihres Tanzpartners tropften. Überhaupt wachte sie erst wieder auf, als die Stimme der Stegmann dicht neben ihrem Ohr zischelte:

»Passen Sie mal lieber auf Ihren Begleiter auf. Der kriecht ja förmlich hinein in Ihre Kollegin!«

Jetzt endlich nahm sie auch ihren Tänzer wieder wahr. Er sah sie mit einem traurigen Blick an und fragte: »Wollen wir gehen?« Sie nickte und deutete auf die engtanzenden Turteltäubchen. Er hatte verstanden. Natürlich konnte er das Fest nicht einfach so mit Anna verlassen. Sie mußten den Schein wahren und das Fest gemeinsam verlassen.

Evelyn und Tobias war das sehr recht. Sie schienen so verliebt, daß es Anna einen Stich versetzte. Sie wollte ihn zwar nicht, aber das hier tat weh. Sehr weh, weil sie fast sicher war, sie werde ihr ganzes zukünftiges Leben einem großen, blondgelockten Idealbild hinterherrennen. Das frisch verliebte Paar verabschiedete sich hastig von der völlig verwirrten Anna und ihrem neuen Begleiter. Kaum waren sie außer Reichweite, griff Benedict in seine Jackentasche, nahm ein großes weißes Taschentuch heraus und reichte es Anna.

»Alles schwarz«, fügte er hinzu.

Sie mochte jetzt nicht allein nach Hause gehen, aber sie konnte ihn auch nicht bitten, mitzukommen. Sie war sich ja nicht einmal sicher, ob sie mit ihm ins Bett gehen wollte.

Er nahm ihr diese schwere Entscheidung ab und bot ihr an, sie nach Hause zu begleiten. Als das Taxi vor ihrem Haus stand, war sie wieder unschlüssig. Sollte sie ihn bitten? Doch schon hörte sie sich fragen: »Kommen Sie noch auf ein Glas Wein mit nach oben?« Er nickte, zahlte und folgte ihr zögernd ins Haus. Es herrschte eine eher peinliche Stimmung zwischen ihnen. Und doch fielen sie einander im Wohnzimmer gleich in die Arme und küßten sich. Anna war so durcheinander. Benedict war nicht ihr Typ, das eine war mal sonnenklar ..., und trotzdem hatte sie das Bedürfnis, mit ihm ins Bett zu gehen. Freiwillig und ohne daß ihre Freundinnen von ihr einen detaillierten Bericht der anatomischen Einzelheiten erwarteten.

Wieder küßten sie sich, und Anna hatte das Gefühl, merkwürdig frei zu sein. Frei von Max und diesem ewigen Vergleich! Es war Benedict, der plötzlich innehielt. Er sah sie ernst an und sagte: »Du, ich möchte so nicht. Ich spüre ganz deutlich, daß du an einen anderen denkst und nicht mich meinst, verstehst du. Das kann ich nicht!«

Sie schüttelte den Kopf und versicherte ihm, er müsse sich irren. Es gebe keinen anderen! Das trug sie so leidenschaftlich vor, daß er unwillkürlich grinsen mußte und fragte: »Sag mal, wie heißt du eigentlich?«

Sie antwortete lachend: »Sag Anna, aber tröste dich, auch mir hat man einen recht opulenten Namen verpaßt, den ich dir aber nicht verraten werde!« Dann sah sie direkt in seine blauen Augen, und alles war wieder da. Der alte Vergleich! Er war nicht wie Max. Er hatte ihm nur die schönen Augen gestohlen. Mit einem harten Griff umfaßte sie seinen molligen Oberarm und rannte aus dem Zimmer.

Aus dieser Frau soll mal einer schlau werden, dachte er. Er hatte erst einmal im Leben eine so launische Frau kennengelernt. Was heißt Frau? Sie war damals ein Mädchen gewesen mit ihren knapp sechzehn Jahren.

Anna blieb lange weg, und er begann lustlos, in den Büchern auf ihrem Sofatisch zu blättern. Dann sah er das kleine rote Büchlein und nahm es vorsichtig in die Hand. Genau so ein Buch hatte er einmal verschenkt. Damals an Karen zu ihrem sechzehnten Geburtstag. Wie hatte er sie damals gehaßt. Sie war so gemein gewesen beim Abschied. Hatte nicht verstehen wollen, daß er gehen mußte. Karen! Er hatte versucht, nicht mehr an sie zu denken und es doch immer wieder getan! Mit zwanzig hatte er ihr noch einmal geschrieben, aber keine Antwort bekommen. Manchmal war ihm so, als haßte er sie heute noch. Warum dachte er gerade jetzt so intensiv an sie? Wegen dieses kleinen roten Büchleins, das man damals vor fast vierzehn Jahren an jeder Ecke hatte kaufen können? Und doch, er konnte seinen Impuls nicht unterdrücken, einen Blick in dieses magische Buch zu werfen. Es war nicht seine Art, in anderer Leute Tagebüchern zu schnüffeln, aber es war die Überschrift auf der Seite, die er jetzt zufällig aufgeschlagen hatte: »Liebster Max.« Auch das konnte ein Zufall sein. Wie viele Männer hießen Max? Deshalb hatte er sich schließlich als kleiner Junge selber so nennen lassen. Um einen ganz normalen Namen zu haben wie all die anderen! Doch als er diese steile Schrift sah, gerade ohne Schnörkel, da ahnte er, daß das alles kein Zufall war. Sie hatten sich in der Schule oft kleine Zettelchen zugesteckt. Er las fasziniert, was sie da schrieb: »Lieber Max, ich kann es nicht ertragen, wenn mich einer mit diesen Muskeln umschlingt. Kannst du das verstehen? Ich sehe immer nur deine Arme, wie du mich ...« Weiter kam er nicht, denn das Buch wurde ihm mit einem Schrei aus der Hand gerissen. Dann schlug sie auf ihn ein. Er wollte sich verteidigen, aber er konnte nicht. Sie brüllte unentwegt, er solle verschwinden! Er sei ein hinterhältiger Spanner! Er hörte gar nicht mehr, was sie alles fluchte, spürte nur noch den dumpfen Schmerz an seinem Oberarm, auf dem sie wie wild herumhämmerte. Hastig zog er seine Jacke an und verließ eilig die Wohnung. Es hatte keinen Sinn. Anna oder Karen, wie sie damals genannt werden wollte, oder Anna-Karen-Nina, wie sie eigentlich hieß und was ihm ihre Mutter damals unter dem Siegel der Verschwiegenheit verraten hatte, war immer noch so schrecklich stur, rechthaberisch und unnachgiebig.

Kaum hatte er die Tür hinter sich geschlossen, ging Anna laut schluchzend zu ihrem Schreibtisch, riß das Plakat von der Wand und zerschnitt es systematisch in tausend Schnipsel. Ade, du Mann zu meinem Dreißigsten, wiederholte sie wütend bei jedem neuen Schnitt.

Da sie den Spott der Freundinnen fürchtete, entschied sie sich, zum Dreißigsten zu ihren Eltern zu fahren, selbst auf die Gefahr hin, daß ihre Mutter sie mit penetranten Fragen nach einem Mann in ihrem Leben nerven würde, doch bei ihr lief sie wenigstens nicht Gefahr, daß sie sie mit potentiellen Kandidaten im Schlafzimmer einsperrte.

Anna war glücklich, daß über ganz andere Dinge geredet wurde, die mit ihrem Leben nichts zu tun hatten. Auch wenn Anna nicht wirklich zuhörte, sondern nur gelegentlich »Ja« und »Hm« einstreute, war es doch äußerst entspannend. Deshalb mußte ihre Mutter das zuletzt Gesagte auch gleich zweimal wiederholen.

»Wer ist wieder da?« fragte Anna und bemühte sich, vor lauter Aufregung keine hektischen Flecken im Ausschnitt zu bekommen. Ihrer Mutter machte es nichts aus, alles noch einmal zu erzählen. Das bewies schließlich, daß ihre Tochter an dem interessiert war, was sie über die Nachbarn zu berichten hatte.

»Na, dieses Ehepaar Jürgs. Du erinnerst dich? Die wohnten doch in der Barmerstraße, und dann, er war doch Ingenieur, wurde er nach Kenia geschickt, da waren die doch ganz stolz drauf, haben groß getönt, sie werden immer in Afrika bleiben.

Und nun sind sie doch zurück. Und stell dir vor, die haben das Haus von den Walters gekauft, wo der Mann sie doch verlassen hat und sie sich dann aufgehängt ...«

Wie in Trance erhob sich Anna vom Tisch, stand ohne weitere Erklärung auf, ging direkt zum Haus der Walters und klingelte dort. Frau Jürgs erkannte sie natürlich nicht. Anna hatte sich die blonden Haare schon vor vielen Jahren rot gefärbt. Schüchtern wie ein kleines Mädchen fragte sie, ob auch der Max wieder in Deutschland sei. Die Mutter sah sie fragend an: »Max? Entschuldigen Sie, welcher Max?« Eingeschüchtert antwortete Anna: »Ihren Sohn Max, meine ich!«

Jetzt verstand Frau Jürgs und lachte: »Nein, daß Sie ihn noch so nennen. Süß! So haben wir ihn doch als Kleinen genannt. Aber das hört er heute bestimmt nicht mehr gern. Seit wir nach Kenia gegangen sind, durfte ihn keiner mehr so nennen. Lassen Sie mich mal überlegen? Heute ist Freitag. Gut möglich, daß er am Wochenende nach Hause kommt. Man weiß ja nie. Soll ich ihm etwas ausrichten?«

»Ja!« erwiderte Anna »Er soll mal bei der Karen vorbeischauen, wenn er mag«

Sie hatte noch nie einen so langweiligen Geburtstag verbracht, und trotzdem war sie froh, hier zu sein. Zu Hause würde das Telefon nicht stillstehen, und man würde zumindest einen kleinen Umtrunk von ihr erwarten.

Als ihre Eltern noch vor Mitternacht ins Bett gingen, schlich sich Anna auf Zehenspitzen in den alten Partykeller. Es war, als sei die Zeit dort stehengeblieben. Immer noch dominierte diese häßliche Bar mit der Sperrholzverkleidung den Raum, es hingen dieselben Poster an den Wänden, nur die Sofas wirkten leicht verblichen. Fieberhaft suchte Anna: »Nights in white Satin« und hatte sie gerade aus dem Stapel gezogen, als es dreimal lang und dreimal kurz an das Kellerfenster klopfte. Anna erschrak, bis sie es begriff. So klopfte nur Max. Als sie zitternd die hintere Kellertür öffnete, um ihn hereinzulassen, sackte sie bei seinem Anblick lautlos in sich zusammen. Als sie wieder zu sich kam, lag sie auf dem schäbigen roten Sofa in seinen kräftigen Armen.

»Bitte«, sagte sie noch schwach, aber verständlich: »... leg sie auf.« Dann sah sie auf ihre Armbanduhr. Es war genau fünf vor zwölf.« Sie lächelte: »Und noch was. Kann ich Max zu dir sagen?« Benedict erwiderte grinsend: »Aber klar doch, Anna ...«

Er machte eine kleine Pause »Karen-Nina!«

Die Jagd nach dem Seelenpartner

Etwas ganz Besonderes sollte es sein. Nicht so ein selbstgestrickter Kurs bei einem Wald- und Wiesenguru. Nein, etwas wirklich Hochkarätiges, hatte Beate beschlossen. Irmela war das völlig egal. Ihre Idee war das nicht gewesen. Im Gegenteil, sie stand den esoterischen Anwandlungen ihrer Freundin äußerst skeptisch gegenüber, aber zu diesem Zauber mußte sie Beate begleiten. Das war sie ihr schuldig. Schließlich hatte sie die arme Frau monatelang mit ihrem Liebeskummer genervt: Rüdiger hier und Rüdiger dort! Beate hatte ihr geduldig zugehört, ihr kostenlos mehrere Boxen Kleenex zur Verfügung gestellt, sie großzügig auf ihrem Futon übernachten lassen und überhaupt. Beate war einfach für sie dagewesen. So eine mitfühlende Freundin konnte man gar nicht genug wertschätzen. Irmela hatte in ihrer Leidenszeit als schnöde Verlassene durchaus auch andere Erfahrungen gemacht. Einigen ihrer anderen Freundinnen war das dauernde Gejammer mächtig auf den Geist gegangen. Allein Beate hatte sich bewährt und ihr unermüdlich Trost gespendet. Rüdiger sei eben nicht der richtige Mann, hatte sie immer wieder betont, eben nicht ihr Seelenpartner gewesen! Irmela hatte sich in ihrem Weltschmerz den Schwachsinn von dem einen, für sie bestimmten Partner, widerspruchslos angehört. Von dem einen, der da irgendwo auf der Welt herumirrte. Auf der Suche nach ihr. Mit dem sie eine karmische Verbindung unterhielt. Natürlich hatte sie Beate ein paar Verständnisfragen gestellt. Was das denn bedeute, wenn sie mit einem Mann eine »karmische Verbindung« habe? Geduldig hatte ihr die Freundin erklärt, das sei dann der Fall, wenn sie mit dem Mann in einem ihrer früheren Leben schon mal ... Logisch! hatte Irmela sie unterbrochen, also ein Mann mit dem sie beispielsweise im alten Rom im Bett gewesen sei. Das sei also ihr Seelenpartner. Mit einem wissenden Lächeln hatte Beate diese schlichte Sichtweise korrigiert: Es könne auch ein Mann sein, der ihr Bruder, Vater oder Sohn gewesen sei.

Einfach der Mann, mit dem sie in diesem Leben etwas zu klären habe. Irmela hatte sich verkniffen, ihrer Freundin zu sagen, sie suche aber eher einen Mann, mit dem es eben nichts zu klären gebe. Nicht wie bei Rüdiger, dem sie vergeblich hatte beibringen wollen, daß sie seine in der ganzen Wohnung verstreuten Käsesocken widerlich finde und keinesfalls seine Mutti sei. Aber so schwärmerisch wie Beate von dieser einzigartigen Seelenpartnerschaft sprach, ging es dabei wohl um weit mehr als um Käsesocken.

Das einzig Dumme daran war nur, daß auch Beate ihrem Seelenpartner noch nicht leibhaftig begegnet war. Sie war sich sicher, daß sie ihn im Dreißigjährigen Krieg getroffen hatte. Natürlich konnte sie jetzt schlecht irgendwelche Männer anrufen und fragen: »Entschuldigen Sie, aber kennen wir uns nicht von damals? 1638? Ich war doch die Marketenderin und Sie einer von Wallensteins Jungens!« Solche Gedanken belustigten Irmela ungemein, aber sie hütete sich, diese offen auszusprechen. Nein, das wäre undankbar und gemein. Daß aber Beate nun so weit ging, sie mit in so ein Seminar zu schleppen, hatte Irmela nicht vorhersehen können. Vielleicht hätte sie ihre Skepsis doch gelegentlich ganz offen zum Ausdruck bringen sollen? Nun war es zu spät, und sie mußte mit. Das war der Preis für Beates selbstlosen Einsatz in Sachen Liebeskummer. Glücklicherweise hatte Beate immer noch nicht das richtige, ultimative Seminar gefunden. So war das Ganze bislang lediglich ein Versprechen für den Fall, daß …

Irmela hatte sich inzwischen wieder einigermaßen gefangen. Sie fand sogar Gefallen an dem Leben ohne Rüdiger. Nur vor dem Einschlafen übermannte sie manchmal dieses Gefühl, verlassen worden zu sein. Dann kuschelte sie sich unter ihre neue Single-Bettdecke und weinte sich in den Schlaf. Das passierte meistens nach einer Begegnung mit dem Ex. Er holte nämlich nach und nach all seine Sachen aus der Wohnung. Jedesmal ein Stück und dann wieder nur ein Stück! Das quälte Irmela so sehr, bis sie Abhilfe schaffte, eines Abends alles in Müllsäcke packte, sie vor die Tür stellte und ihm einfach nicht mehr die Haustür öffnete.

Sie hatte das Versprechen schon fast vergessen, als Beate eines Tages ganz aufgelöst mit einem bunten Flyer in der Hand bei ihr auftauchte. Endlich käme er nach Deutschland! »Wer? Er?« fragte Irmela nichtsahnend. »Na er«, erwiderte Beate und deutete aufgeregt auf den bärtigen Mann auf dem Foto.

»Das ist er! John Mac Dowell. Der Autor von ›Mein Seelenpartner‹ und ›Seelenpartner, wo bist du?‹. Und stell dir vor, er kommt!« Das Versprechen! Irmela hätte sich liebend gern vor dieser Zwangsbeglückung gedrückt, doch daß sie an dem Wochenende leider verhindert sei, fiel ihr nicht mehr rechtzeitig ein. Das bedeutete: Augen zu und durch!

Beate war außer sich vor Glück, als sie an jenem Freitag nachmittag das Tagungshaus, das sehr romantisch am Waldrand lag, betraten. Diese Location habe eine Wahnsinns-Energy, schwärmte Beate und fügte hinzu, an diesem Platz käme sie einfach ganz automatisch in ihrer Mitte an. Auch die anderen Ankommenden, bepackt mit ihren Schlafsäcken und Wolldecken, schienen ähnlich zu fühlen. Nur Irmela stand stocksteif in einer Ecke und hatte das Gefühl, im falschen Film zu sein. Sie war ja nun als Lehrerin einiges gewöhnt, aber so viele alternative Birkenstocks auf einmal überraschten selbst sie. Sie wunderte sich außerdem sehr darüber, daß sich nicht nur Frauen auf die Jagd nach dem definitiven Seelenpartner gemacht hatten. Auch etliche männliche Wesen schienen überzeugt, daß ihnen hier die Marketenderin über den Weg laufen würde. Na, ihr sollte das egal sein. Sie würde das mit demselben Engagement durchziehen wie früher in der Schule ihre Mathearbeiten. Hier in der Ecke ließ es sich aushalten, aber schon hatte Beate sie aufgespürt und schien außer sich. Hatte sie bereits ihren Feldherren entdeckt? Nein, es hatte einen völlig anderen Grund. »Er« war nicht gekommen, sondern hatte seine Assistentin geschickt. Eine herbe Enttäuschung! Aber das sei ja schrecklich, erwiderte Irmela hoch erfreut, dann aber nichts wie weg! Doch sie hatte sich zu früh gefreut. Beate war offensichtlich so auf den im Anmarsch befindlichen Seelenpartner fixiert, daß sie sogar die Abwesenheit des großen Meisters in Kauf nahm. Wo sie sich schon einmal den weiten Weg gemacht hatten und überhaupt! Beate wischte ihren restlichen Ärger dann auch schnell mit einem positiven: »Das hat bestimmt seinen Grund. Ich glaube, das sollte so sein!« vom Tisch.

Es waren ungefähr sechzig Suchende erschienen. Sie nahmen alle auf ihren mitgebrachten Decken Platz und warteten gespannt auf »sie«. Dann kam Sue. Sie war braungebrannt, ganz in ein weißes enganliegendes Trikot gekleidet, wog höchstens vierzig Kilo und grinste wie ein Honigkuchenpferd. Sie nahm auf einem extra für sie mitgebrachten Sessel Platz und begrüßte die Seelenpartner-Gemeinde in einem unverfälschten Westcoast-Dialekt. Jedes ihrer Worte wurde prompt von einer ebenso breit grinsenden Dolmetscherin übersetzt. Irmela gingen beim Anblick der gelifteten Endvierzigerin die absonderlichsten Gedanken durch den Kopf. Diese Frau wollte ihnen den Weg zu dem einzigen Partner weisen? Wahrscheinlich war der ihre Schönheitschirurg im sagenumwobenen Atlantis gewesen!

Sue schilderte nun in blumigen Worten, wie sie ihrem wunderbaren Seelenpartner begegnet war. Und wie aufs Stichwort trat er nun neben sie: Dan, ein Bild von einem Mann im Hier und Jetzt. Irmela konnte nicht glauben, was sich da vor ihren Augen abspielte. Der schöne Mann stellte sich hinter Sue, kraulte ihr den Nacken und sagte »I love you!« Die circa sechzig Seelen-Sucher applaudierten. Irmela schickte einen prüfenden Seitenblick zu Beate, die neben ihr auf der Wolldecke kauerte. Sie konnte es nicht fassen: Ihre Freundin strahlte und klatschte am lautesten. Irmela verspürte den starken Impuls, aufzustehen und den Saal unter Protest zu verlassen, aber sie überwand ihren inneren Schweinehund. Schließlich hatte sie Beate auch einiges zugemutet. So war das Leben eben. Man mußte alles Gute, das einem widerfuhr, auf Heller und Pfennig zurückzahlen.

Nun hockte sich dieser Dreamboy auch noch zu Sues Füßen und begann selbige hingebungsvoll zu massieren. Er hatte jetzt sein T-Shirt ausgezogen, und Irmela mußte einfach auf seinen gutgebauten Oberkörper starren. Leider nur ein kurzes Vergnügen, denn nun forderte die Dolmetscherin alle dazu auf, sich von ihren Plätzen zu erheben, im Raum herumzuwandern, vor anderen Teilnehmern stehenzubleiben und ihnen zu sagen: »Ich mag dich« oder »Ich mag dich nicht«. Da brauchte Irmela gar nicht lange zu überlegen. Sie konnte sie allesamt nicht leiden. Außer Beate natürlich. Doch das schien ganz auf Gegenseitigkeit zu beruhen. Sie hatte das Gefühl, die ganze Meute würde sich nur auf sie stürzen, um ihr diesen blöden Satz ins Gesicht zu sagen: »Ich mag dich nicht.« Bis auf einen. Ein untersetzter Oldie mit längeren fettigen Haaren. Der kam ganz dicht an sie heran und hauchte: »Ich mag dich!« Dabei riß er den Mund so weit auf, daß er sein ganzes Karies-Elend im vorderen Schneidezahn offenlegte. Es kostete Irmela sehr viel Selbstbeherrschung, ihm nicht zu antworten: »Du mich auch!«

Irmela aber hatte sich vorgenommen, Beate keine Schande zu machen. Die Freundin war so engagiert bei der Sache und offensichtlich bei allen beliebt. Klar, sie hatte ja auch so eine wahnsinnig positive Ausstrahlung. Irmela wollte im gesamten Seminar schön auf Distanz bleiben, doch bei den obligatorischen Elternübungen heulte plötzlich auch sie mit. Dan lief mit Kleenex-Packungen herum und tröstete die schluchzenden Teilnehmer. Irmela ärgerte sich maßlos, daß auch sie jetzt hemmungslos flennte, wobei sie Dans Trost dann doch sehr genoß. Er nahm sie sogar in den Arm und wiegte sie sanft hin und her. Das hatte er nicht bei allen gemacht. Ein Grund mehr, noch ein paar herzzerreißende Schluchzer hinterherzuschicken. Sie mußte dabei nur an ihren Vater denken, der jede ihrer »Zweien« in der Schule, die sie ihm voller Stolz gezeigt hatte, mit einem kühlen: »Das erwarte ich von meiner Tochter« kommentiert hatte. So lange, bis sie schließlich nur noch Fünfen geschrieben hatte. Darauf hatte ihr Vater wenigstens emotional reagiert. Dan fühlte sich wirklich gut an, und für die Wiederholung dieser Umarmung war sie fast bereit, von jetzt an brav mitzumachen. Vielleicht war ja dieser bildschöne Kalifornier ihr Seelenpendant, und sie kannten sich noch von der »Mayflower«? Doch als sie sah, wie er nun wieder seinen Platz zu Sues Füßen einnahm, ihr diese auch noch zärtlich massierte, schwand die Hoffnung so schnell, wie sie gekommen war. Trotzdem, auch wenn Dan nun nicht der für sie Bestimmte war, sie würde alles daransetzen, sich soviel wie möglich von ihm trösten zu lassen. Irmela war zwar nicht besonders eingebildet, aber sich durchaus bewußt, daß sie in ihrem schrillen Fitneßoutfit mehr Sexappeal ausstrahlte als die gesamte Pluderhosenfraktion zusammen. Dan war schätzungsweise in ihrem Alter, während seine Seelenpartnerin mindestens zehn Jahre mehr auf dem Buckel hatte. Doch das war ja angeblich gleichgültig. Soviel hatte Irmela bereits begriffen. Auf solche schnöden Äußerlichkeiten kam es nicht an. Die konnten nicht anstinken gegen die Bindung der beiden, die angeblich noch aus dem Mittelalter stammte. Dan war einmal ihr Sohn gewesen! Gut, wenigstens das konnte man heute noch sehen.

Es folgte eine Übung, in der sich alle mit geschlossenen Augen auf die Decke legten und Sues einschmeichelnder Stimme lauschen sollten. Sie führte sie nämlich nun auf eine Wiese, auf der sie ihrem Seelenpartner begegnen würden. Irmela war ganz überrascht, daß sie tatsächlich in der Lage war, bei so einer Tiefenentspannung Bilder vor ihrem inneren Auge zu sehen: Ihre Wiese war sattgrün, der kleine Bach im Hintergrund plätscherte, die Sonne schien auf ihren Bauch, und nun mußte sie nur noch auf ihn warten. Es war alles so, wie es ein sollte. Er würde jetzt gleich aus dem Wald kommen und sich ihr behutsam nähern. Irmela wachte von einem häßlichen Geräusch auf. Das war kein Schnarchen mehr, sondern ein Sägen! Sie schnellte hoch und mußte feststellen, daß sie von annähernd sechzig Augenpaaren strafend gemustert wurde. Sie war eingeschlafen und hatte die Ankunft ihres Seelenpartners einfach verschnarcht. Irmelas Distanz zu dem ganzen Zirkus war wie verflogen. Sie war sauer auf sich und lauschte beinahe neidisch den euphorischen Schilderungen der anderen Teilnehmer. Da hatten einige Frauen Männer gesehen ... Auch Beates Wangen glühten, als sie ihn beschrieb: Mittelgroß, dunkle Locken, wunderschöne braune Augen, südländischer Typ ... Irmela war doch nicht bescheuert. Beate beschrieb gerade das Prachtstück von Dan, denn bei dem war sicherlich einmal ein Italiener durch die Familie gehüpft, aber außer ihr schien das gar keiner zu bemerken. Auch Sue lächelte ihr esoterisches Dauerlächeln und sagte:

»Great!«, was die blöde Dolmetscherin auch noch mit »groß« übersetzte. Sogar Dan lächelte, als sei ihm diese Ähnlichkeit entgangen, und warf statt dessen Irmela wieder einen langen intensiven Blick quer durch den Saal zu. Endlich stand auch ihr dieses glückliche Lächeln ins Gesicht geschrieben!

Sie freute sich sogar auf den zweiten Tag und Beate gleich mit. Darüber, daß es Irmela nun doch noch gepackt hatte. Irmela konnte schlecht zugeben, daß sie sich nur auf eines freute: auf Dan. Sollte er mit Sue die Freuden des Mittelalters teilen, mit ihr teilte er die heimliche Freude eines kleinen Flirts.

Um so enttäuschter war sie, als Dan sie am nächsten Tag nicht einmal ansah oder überhaupt beachtete. Sie versuchte alles, um seine Aufmerksamkeit zu erregen, aber vergeblich. Sie war Luft für ihn, obwohl sie sich jetzt ehrlich beteiligte und sogar schlaue Fragen stellte: »Aber wie erkenne ich denn nun meinen Seelenpartner im realen Leben?« Sue ging liebevoll auf die Frage ein, während Dan dabei ihre Füße knetete. Aber nicht mehr mit dieser Ergebenheit wie tags zuvor, meinte Irmela zu erkennen.

»You'll simply know: Listen to your dreams. Sometimes he's there!«

Irmela hatte verstanden. Sie würde es einfach wissen, und der Mann geisterte eventuell vorher bereits in ihren Träumen umher! Schade nur, daß Irmela sich grundsätzlich nie an ihre Träume erinnerte.

Das Seminar ging dem Ende zu, und alle waren irgendwie guter Hoffnung. Auch der Kleine mit den fettigen Haaren, dem kariösen vorderen Schneidezahn und dem originellen Namen Fritz schien beseelt zu sein von der Aussicht auf die Partnerin. Er war sich sogar schon sicher, wer für ihn bestimmt war. Als er zum Abschied auf Irmela zukam, nahm sie an, er wolle sich verabschieden wie alle anderen, mit Umarmung und guten Wünschen. Fritz sah ihr dabei tief in die Augen und gab ein rührendes Statement ab: »Du, ich weiß, daß du ein Stück weit nicht daran glaubst. Aber du mußt nicht mehr suchen. Ich bin's.« Damit gab er Irmela einen feuchten Schmatz auf den Mund, und sie war viel zu geschockt, um sich zu wehren.

Sie packte hektisch ihre Sachen und wollte sich nur noch von Dan verabschieden, doch der war nirgends zu sehen. Er kauerte weder vor Sues Füßen, noch war er als Masseur beschäftigt. Dann eben nicht, dachte Irmela und ging an die frische Luft, um dort auf Beate zu warten. Auch die war in der Menge verschwunden und würde sicherlich noch Stunden mit der Küsserei beschäftigt sein. Irmela beschloß, sich die Füße zu vertreten, und entfernte sich von dem Tagungshaus. Sie fühlte sich seltsam erleichtert. Sie war froh, daß sie alles so gut hinter sich gebracht hatte. Beate mußte sich ihrer nicht schämen!

Erst jetzt sah sie das knutschende Paar, das sich, an einen Baum gelehnt, heiß befingerte. Irmela traute ihren Augen nicht. Das war nicht irgendein Paar, das war ihre Freundin Beate, die sich gerade an der Hose eines Mannes zu schaffen machte. Und auch diese gehörte nicht irgendeinem Kerl, sondern Dan! Irmela blieb stehen und starrte ungläubig auf das Treiben der beiden, bis Beate ihre Freundin wahrnahm. Sie besaß wenigstens noch den Anstand, eine kleine Pause einzulegen und eine Erklärung abzugeben. Also, Dan und sie, sie hätten das gestern schon gespürt. Diese besonderen »Vibrations« zwischen ihnen. Und sie hätten beide das »Feeling«, sich schon einmal begegnet zu sein. Und daß sie noch etwas zu klären hätten ... Dan schien diese Erläuterung etwas zu langatmig, denn er forderte Beate höchst romantisch zum Weitermachen auf: »Come on, baby!« Wie unter Schock rannte Irmela zurück zum Haus, stieg in ihren Wagen und fuhr ohne Beate nach Hause zurück.

Jetzt war alles klar. Nicht ihr hatten diese Blicke gegolten, sondern ihrer Nachbarin auf der Decke. Diese meldete sich erst nach einer Woche wieder bei ihr. Sie schwebe im siebten Himmel, weil sie eine Woche mit Dan verbracht habe. Und Sue? hatte Irmela sie gefragt. Ach, die sei in der Zeit auf einem Tantra-Kurs für Frauen gewesen. »Na dann«, hatte Irmela das Ganze kommentiert und sich Fragen nach der Zukunft der beiden verkniffen. Beate schien fest davon überzeugt zu sein, daß die verbindenden Kräfte des Mittelalters nicht so stark seien wie ihre gemeinsame Erfahrung im Reich der Inkas, auf die sie in der Woche gestoßen seien.

Bei Irmela tat sich zunächst einmal gar nichts. Fast nichts, denn eines hatte das Seminar auf jeden Fall gebracht: Die sichere Erkenntnis, daß Rüdiger nicht ihr Seelenpartner war! Im Gegenteil, als der plötzlich wieder bei ihr landen wollte, war es ihr eine wahre Wonne, ihn eiskalt abblitzen zu lassen. Und da war noch Fritz. Der rief nun fast täglich an, um sie an das unausweichliche Schicksal zu erinnern. Sie und er! Bis sie ihm eines Tages anvertraute, daß sie lesbisch sei. Daraufhin meldete er sich nie wieder.

Doch ausgerechnet an dem Tag, als Irmela endlich einen Zugang zu dem Thema Seelenpartner fand, sprang Beate ab. Seit Wochen hatte die Freundin jeden Abend schluchzend auf Irmelas Couch verbracht. Dan hatte sich nach dem Wald-und-Wiesenquickie und der darauffolgenden Inka-Bett-Woche nie wieder bei ihr gemeldet. Sie hatte alles versucht, aber ihn nicht einmal ans Telefon bekommen. Er war wie vom Erdboden verschwunden. Jedenfalls für Beate. Das traf sie so sehr, daß sie eines Abends das ganze Getue um den Seelenpartner als kompletten Schwachsinn bezeichnete, der Esoterik abschwor und sich fortan in der evangelischen Kirche engagieren wollte.

Und in dieser Nacht passierte es. Irmela träumte von ihm: ihrem Seelenpartner. Sie konnte sich am nächsten Morgen an alle Einzelheiten erinnern. Sogar an das auffallende Grübchen am Kinn. Es war annähernd so ausgeprägt wie bei Kirk Douglas. Überhaupt hatte der Typ eine verblüffende Ähnlichkeit mit dem Schauspieler. Wenn Irmela auch nur einen Augenblick daran gedacht hätte, daß sie wenige Tage zuvor an einem regnerischen Sonntag nachmittag »Spartacus« gesehen hatte, wäre ihr vieles erspart geblieben. Aber so nahm das Schicksal seinen Lauf.

Es geschah im Theater. Irmela hatte einen Platz im ersten Rang bekommen und betrachtete gelangweilt die Zuschauer dort unten. Beate saß still auf ihrem Platz. Sie interessierte sich nicht mehr für die Spezies »freilaufende Männer«. Im Gegenteil, sie spielte gerade mit dem Gedanken, zum Katholizismus zu konvertieren in ein Kloster zu gehen, doch aus diesem wurde sie jäh gerissen. Irmela zupfte aufgeregt am Ärmel ihrer neuen blütenweißen Bluse und stammelte: »Da, da ist er!« Mit diesen Worten zog sie Beate vom Sessel und deutet aufgeregt auf einen rötlich blonden Mann, der in der fünften Reihe seinen Platz einnahm und dann seinen Arm um die Frau auf dem Nachbarsitz legte.

»Mein Seelenpartner!« Irmela konnte ihr Glück nicht fassen, doch Beate wurde moralisch und verwies auf seine Begleiterin. »Ach nein?« erwiderte Irmela spitz, »seit wann kümmerst du dich denn um Begleiterinnen?« Das saß, und Beate zog sich beleidigt zurück. Sie weigerte sich sogar, Irmela in der Pause auf der Jagd zu begleiten. Kaum fiel der Pausenvorhang, war Irmela schon ins Foyer gerannt. Und tatsächlich, gerade in diesem Augenblick steuerte er auf die Bar zu. Im Arm eine Frau. Keine ernstzunehmende Konkurrenz, wie Irmela befriedigt feststellte. Kirks Begleiterin war klein, dürr, unscheinbar, trug eine Brille, kurz so eine Nullachtfünfzehn-Büroschnepfe. Die würde sich ihnen nicht in den Weg stellen.

Er bestellte zwei Gläser Sekt, und als er seiner Begleiterin gerade eines reichen wollte, wurde er unsanft angestoßen, so daß der ganze Inhalt über das graue Kostüm der grauen Maus schwappte. »Passen Sie doch auf!« schimpfte er, doch als er die schlanke Frau in dem kurzen Kleid mit dem schuldbewußten Blick vor sich sah, stimmte ihn das augenblicklich milder. Und als sie jetzt noch erotisch hauchte: »Entschuldigen Sie bitte!«, hatte er bereits alles verziehen. »Ist ja schon gut«, zischelte die Brillenschlange statt seiner und zog ihn unsanft fort.

Irmela war jetzt ein wenig hilflos. Man hatte ihr im Seminar nicht beigebracht, was zu unternehmen war, wenn der Seelenpartner sein Pendant nicht sofort erkannte. Doch dann drehte er sich noch einmal um und lächelte sie an. Natürlich hatte er sie erkannt! Und nun? Sie mußte die Sache in die Hand nehmen. Irmela stellte sich gut sichtbar am Ausgang auf und wartete, bis das Stück zu Ende war. Er hatte keine andere Wahl. Er mußte an ihr vorbei. Als sie ihn endlich kommen sah, lächelte sie. Er aber schaute nicht einmal in ihre Richtung. So vertieft war er in eine Unterhaltung mit der Langweilerin an seinem Arm.

Unauffällig folgte sie dem Paar. Selbst als sie in die U-Bahn stiegen. Schließlich verschwanden sie gemeinsam in dem Eingang eines gutbürgerlichen Wohnhauses. Irmela notierte sich sämtliche Namen auf den Klingelschildern und fuhr befriedigt nach Hause. Sie hatte ihn gefunden und längst einen Plan. Natürlich würde sie nicht so dämlich sein, zu ihm hinzugehen und zu sagen: »Hallöchen, hier ist deine Seelenpartnerin!« Ein bißchen geschickter würde sie das schon anstellen! Zunächst suchte sie sich die Telefonnummern aller Hausbewohner heraus. Sie hatte Glück. Schon der zweite war er! Sie hörte es sofort. Irmela stellte sich ihm als Dame von der Marktforschung vor, die eine kleine Umfrage zu Singlehaushalten durchführe. Ob er allein wohne? Er wollte sich zunächst entziehen und wehrte entschieden ab, als sie sich bei ihm gar zu einer persönliche Befragung ankündigte. Doch sie konnte ihn mit Hilfe einer tiefergelegten Stimmen doch noch davon überzeugen, daß es gar nicht so schlimm sei und nicht allzu lange dauern werde.

Als sie ein paar Tage später dann seine Wohnung betrat, taxierte sie alles ganz genau. Die Wohnung war sehr schön eingerichtet, und so prüfend sie auch in jede Ecke sah, weit und breit war keine herumliegende Käsesocke auszumachen. Nein, das war ein feiner Mann. Ein eher schlichtes Gemüt, aber sein Grübchen war unwiderstehlich. Irmela überlegte kurz, ob sie nicht gleich mit der Tür ins Haus fallen solle, aber sie beschloß, ihn erst ein bißchen besser kennenzulernen. Sie hatte sich sogar die Mühe gemacht, einen Fragebogen zu erstellen. Alter? Beruf? Name? Ihr entging natürlich nicht, daß ihre Gegenwart ihn nervös machte. Kein Wunder, sie hatte ganz auf die primären Reize gesetzt und zeigte einen für ihre Verhältnisse schon fast unverschämten Ausschnitt und sprach mit einer Stimme, die keinen halbwegs normalen Mann kaltlassen konnte.

Er hieß Gerd, war fünfunddreißig und Leiter einer örtlichen Krankenkasse. Das enttäuschte sie ein wenig. Dann kam die entscheidende Frage: »Würden Sie sich als den typischen Single bezeichnen?« Er lachte. Das entschädigte sofort für den Krankenkassenleiter, denn es war ein herzliches volles Lachen.

»Das kann man nicht so sagen. Ich bin eigentlich ein Beziehungsmensch. Und ich denke, daß ich demnächst mit meiner Freundin zusammenziehen werde!«

Jetzt mußte sie cool bleiben. Das hieß mehr Arbeit! Die Frau mußte weg! »Und wohnt die Dame denn in der Nähe?« fragte sie scheinbar harmlos.

Sag es, dachte sie, bitte sag es.

»Nicht so ganz«, erwiderte er, »zwei Stationen.«

Jetzt hatte sie keine andere Wahl, als ganz deutlich zu werden.

»Da wir die Partnerinnen auch noch befragen wollen, wäre es uns lieb, wenn Sie mir die Adresse geben könnten!«

Er zögerte einen Augenblick, und sie dachte schon, sie habe alles falsch angefangen, als er ihr die volle Adresse seiner Nochfreundin gab.

Unter tausend Dankesbezeugungen verabschiedete sie sich von Gerd und fragte geschickt im allerletzten Moment, ob sie ihn in den nächsten Tagen noch einmal ganz kurz stören dürfe, falls da noch Fragen offengeblieben seien?

Ihr Lächeln war so gewinnend, daß er gar nicht anders konnte, als »ja« zu sagen. »Dann bis morgen neunzehn Uhr?« verabschiedete sich Irmela, ohne seine Antwort abzuwarten.

Als sie bei Gundi Bär vor der Tür stand, war diese überhaupt nicht erfreut, sie zu sehen. Komisch, im Gegensatz zu Gerd erkannte sie in ihr sofort den Trampel aus dem Theater wieder. Irmela aber war auf alles vorbereitet und entschuldigte sich überschwenglich. Es täte ihr natürlich leid, aber sie sei aus einem anderen Grund hier. Sie käme vom Fernsehen und suche Kandidaten für ein Millionenspiel. Und sie, Frau Bär, sei von einer Kollegin empfohlen worden. Sie verfüge über so ein ungeheures Allgemeinwissen! Natürlich wollte Gundi wissen, welche Kollegin solche großen Stücke auf sie hielt. Das dürfe sie leider nicht verraten, flötete Irmela und hielt den Atem an. Jetzt würde sich beweisen, ob Gundi Bär Köpfchen hatte oder nur eitel war. Sie hatte Glück, Gundi gehörte zur letzteren Gruppe, die beim Satz: »Ich komme vom Fernsehen« ihr Hirn automatisch abschaltete. Deshalb konnte sie ihr auch erzählen, daß es nun gelte, den Partner von Frau Bär zu überraschen. Sie solle morgen um zwanzig Uhr zu ihm fahren. Dann tauche das Kamerateam wenig später auf. »Und es gibt wirklich eine Million Mark zu gewinnen?« fragte Gundi – die Dollarzeichen in den Augen. Irmela nickte und verpflichtete sie, Stillschweigen zu bewahren. Damit war das Schicksal ihres Seelenpartners besiegelt.

Es war ein leichtes Spiel, Gerd am nächsten Abend zu verführen. Er besaß wirklich ein schlichtes Gemüt. Spätestens im Bett hatte wohl auch er erkannt, daß sie füreinander geschaffen waren. Das änderte sich schlagartig, als Gundi ins Schlafzimmer platzte und es hysterisch kreischend wieder verließ. Statt sich zu freuen, daß sie diese Hürde genommen hatten, brüllte der Krankenkassen-Gerd Irmela an: »Raus hier, aber sofort!« Sie verstand nicht ganz. Er mußte doch eigentlich froh und glücklich darüber sein, daß er die alte Schnepfe los war. Irmela versuchte, ihn an sein Schicksal erinnern: »Aber ich bin doch da. Die Frau, auf die du ein Leben lang gewartet hast. Ich bin es, deine Seelenpartnerin. Wir sind uns bestimmt schon einmal begegnet in einem anderen Leben!« Er sah Irmela an, als habe sie nicht alle auf der Zwölf.

»Du tickst doch nicht ganz richtig!« rief er verzweifelt.

Jetzt reichte es auch Irmela. Das mußte sie sich nicht gefallen lassen. Nein! Dem Mann wurde die Chance seines Lebens auf dem Silbertablett serviert, und er stellte sich so ungeschickt an.

»Und von so was habe ich geträumt?« schimpfte Irmela, während sie sich wütend anzog. Dann knallte sie ihm mit den Worten: »Für den Fall, daß du begreifst, was für einen Fehler du gerade machst!« ihre Visitenkarte auf dem Nachttisch.

Sie war sich sicher, es werde gar nicht lange dauern. Und tatsächlich, drei Tage später rief er sie bereits an und entschuldigte sich für sein Verhalten; das sei alles so plötzlich gekommen, er könne sie aber nicht vergessen, vielleicht solle man sich doch mal zum Essen verabreden. Er war ja nicht blöd, denn einmal abgesehen von ihrem verrückten Gerede war sie ja eine Rassefrau. Das würde er in der Tat nicht mehr so schnell erleben. Auf jeden Fall nicht bei seiner Krankenkasse! Und auch nicht bei Gundi Bär!

Irmela berichtete umgehend ihrer Freundin Beate von dem Erfolg. Ja, sie bedankte sich noch einmal herzlich, daß Beate sie mit zu diesem Seminar geschleift hatte. Die brummelte etwas von: »Alles Quatsch!« und legte auf.

In der Nacht vor dem Rendezvous schlief Irmela schlecht. Erst gegen Morgen döste sie erschöpft ein. Sie hatte etwas geträumt, aber sie wußte nicht mehr genau, was. Auf jeden Fall war es schön gewesen, und sie versuchte sich den ganzen Tag daran zu erinnern, aber es wollte ihr nicht gelingen. Da war nur dieses schöne Gefühl. Keine Bilder!

Sie freute sich, Gerd wiederzusehen. Wie die verliebten Turteltäubchen hielten sie Händchen und sahen einander tief in die Augen.

»Komisch, ich kenne dich erst drei Tage, aber ich spüre, daß es etwas Besonders zwischen uns ist. Als würden wir uns schon ein Leben lang kennen!« offenbarte sich Gerd gerade, doch sie hörte ihm gar nicht mehr zu. Mit offenem Mund starrte sie den dunkelhaarigen Mann am Nachbartisch an. Woher kannte sie ihn? Woher nur? Sie überlegte und überlegte, bis sie es endlich hatte. Das war er! Ihr Traum. Mit diesem Mann hatte sie die letzte Nacht verbracht! »Du bist es!« rief sie: »Ich bin ja so froh!« und stürzte sich dabei auf den Fremden, dem vor Schreck seine Scampi von der Gabel fielen. Er schaffte es gerade noch, sich loszureißen und panikartig das Weite zu suchen. Er glaubte wohl, seinem Schicksal entkommen zu können, aber da kannte er Irmela schlecht. Sie würde nicht aufgeben. Und wenn er bis ans Ende der Welt flüchtete! Nicht jetzt, wo sie ihn endlich gefunden hatte! Und während sie ihn wild entschlossen verfolgte, fiel ihr plötzlich ein, wo sie ihn in ihrem Traum gesehen hatte. Natürlich, während der Französischen Revolution! Bevor man ihn auf die Guillotine …

»Keine Angst«, schrie sie ihm hinterher, »keine Angst, ich bin ja bei dir. Jetzt kann dir doch nichts mehr passieren!«, doch da war es bereits zu spät. Der arme Seelenpartner war in seiner Panik direkt vor den fahrenden Bus gelaufen.

Das erste und das letzte Mal

Franzi schrubbte den Boden im Wohnzimmer wie eine Besessene. Auf allen vieren hockte sie auf der Erde und versuchte, den blöden Fleck zu beseitigen. Es war eine klebrige braune Soße, die wahrscheinlich von einem verschütteten Glas Cola-Rum stammte. Die Party war echt super gewesen, aber irgendwann hatte sie die Kontrolle über ihre Gäste verloren. Sie wollte ja auch nicht spießig erscheinen und die anderen ständig ermahnen: »Paßt doch auf! Muttis Parkett!« Jetzt war sie allein mit den Folgen und versuchte, den gepflegten Holzfußboden wieder auf Hochglanz zu polieren. Dazu mußte sie erst einmal diese Flecken beseitigen, und das war gar nicht einfach. Sie hatte ja eigentlich in ihrem Zimmer feiern wollen, aber die Gäste fanden es natürlich viel gemütlicher in der beigen Sofaecke vor dem Kamin. Zum Glück waren auf den hellen Polstern nur Krümel von Chips und Pizzareste gelandet. Wenn ihre Mutter doch bloß nicht so penibel wäre! Die würde sogar erkennen, wenn eines ihrer indischen Goldkissen verrutscht war. Ja, sie machte ihr schon Vorhaltungen, wenn Franzi beim Abendessen mal ein bißchen Milch verschüttete. Der Nußbaumtisch, der Nußbaumtisch. Mutti war sehr eigen, wenn es um ihre Sachen ging. Besonders in letzter Zeit, wo sie so viel arbeiten mußte. Da ärgerte sie ja schon die Fliege an der Wand. Deshalb war sie auch an diesem Wochenende an die See gefahren, um einmal richtig auszuspannen.

Franzi versuchte, an etwas Angenehmeres zu denken, und das fiel ihr gar nicht einmal schwer. Sie mußte nur an den Kuß denken. An ihren ersten richtigen Kuß. Schon mit dreizehn hatte ein Junge sie auf den Mund geküßt, aber da hatte sie die Lippen fest zusammengepreßt. Der Kuß, an den sie jetzt dachte, war ganz anders gewesen. Sie hatte ihn erwidert und das Spiel mit der Zunge entdeckt. So eklig, wie sie vermutet hatte, war das gar nicht gewesen! Im Gegenteil, eigentlich sogar unbeschreiblich schön. So schön, daß sie es an diesem Abend unzählige Male getan hatten. Wenn sie jetzt daran dachte, spürte sie alles noch einmal. In ihrem Bauch kribbelte es, und einmal abgesehen von diesen blöden Flecken, hätte sie heute die ganze Welt umarmen können. Sie war verliebt – und wie! Jan war der süßeste Junge auf der ganzen Welt! Sie ertappte sich dabei, wie sie ganz versonnen den Putzlappen an ihr T-Shirt drückte. Das ernüchterte sie, denn jetzt zeichnete sich ein nasser Fleck auf der Brust ab. Hektisch setzte sie ihre Aufräumungsarbeiten fort. Beflügelt von ihren Gedanken an Jan, ließ sich das klebrige Teil jetzt wirklich beseitigen. Eine halbe Stunde später war der Fußboden wieder wie neu. Sie schüttelte noch einmal die Sofakissen zurecht. Alles schien unbenutzt, doch was war das? Unter dem Sofa lag etwas, das dort vor der Party bestimmt noch nicht gelegen hatte. Mit hochrotem Kopf sammelte Franzi die noch eingepackten Präservative auf und steckte sie hastig in ihre Jeanstasche. Natürlich mußte sie beim Anblick der Kondome sofort an Jans Worte denken, als sie zu später Stunde in Muttis Schlafzimmer gegangen waren, um einen Augenblick lang allein zu sein. Sie hatte plötzlich Angst vor ihrer eigenen Courage bekommen, aber Jan hatte so lieb gesagt: »Wir haben doch noch so viel Zeit!« Es war wirklich etwas Ernstes. Ja, sie konnte mit Recht behaupten, daß sie mit Jan ging.

Das Schlafzimmer! Daran hatte sie ja gar nicht gedacht. Sie sprintete umgehend nach oben und zog die verrutschte Überdecke glatt. Auch hier war alles so sauber, so ordentlich. Das hatte Franzi nicht von ihrer Mutter geerbt. Da kam sie wohl eher nach ihrem Vater. Franzi hatte sich vorher noch nie für dieses Schlafzimmer interessiert, aber jetzt sah sie sich neugierig um und fragte sich plötzlich, ob ihre Mutter dort in dem französischen Bett wohl schon einmal mit einem Mann gelegen hatte. Franzi jedenfalls hatte ihre Mutter – außer mit ihrem Vater – noch nie zusammen mit einem Mann gesehen. Wenn Mutti Besuch hatte, dann immer von Kollegen, aber ein Liebhaber? Vier Jahre war es jetzt her, daß ihre Mutter ihren Mann rausgeschmissen hatte. Wenn Franzi ganz ehrlich war, wünschte sie sich, daß die beiden doch eines Tages wieder zusammenkämen. Franzi sah sich noch einmal um und war sich plötzlich ganz sicher, daß ihre Mutter nicht mit anderen Männern schlief. Der Gedanke beruhigte sie.

Jetzt galt es nur noch, den Riesenabwasch zu bewältigen, der sich in der Küche aufgetürmt hatte. Sie besaßen zwar eine Geschirrspülmaschine, aber die Gläser wollte sie vorsichtshalber mit der Hand abwaschen. Seit sie denken konnte, hatte sie die Küche noch nie so chaotisch gesehen. Sie wußte gar nicht so recht, wo sie anfangen sollte. Einige Partygäste hatten gegen Mitternacht noch versucht, sich etwas zu kochen und vergessen, den Herd zu säubern. Eine dicke Pampe aus Tomatenketchup hatte sich gleichmäßig über alle vier Herdplatten verteilt. Franzi sah auf die Uhr und stellte befriedigt fest, daß sie es noch schaffen würde, den Schweinkram zu beseitigen, bevor ihre Mutter zurückkam. Um neunzehn Uhr hatte sie am Freitag gesagt. Und Mutti war immer auf die Minute genau. Um Punkt neunzehn Uhr würde die Haustür klappen, und dann würde wieder alles seine Ordnung haben: Abendessen, Schularbeiten und ab ins Bett!

In einer Stunde würde das leicht zu schaffen sein. Franzi stellte sich laute Musik an und begann, beschwingt die Gläser abzuwaschen. Mutti durfte aus keinen Fall erfahren, daß diese Party überhaupt stattgefunden hatte. Sie hatte Franzi nämlich beim Abschied extra noch ermahnt: »Und keine wilde Party, wenn ich weg bin. Verstanden?« Franzi hatte verstanden und doch nicht widerstehen können. Alle nutzten die Gelegenheit, wenn ihre Eltern außer Haus waren. Da hatte sie sich nicht drücken wollen, zumal sich bereits eine Annäherung an Jan angekündigt hatte. Und jetzt ging sie mit ihm, dem, wie sie fand, schönsten Jungen aus der ganzen Schule!

Zum viertenmal hörte sie das Lied, bei dem sie sich zum erstenmal geküßt hatten, und sang laut mit. Sie kannte den Text inzwischen auswendig.

»Irgendwie, irgendwo, irgendwann, fängt für uns die Zukunft an, ich war ...« Der Rest blieb ihr förmlich im Hals stecken, als sie plötzlich ihre Mutter in der Tür stehen sah. »Scheiße«, sagte sie laut und noch einmal: »Scheiße.« Sie erwartete ein Donnerwetter. Claudia wurde niemals laut, sondern moralisch. Sie kämpfte verbal und verstand es, Franzi ein schlechtes Gewissen zu machen. Claudia sagte immer noch nichts. Das war ja noch schlimmer als alles andere. Franzi wollte es hinter sich bringen und stammelte: »Tut mir echt leid, aber ich hatte ein paar Freunde zu Besuch. Wir haben gekocht!«

Zögernd kam Claudia näher, nahm eines der Gläser, roch daran, verzog angewidert den Mund und sagte: »Klar, gekocht!« Franzi haßte das, wenn ihre Mutter sich so langsam hochschaukelte. Sie haßte auch diese spitzen, zusammengekniffenen Lippen, die sie dann immer bekam. Franzi schaute Claudia jetzt herausfordernd an. Sie war zum Kampf bereit und hatte keinesfalls Angst vor ihr. Es war einfach nur nervig. Franzi hatte alles erwartet, aber nicht, daß ihre Mutter ihr nun einen Kuß auf die Wange geben und fragen würde: »War sie denn wenigstens lustig, die kleine Party?« Franzi schluckte und hielt das für eine besonders abgefeimte Gemeinheit, aber Claudia lachte jetzt sogar. Und das tat sie äußerst selten. Noch einmal drückte sie die Tochter an sich und wiederholte ihre Frage: »War es nett?« und fügte dann grinsend hinzu: »Oder hat es dir die Sprache verschlagen, mein Schatz?« Franzi versuchte nun, sich zu rechtfertigen, das sei nur eine kleine Party gewesen, sie habe auch alles wieder saubergemacht ...

Wieder küßte die Mutter sie. Dieses Mal auf die andere Wange: »Schatz, das ist doch kein Drama. Das habe ich doch auch früher gemacht. Was denkst du denn? Kaum waren Oma und Opa aus dem Haus, da tobte aber der Bär über ihre altdeutschen Eichenmöbel.« Franzi sah ihr Mutter an, als sei sie von einem anderen Stern. So locker hatte Claudia ihre Mutter seit Monaten nicht mehr erlebt. Und überhaupt, wie sie aussah. Das fiel Franzi erst jetzt auf. Diese kranke Blässe war verschwunden. Sie hatte rote Wangen und strahlende Augen. Ihre Haare, die sonst akkurat und perfekt frisiert waren, wirkten leicht zerzaust. Sie trug Jeans und einen weiten bequemen Pullover.

Sie sieht aus wie ein junges Mädchen, schoß es Franzi durch den Kopf, und dieser Gedanke verwirrte sie. Das Wochenende an der See mußte ihr wirklich gutgetan haben.

»Mach das schnell zu Ende, mein Liebling, und dann gehen wir essen! Nur wir zwei!« Mit diesen Worten verließ sie die Küche, und Franzi hörte ihre Mutter laut trällern. Wann hatte sie ihre Mutter zum letztenmal singen hören? Nicht mehr seit der Trennung jedenfalls.

Franzi konnte sich gar nicht mehr so recht auf ihre Gläser konzentrieren, und selbst der Gedanke an den Kuß verschwamm ein wenig. Was war mit ihrer Mutter los? Normal war das nicht!

Umgestylt und gut gelaunt kam Claudia wenig später in Franzis Zimmer und bat sie, auch etwas Nettes anzuziehen. Sie habe beim Franzosen reserviert. Franzi kam aus dem Staunen nicht heraus. Seit einem Frankreichurlaub mit ihrem Vater liebte Franzi dieses Restaurant, aber ihre Mutter wollte nie mit ihr dorthin. Man laufe Gefahr, dem Ex zu begegnen, und außerdem sei es viel zu teuer! Franzi zog sich hastig die Putzjeans aus und schlüpfte in ihr neues Kleid, das sie sich von ihrem Taschengeld gekauft und das die Mutter bislang noch gar nicht beachtet hatte. Bis jetzt.

»Das ist ja süß!« rief ihre Mutter begeistert aus. Genau das hat er auch gesagt, dachte Franzi und musterte ihre Mutter prüfend. Dieses blaue Etuikleid hatte sie noch nie getragen. Claudia bemerkte den fragenden Blick ihrer Tochter und erzählte strahlend, das habe sie sich erst gestern in einer Boutique an der Nordsee gekauft. Das Haar trug sie, statt es streng nach hinten zu binden, offen. Einerseits war Franzi ganz fasziniert von der Dynamik ihrer Mutter, andererseits war sie ihr auch ein wenig unheimlich. Mütter veränderten sich doch nicht einfach von einem Tag auf den anderen. Das mußte doch einen Grund haben. Aber welchen?

Als die beiden auf ihren reservierten Tisch zugingen, sah Franzi ihren Vater schon, bevor ihre Mutter ihn erblickt hatte. Er saß einer dunkelhäutigen, exotischen Schönheit gegenüber, und Franzi wußte schon genau, wie er sie vorstellen würde: »Das ist eines unserer Models!« Alle Frauen, mit denen man ihn antraf, waren »unsere Models«. Leo war Fotograf, und seine Vorliebe für »unsere Models« war letztlich auch der Trennungsgrund gewesen. Franzi befürchtete schon, es werde gleich zum Eklat kommen, denn sie war sich fast sicher, Claudia würde das Lokal bei seinem Anblick umgehend verlassen. Sie nahmen ihren Platz ein. Claudia saß auch noch so, daß sie die beiden einfach sehen mußte. Franzi wollte sie gerade warnen, als Claudia grinsend sagte: »Guck mal, da sitzt dein Daddy mit einem ›unserer Models‹.« Sie machte keine Anstalten, wütend aufzuspringen, sondern winkte auch noch rüber.

Das war für Leo ein Zeichen, sofort aufzustehen und sie zu begrüßen. So entspannt hatte Franzi ihre Eltern noch nie miteinander erlebt. Es war zwar mehr ein Smalltalk, aber immerhin. Noch nie hatte Claudia so humorvoll auf ihren Ex reagiert. Auch der schien ein wenig durcheinander zu sein und betonte, wie wunderbar Claudia aussehe. Franzi beschloß, ihre Mutter bei der nächsten Gelegenheit nach dem Grund zu fragen. Allein an der frischen Nordseeluft konnte das nun wirklich nicht liegen.

Aber egal, warum sie so gut drauf war, es war die Gelegenheit, ihr die Frage zu stellen, die Franzi seit der Party unter den Nägeln brannte. Die Frage nach der Verhütung und ob sie wohl die Pille bekommen könne. Claudia reagierte verständnisvoll und wunderbar. Natürlich sei die Pille sicherer. Sie werde ihr sofort einen Termin bei ihrem Frauenarzt besorgen, und dann wollte sie alles wissen über den schönen Jan. Das war Franzi schon fast wieder zuviel, aber sie erzählte ihrer Mutter zumindest, daß sie verliebt sei. Sehr verliebt sogar.

Als sie die Wohnungstür aufschlossen, klingelte das Telefon. Gleichzeitig rannten beide los, aber Claudia war schneller. Sie riß den Hörer förmlich von der Gabel und meldete sich in einem Singsang, den Franzi noch nie bei ihr gehört hatte. Sie schien leicht enttäuscht, daß es nicht für sie war. Trotzdem gab sie den Hörer lächelnd an ihre Tochter weiter: »Für dich!« Sie machte keine Anstalten, den Flur zu verlassen, so daß Franzi nur sehr gehemmt mit Jan sprechen konnte. Aber glücklicherweise hatte er verstanden und messerscharf geschlossen: »Deine Mutter ist in der Nähe. Du kannst nicht reden? Sag jetzt nur ›ja‹.« Sie sagte »ja« und versprach, später zurückzurufen.

Franzi war jetzt etwas ratlos. Ihre Mutter stand immer noch im Flur, schien aber gar nicht zu lauschen, sondern in Gedanken versunken. Franzi wußte noch nicht ganz genau, was hier gespielt wurde, aber daß ihre Mutter einen Anruf erwartet hatte, stand außer Frage. Aber von wem?

Claudia wollte nun ins Bett gehen und verabschiedete sich mit einem Kuß von ihrer Tochter. Sie war stolz, so ein hübsches Kind zu haben. Was hieß Kind? Franzi war sechzehn und verliebt! Sie war bereits eine junge Frau. Und wie schön, daß sie ihr davon erzählt hatte. Das von der ersten Liebe. Claudia wußte von einigen Kolleginnen aus der Redaktion, daß es nicht selbstverständlich war, daß Töchter es ausgerechnet ihren eigenen Müttern anvertrauten. Claudia zog sich langsam aus und ging dann, nur mit ihren Dessous bekleidet, noch einmal zum Spiegel. Seit Leo hatte sie keinen Mann mehr gehabt, und sie hatte auch nicht damit gerechnet, daß es noch einmal passieren würde. Sie war nur aus dem einen Grund ins Hotel »Seeschlößchen« gefahren: um sich zu entspannen. Sie war Ressortleiterin bei einer Frauenzeitschrift und trug immer für alles die Verantwortung. Das Hotel war ihr von Freunden empfohlen worden. Hier kannst du deine Seele baumeln lassen, hatte man ihr versprochen. Sie hatte ihren Pkw geparkt, den Zimmerschlüssel abgeholt und war in den Fahrstuhl gestiegen. Sie war so gestreßt, daß sie sich sogar über den Halt in der zweiten Etage geärgert hatte. Deshalb hatte sie auch gar nicht genau hinschauen wollen, wer da im zweiten Stockwerk eingestiegen war. Bis er sie angesprochen hatte: »Wollen Sie auch in den achten?« Da hatte sie ihn wahrgenommen, und zwar sofort und mit allen Sinnen. »Ja«, hatte sie geantwortet, aber gedacht: »Das gibt es doch nicht!« Die Spannung zwischen ihnen war unerträglich gewesen. Und sie hatte instinktiv gespürt: Jetzt ist er da, der erste Mann, der nach Leo Bedeutung in meinem Leben haben wird. Sie waren wortlos ausgestiegen, als sei nichts passiert. Erst beim Abendessen hatte sie ihn wiedergesehen. Er war an ihren Tisch gekommen und hatte höflich gefragt, ob er ihr Gesellschaft leisten dürfe. Von dem Augenblick an hatten sie sich nicht mehr getrennt. Selbst beim Kauf des blauen Etuikleides hatte er sie begleitet und sogar fachmännisch beraten. Und wenn er von da aus nicht auf eine Geschäftsreise in den Süden hätte fahren müssen, sie wären zusammen zurückgekommen. Zum Schluß war alles sehr hektisch gewesen. Bis zuletzt hatten sie im Bett gelegen. Er aber hatte aus beruflichen Gründen einen Zug nach München bekommen müssen, und sie hatte ihm am Bahnhof ihre Telefonnummer auf einen zerknüllten Zettel geschrieben. Aus dem abfahrenden Zug hatte er noch gerufen: »Was für ein Zufall, meine Telefonnummer beginnt auch mit Acht ...!«

Als sie jetzt an ihn dachte, meldeten sich sofort die Schmetterlinge im Bauch. Es war fast zu schön, um wahr zu sein. Er lebte in derselben Stadt, war frisch geschieden, drei Jahre älter als sie. Sie waren sich beide einig darüber, daß sie sich nicht gesucht, aber gefunden hatten. Übermütig zog sie sich auch ihre Dessous aus und stellte sich vor, sie mache das für ihn. Clemens, Clemens. Sie hatten sich in der Abschiedshektik nicht einmal mehr ihre Nachnamen verraten, aber es war so egal. Sobald er konnte, würde er sie anrufen. Er besaß ihre Nummer. Ihr gemeinsames Leben lag in seinen Händen!

Franzi konnte nicht einschlafen. Einerseits dachte sie voller Sehnsucht an Jan, andererseits ging ihr Claudias Verhalten nicht mehr aus dem Sinn. Warum war sie so zum Telefon gerast? Dafür gab es nur eine einzige Erklärung: Es war ein Mann im Spiel. Franzi würde das genau beobachten. Ihr letzter Gedanke vor dem Einschlafen aber galt Jan und ihrem Telefongespräch. Sie hatten »darüber« geredet und waren fest entschlossen, »es« zu tun, und zwar bald.

Zum Frühstück erschien Claudia summend, bekleidet mit einem Minirock, den sie vor zehn Jahren einmal getragen hatte. Franzi mußte zwar zugeben, daß sie das eigentlich noch tragen konnte, aber sie fand es trotzdem ultrapeinlich. Außerdem stopfte ihr Mutter, die sonst jede Kalorie doppelt zählte, mehrere Scheiben Brot mit Honig sich in sich hinein. Das war nicht normal. Jetzt begann sie, Franzi auch noch auszufragen. Wie denn Jan so sei? Was die Eltern machten? Ob sie ihn mal mitbringen wolle? Wollte sie nicht. Das machte sie gleich einmal in schnippischem Ton deutlich. Jan redete nicht viel über sein Elternhaus, und wenn Franzi ehrlich war, interessierte sie das auch gar nicht. Sie gingen doch noch nicht einmal eine Woche miteinander und hatten wirklich andere Probleme. Ihre vordringliche Frage lautete nicht, was machen die Eltern, sondern, wann sind die Eltern endlich einmal nicht zu Hause? Franzi ärgerte sich ein wenig, daß sie die günstige Gelegenheit am Wochenende einfach hatte verstreichen lassen. Deshalb fragte sie Claudia jetzt direkt: »Fährst du bald wieder ein Wochenende weg?« Ihre Mutter antwortete kichernd: »Aber Süße, dazu muß ich doch nicht das ganze Wochenende außer Haus sein! Wir haben damals im Auto angefangen!« Franzi lief rot an. Vor Scham und vor Wut. Das hätte ihre Mutter nicht sagen dürfen! Sie wollte nicht, daß ihre Mutter das aussprach. Sie konnte es ja denken. Wütend sprang Franzi vom Tisch auf, aber Claudia hielt sie am Arm fest und entschuldigte sich:

»Schätzchen, komm, ich hab es doch nicht böse gemeint. Ich habe damit nur sagen wollen, daß ich weiß, wie es ist, wenn man sturmfreie Bude braucht.« Franzi rümpfte die Nase. Claudia machte alles noch schlimmer. Franzi haßte diese Pseudovertrautheit. Schließlich war sie nicht ihre Freundin! Claudia aber strahlte ihre Tochter an, so daß sie sich schließlich wieder hinsetzte und stumm an ihrem Brot knabberte. Claudia schien wirklich nichts zu merken. Sie fügte nun hinzu, sie wisse doch, wie das sei mit Schmetterlingen im Bauch. Auch das noch! Konnte sie nicht aufhören? Es gab keinen Zweifel mehr. Ihre Mutter war verknallt! Sonst laberte sie nie so distanzlos daher. Und schon gar nicht am Frühstückstisch. Sie war nämlich ein Morgenmuffel. Das alles ging Franzi durch den Kopf, und schließlich fragte sie Claudia: »Mutti, wer ist es?« Ihre Mutter zierte sich noch ein bißchen, strich ihrer Tochter liebevoll durch das Haar, bevor sie antwortete: »Clemens. Er heißt Clemens.«

Franzi hatte es ja vermutet, aber als die Mutter es jetzt auch noch so aussprach mit diesem zärtlichen Unterton, spürte sie, daß es ihr überhaupt nicht gefiel. »Wie lange kennst ihn schon? Deinen Clemens?« fragte sie in beinahe vorwurfsvollem Ton.

Claudia kicherte: »Seit dem Wochenende!« Franzi sah ihre

Mutter ungläubig an und wiederholte tonlos: »Seit dem Wochenende?« Franzi konnte gar nichts dagegen tun. Sie hatte plötzlich das Gefühl, ihre Mutter habe ihr etwas von ihrem eigenen Erlebnis genommen. Sie hatte einfach nicht das Recht, sich auch an diesem Wochenende zu verlieben!

In dem Moment klingelte das Telefon, und beide Frauen rannten um die Wette in den Flur. Claudia hatte gewonnen und meldete sich erwartungsvoll, um dann ein wenig enttäuscht zu sagen: »Ja, finde ich auch. Natürlich ist es besser für sie, wenn wir so locker miteinander umgehen, aber du kannst sie auch selber sprechen. Sie steht neben mir!« Mit diesen Worten gab sie den Hörer weiter an ihre Tochter.

Claudia hatte natürlich gehofft, es sei Clemens, aber diese kleine Enttäuschung konnte ihr Vertrauen in ihn nicht erschüttern. Vielleicht hatte er einfach keine Zeit. Schade, daß wir in der Eile nicht einmal mehr unsere Handynummern ausgetauscht haben, dachte Claudia.

Sie konnte schließlich nicht den ganzen Tag zu Hause sitzen und auf seinen Anruf warten. Die Arbeit rief.

In der Redaktionskonferenz brachte sinnigerweise eine junge Mitarbeiterin die Idee ein, etwas über Traummänner zu schreiben. Claudia sprühte geradezu vor guter Laune und erklärte sich grinsend bereit, das werde sie erledigen. Die anderen sahen sich etwas verunsichert an: Ihre Ressortleiterin hatte lange nichts mehr selber geschrieben und dann über den Traummann ... Mit einem Mann hatte man sie jedenfalls seit Jahren nicht mehr gesehen. Aber sie war die Chefin!

Claudia kam es so vor, als dauere dieser Tag ewig. Sie wollte nur noch eines – ihren Anrufbeantworter abhören! Da fiel ihr ein, daß man das ja auch per Fernabfrage erledigen könne. Das wiederholte sie alle zehn Minuten mit immer demselben Ergebnis: keine Anrufe. Als sie zu Hause ankam und den blinkenden roten Knopf sah, klopfte ihr Herz wie verrückt. Wie beim erstenmal, dachte sie und drückte mit zitternder Hand das Knöpfchen.

»Hallo, hier ist die Wäscherei Köhler. Frau Niehoff, hören Sie? Ihre Tischdecken sind nicht ganz sauber geworden. Sollen wir die noch mal spezialreinigen lassen? Rufen Sie doch bitte zurück!«

Glücklicherweise waren es drei Anrufe, und einer mußte einfach von Clemens sein. Dessen was sie sich ganz sicher. Der zweite aber war von ihrer Mutter: »Claudi, du hast dich das ganze Wochenende nicht gemeldet. Sonst rufst du doch immer Sonntagmorgen um zehn Uhr an. Ich mache mir Sorgen. Ist was passiert?« Jetzt aber. Noch ein Knopfdruck. Es war eine Männerstimme, die sie jetzt sagen hörte: »Franzi? Hier ist Jan! Ruf mich doch mal zurück, wenn du aus der Schule bist. Love!«

Hastig löschte Claudia die Anrufe und versuchte, jetzt nicht nervös zu werden. Es war erst Montag nachmittag. Gestern um diese Zeit waren sie bereits am Bahnhof gewesen. Er hatte ihr versprochen, sofort aus München anzurufen. Vielleicht hätten sie doch fünf Minuten früher aus den Betten springen sollen, dann besäße sie jetzt seine Nummer und wüßte wenigstens seinen Nachnamen. Ganz langsam beschlich sie ein ungutes Gefühl.

Ihre trüben Gedanken wurden unterbrochen, als Franzi nach Hause kam. Sie hat sich so verändert, schoß es Claudia durch den Kopf, sie ist nicht mehr mein kleines Mädchen, sie ist jetzt eine junge Frau! Der Gedanke machte sie ein wenig traurig, aber Franzi rannte an ihr vorbei zum Anrufbeantworter: »Keine Nachrichten?« fragte sie hektisch.

»Doch!« antwortete ihre Mutter »Die Wäscherei, Oma und Jan!«

Franzi schaute sie verwirrt an: »Aber hier ist nichts!«

Erst jetzt wurde sich Claudia ihres Fehlers bewußt: »Sorry, ich habe die ganz automatisch gelöscht!«

»Was hast du?« fragte Franzi entsetzt, während ihr die Tränen in die Augen schossen, »meinen Anruf?«

Claudia versuchte, sie zu beruhigen: »Du, er hat nicht viel gesagt! Nur, daß du zurückrufen sollst!«

»Verdammt noch mal, das wollte ich selber hören!« schrie Franzi, rannte die Treppe hoch und schloß sich in ihrem Zimmer ein.

Wird Zeit, daß sie ihren eigenen Anschluß bekommt, dachte

Claudia, und vielleicht sollte ich doch ein Handy erlauben. Die dicke Luft zwischen Mutter und Tochter hielt auch in den nächsten Tagen an. Claudia versuchte, die gedrückte Stimmung ein wenig aufzulockern, aber Franzi behandelte sie, als habe sie einen heimtückischen Mord begangen. Unter normalen Umständen hätte Claudia ihre Tochter zu einem Gespräch zitiert, aber dazu war sie momentan nicht in der Lage. Nicht am Dienstag und nicht am Mittwoch. Clemens rief nicht an. An dieser Tatsache konnte auch ihre Fernabfrage im Fünfminutentakt nichts ausrichten. Am Donnerstag ging sie nicht zur Arbeit. Wegen einer schweren Grippe. Ihre dicken Augen ließen das glaubwürdig erscheinen. Diesen Tag verbrachte sie auf ihrem Sofa quasi neben dem Telefon. Jedesmal, wenn es klingelte, zuckte sie zusammen. Immer öfter beschlich sie der Verdacht, daß Clemens sie nie mehr anrufen werde. Und das auch nie beabsichtigt hatte! Sonst hätte doch auch er in der Hektik der Abreise seine Nummer irgendwo aufschreiben können. Als Franzi nach Hause kam, schüttelte sie den Kopf beim Anblick ihrer zerzausten, nur mit einem Bademantel bekleideten Mutter. Sie ging wortlos an ihr vorbei und strafte sie mit Nichtachtung.

Auch am Freitag nahm sich Claudia die Grippe. Nachdem sie die ganze Nacht heulend verbracht hatte, fehlte ihr die Kraft, aufzustehen. Sie sah immer wieder sein Bild: Er hatte so ehrlich gewirkt! Warum hatte er ihr diesen Mist bloß erzählt, daß ihm nach der Scheidung manchmal die Decke auf den Kopf falle, daß er glücklich sei, daß er plötzlich wieder die Lust auf eine Beziehung fühle. Dabei hatte er auf sein Herz gezeigt. Heuchler! Nein, so konnte sie auf keinen Fall in die Redaktion gehen. Sie hatte außerdem seit zwei Tagen keinen Bissen mehr gegessen. Jetzt meldete sich der Kreislauf, und sie wollte wenigstens ein Stück Käse essen, um nicht zu kollabieren. Dabei sprang ihr die eisgekühlte Flasche Weißwein förmlich ins Auge. Sie trank selten Alkohol, und so tat diese Flasche, die sie binnen einer halben Stunde auf nüchternen Magen leerte, ihre sofortige Wirkung. Als Franzi aus der Schule kam, fand sie ihre Mutter in einem komatösen Schlaf auf dem Parkettfußboden vor. Zunächst war sie furchtbar erschrocken, doch dann sah sie die Flasche und wußte Bescheid. Ihre Sorgen waren wie verflogen, und sie haßte ihre Mutter, wie sie so dalag. Wütend schüttelte Franzi sie, bis Claudia endlich aufwachte, ihre Tochter angrinste und lallte: »Mein Schatz, schön dich zu sehen!« Franzi wurde beinahe schlecht bei der Fahne, die ihr aus dem Mund entgegenkam. Unsanft zerrte sie Claudia auf das Sofa, deckte sie mit einer Wolldecke zu, setzte sich auf einen Sessel und wollte warten, bis sie wieder zu sich kam. Ausgerechnet in dieser Situation rief Jan an, und Franzi hatte Mühe, sich nichts anmerken lassen. Natürlich wollte sie ihm nichts von ihrer voll peinlichen Mutter erzählen. Jan hatte eine Neuigkeit für sie: Bald würde er eine ganze Woche lang allein zu Hause sein! Franzi versuchte, die gute Nachricht freudig aufzunehmen, aber sie klang gedämpft. Jan verstand das falsch und fragte besorgt: »Oder willst du nicht mehr?« Franzi protestierte unter Tränen und schniefte: »Und wie!« Jan hielt ihre Tränen für einen Ausdruck der Vorfreude und verabschiedete sich besonders liebevoll von ihr.

Als Claudia wieder aufstehen konnte, brachte Franzi sie ins Bett, und immer wieder kamen ihr die Tränen. Sie wußte selber nicht mehr, ob sie nur wütend auf ihre besoffene Mutter war oder ob das bevorstehende Ereignis sie so mitnahm.

Am nächsten Morgen kam Claudia an den Frühstückstisch, als sei nie etwas gewesen. Sie war ordentlich frisiert, trug wieder einen ihrer geliebten hochgeschlossenen Hosenanzüge und sah sehr geschäftsmäßig aus. Über den gestrigen Tag verlor sie kein Wort, sondern erklärte, daß sie in die Redaktion müsse. Sie habe noch einen Artikel zu schreiben. Als das Telefon klingelte, blieb sie demonstrativ sitzen. Auch als Franzi rief: »Für dich!«, verzog sie keine Miene, wenngleich tief in ihr ein letzter Hoffnungsschimmer aufkeimte. Aber es war Leo, der sich mit ihr treffen wollte.

Franzi hörte ihre Mutter kurz und knapp sagen: »Da mußt du etwas in den falschen Hals bekommen haben. Meine Einstellung zu dir hat sich keinesfalls geändert. Ich lege keinen Wert auf private Kontakte.« Mit diesen Worten knallte sie den Hörer auf, verabschiedete sich kurz und knapp von ihrer Tochter und fuhr ins Büro. Auch wenn sich Claudia an diesem Morgen beinahe schroff verhielt, so war Franzi im Grunde genommen doch erleichtert, ihre alte Mutti wiederzuhaben.

Claudia schrieb sich den letzten Frust über ihre Hotelbekanntschaft in einem gemeinen Artikel über Traummänner von der Seele. Sie übertraf sich selbst. Der Artikel geriet bissig und beinahe bösartig. Obwohl es Samstag war und die Zeitschrift sich bereits im Druck befand, schaffte sie es, ihren Artikel noch unterzubringen. Dafür warf sie kurzerhand einen Bericht über das erfolgreiche Geschäft mit der Cellulitis raus. Befriedigt fuhr sie nach Hause. Das Kapitel Clemens war erledigt, und sie würde nie wieder so dämlich sein, mit einer zufälligen Fahrstuhlbekanntschaft auch nur ein einziges Wort zu reden. Ja, sie war entschlossen, solche Bekanntschaften gar nicht mehr zu machen. Sie war doch blendend gefahren ohne den Aufzug ins Hotelbett. Mistkerl! Aber mit dem Artikel hatte sie ihn begraben. Für immer. Und mit ihm jegliche Hoffnung.

Am Montag verkündete sie ihrer Tochter, daß sie beabsichtige, eine Geheimnummer zu beantragen, und als Franzi fragte, ob das wegen dem Typen sei, fragte ihre Mutter lakonisch: »Welcher Typ?« Für Claudia diente die Geheimnummer nur zum persönlichen Schutz. Wenn sich ihre Nummer änderte, dann würde endlich dieses Zusammenzucken aufhören, das sie leider immer noch bei jedem Klingeln automatisch überfiel. Da konnte ihr Kopf noch so klar sein, ihr Körper reagierte eben eigenwillig.

Franzi war froh, daß ihre Mutter wieder so vernünftig war. Sie strahlte zwar nicht mehr so viel Lebensfreude aus, aber ihre ungehemmte Lockerheit war auch ein wenig albern gewesen. So wußte Franzi jedenfalls, woran sie war. Und das brauchte sie im Moment. Einen festen Halt, wo doch in ihrem eigenen Leben aufregende Dinge anstanden. Sie zählte nun die Stunden. Jans Vater würde von Montag bis Freitag auf einer Geschäftsreise sein.

Als Franzi an jenem Montag nach der Schule an seiner Haustür klingelte, zitterten ihre Knie. Jan schien ebenfalls sehr nervös zu sein, denn auch für ihn war es ja schließlich das erste

Mal. Franzi sah sich im Hausflur neugierig um und stellte bewundernd fest, daß alles sehr geschmackvoll und teuer aussah. Jan fragte verunsichert, ob sie Lust habe, erst einmal das ganze Haus zu sehen. Franzi nickte. So eine Hausführung würde die Situation mit Sicherheit entspannen. Franzi äußerte ehrliche Begeisterung, als sie das Wohnzimmer betraten. Alles schien so wohnlich, so warm und belebt. Und überall lagen Dinge herum, die zeigten, daß hier Menschen wohnten. Jan wollte sich für die leichte Unordnung entschuldigen: »Seit meine Mutter weg ist, leben Vati und ich so ganz locker!« Dabei schob er einen Stapel Zeitschriften unter den Tisch. Franzi lachte und antwortete:

»Ich find das toll. Bei uns liegt nie was rum!« Dann öffnete sie übermütig eine Tür, die vom Wohnzimmer abging und fragte: »Und wer wohnt hier?«

»Das ist Vatis Arbeitszimmer«, erklärte Jan und zog sie zu dem Schreibtisch: »Guck mal, den Computer schenkt er mir bald!« Franzi ließ ihren Blick über den unaufgeräumten Tisch schweifen und stutzte. Dort lag Muttis Artikel. Ausgerissen aus der Zeitschrift. Und nicht nur das, sondern er war mit einem roten Filzer durchgestrichen, und jemand hatte in großen Buchstaben »Blöde Kuh« darauf geschrieben.

Sie stieß Jan an. »Was ist das?« Jan nahm den Artikel in die Hand und zuckte mit den Achseln.

»Weiß nicht so genau, aber vielleicht hat das was mit dieser Frau zu tun. Vati hat eine kennengelernt. Die hat ihm wohl extra eine falsche Nummer gegeben. Da war immer ›kein Anschluß, bla, bla‹, und dann hat die über ihn was in der Zeitung geschrieben. Er war wohl ihr Versuchskaninchen, und das kann mein Daddy schlecht vertragen. Mit der Tante ist er fertig, echt! Aber ehrlich, in wen der nun verknallt ist oder nicht, interessiert mich nicht die Bohne!« Franzi schluckte trocken. Dann entdeckte sie den zerknitterten Zettel mit der Nummer. Es war eindeutig Muttis Schrift, auch wenn sie die Nummer: 87 99 66 nur so hingekritzelt hatte. Diesen Zahlendreher machte sie häufig: Sie vertauschte die Sechsen mit den Neunen. Aber daß sie statt 85 auch noch 87 geschrieben hatte … Sie mußte wirklich sehr in Eile gewesen sein!

Franzi wollte das Mißverständnis richtigstellen. Sie brachte gerade noch »Aber …« heraus, doch dann unterbrach sie sich. In ihrem Kopf arbeitete es fieberhaft. Sollte sie diesen Irrtum wirklich aufklären?

Als Jan sie jetzt an sich zog und leidenschaftlich küßte, war ihre Entscheidung gefallen. Der Gedanke, daß ihre Mutter mit seinem Vater dasselbe tun würde und genau hier? Nein! Dieses Glück wollte sie ganz für sich ganz allein haben und mit niemandem teilen. Schon gar nicht mit ihrer Mutter! Allein die Vorstellung, sie würde sich wieder so peinlich benehmen. Und das in Jans Gegenwart! Nicht auszudenken! Ihr erstes Mal wurde jedenfalls zu einem wahren Fest …

Allerdings meldete sich nach ein paar Monaten beim Anblick ihrer immer schmallippiger werdenden Mutter doch Franzis schlechtes Gewissen. Das verschwand erst, als Jans Vater wenig später von einer tödlichen Krankheit dahingerafft wurde. Die kleine Gemeinheit wurde in ihren Augen nun zu einer wahren Heldentat, hatte sie auf diese Weise ihrer Mutter doch großen Kummer erspart.

Sag's noch einmal!

In der Telefonzentrale des Privatsenders »City-Life« war um diese Zeit der Teufel los. Normalerweise saßen sie in der schrill gestylten Lobby zu zweit, aber in den Sommerferien managte Nora den Laden ganz alleine. Gerade versuchte sie, einen Milchbubi im Rapper-Outfit davon zu überzeugen, daß der zuständige Redakteur im Urlaub sei. Der Junge wollte das partout nicht glauben und fuchtelte Nora immer wieder mit seiner selbstproduzierten CD vor der Nase herum. Sie war dazu angehalten, stets freundlich und verbindlich zu sein, was die Leute am Empfang auch immer von ihr wollten. Jedenfalls bis zu einem bestimmten Punkt. Wenn ihre Schmerzgrenze überschritten war, konnte Nora sehr schroff werden. Das genau geschah, als die CD-Hülle, mit der das Nachwuchstalent so ungeschickt herumfuchtelte, sie voll an der Nase traf. Mit einem schnellen Griff riß sie ihm die Eigenproduktion aus der Hand und knallte sie vor sich auf den Tresen mit den Worten: »So, du kleiner Blödmann, jetzt packst du das Teil wieder ein und schickst es uns, kapiert? Und jetzt verschwinde!« Dabei rieb sie sich die Nase und mußte feststellen, daß der Trottel ihr einen Kratzer verpaßt hatte. Sie wollte ihm gerade noch den Stinkefinger zeigen, als er plötzlich an ihr vorbeilief und bereits in Richtung der Redaktionsräume verschwunden war. Sie würde ihm nicht hinterherlaufen. Sollte sich doch Thomas, der einzig anwesende Musikredakteur, mit ihm abgeben. Aber sie warnte ihn zumindest telefonisch, daß ein kleiner Möchtegern auf dem Weg zu ihm sei und ihn gleich furchtbar nerven würde!

»Und paß auf deine Nase auf!« beendete sie das Gespräch mit Thomas: »Der Kleine hat motorische Störungen.«

Mit Thomas telefonierte sie gern, obwohl er nur die Note Drei auf ihrer Skala erreichte. Nora hatte ein ganz eigenes Bewertungssystem entwickelt. Sie beurteilte nicht das Aussehen eines Mannes, sondern allein dessen Stimme. Thomas' Stimme war angenehm, aber ohne irgendein besonderes Merkmal.

Eben guter Durchschnitt. Eine glatte »Drei«. Für eine »Zwei« war sie nicht tief genug.

Thomas hatte ihr diesen Job bei seinem Sender verschafft. Als Aushilfe. Sechs Wochen in der vollklimatisierten Zentrale bei »City-Life« als Herrscherin über die Telefone und als Empfangsdame! Sie war ihm vor lauter Begeisterung um den Hals gefallen. Das hatte er nicht so ganz verstanden. Ein Job in der Telefonzentrale war nun wirklich nichts Besonderes. In seinen Augen jedenfalls. Nora war auch nicht gewillt, ihm zu verraten, warum der Job sie so anmachte. Er würde es doch nicht verstehen. Nicht Thomas, der, um zu flirten, sogar in den Chat-Room abtauchte, um mit einer Cyber-Braut schriftlich zu verkehren. Ein Flirt, ohne die Stimme des Mannes zu hören, das war für Nora unvorstellbar. Für sie war der Job am Telefon die reinste erotische Erfüllung. Dabei kam es natürlich darauf an, wen sie an der Strippe hatte. Das war das Spannende daran: Wie klang die Stimme des Anrufers?

Sie hatte mindestens einmal täglich das Glück, einen »Zweier« am Apparat zu haben. Mit diesen stimmlichen Prachtexemplaren zog sie das Gespräch jedesmal in die Länge. Da sie selbst, ohne zu übertreiben, von sich behaupten konnte, eine glatte Einserin zu sein, erkannte sie problemlos die auditiven Kandidaten. Wenn der Mann genau so darauf abfuhr wie sie, entstand ein heißer Flirt. Für dieses eine Mal am Tag lohnte sich der Job. Und dann waren da noch die Nachrichtensprecher und Moderatoren, die in der Regel alle zwischen »Zwei« und »Drei« lagen. Das gab es selten in dieser Dichte und Qualität. Im letzten Jahr hatte sie in der Telefonzentrale einer Versicherungsgesellschaft gearbeitet und war ziemlich frustriert gewesen. Über eine »Drei« war kein Anrufer hinausgekommen. Doch einer, aber der hatte sich dann leider als Flop entpuppt: ein spanischsprechender Anrufer mit einer unverschämt tiefer gelegten Stimme. Sie verstand kein Spanisch, aber hatte ihn sein wohlklingendes »Buenos días« mindestens zehnmal wiederholen lassen, ihn aber nicht mit der Schadensabteilung verbunden. Schließlich hatte der Mann wütend aufgelegt, es bei ihrer Kollegin versucht und sich über sie beschwert. Dieser Blödmann hatte wirklich kein bißchen Gefühl für die Sinnlichkeit ihres erotisch gehauchten: »Bitte, könnten Sie das noch einmal sagen?« besessen.

Nach Noras strengen Kriterien zählte allerdings nicht nur der Klang einer Stimme, sondern auch die Wortwahl, die Ausdrucksweise, die richtige Betonung, die Lust an der Stimme. Hier beim Sender bestand jedenfalls die berechtigte Hoffnung, in sechs Wochen endlich einmal den absoluten Volltreffer zu landen und einen glatten Einser an die Strippe zu bekommen, kurz, die Stimme fürs Leben zu finden. Eine Stimme, bei der sie dahinschmelzen würde. Mit einem Timbre, einer samtigen Fülle, diesem gewissen Extra! Schon beim Gedanken daran liefen ihr vor lauter Vorfreude wohlige Schauer über den Rücken. Okay, es waren auch Sechser dabei, aber die verband Nora weiter, ohne mit ihnen auch nur ein überflüssiges Wort zu wechseln. Kurzum, der Job hier machte Nora wirklich Spaß, und sie verbreitete in der Regel gute Laune.

Vor ihr stand jetzt eine Frau in einem kurzen Lackmini, mit nicht enden wollenden langen Beinen und einem Vorbau, der Gefahr lief, aus der knappen Halterung zu rutschen. Sie stellte sich als Sängerin vor, die zu einem Interview-Termin in Thomas' Zwölf-Uhr-Sendung geladen war. Schummelpackung, dachte Nora, als die Frau sie ansprach. Die Frau mit der Topfigur hatte eine selten dümmliche Piepsstimme. Sie meldete die Sängerin oben an und bat sie, so lange in der Besucherecke Platz zu nehmen. Mehrere Männer gingen an der Frau vorbei, und Nora hörte ganz deutlich deren Reaktionen: ein Seufzer, ein leise geatmetes »Hm«, ein Räuspern. Einige schienen das Atmen gänzlich eingestellt zu haben. Kein Wunder, wie sie so dasaß, die Beine übereinandergeschlagen mit einem Schurz, der fast unter die Brust gerutscht war. Wenn die doch jetzt bloß ein Wort sagen würde, dachte Nora gehässig, allein ein schrilles »Hallo« aus ihrem Mund würde ausreichen, die Körper all dieser Männer wieder in Ruheform zu bringen. Oder etwa nicht? Man sagt Männern ja nach, sie seien mehr visuell ausgerichtet, aber eine Frau, die wie Mickymaus stöhnt, muß doch auch für jeden noch so körperfixierten Mann eine Ernüchterung sein, sinnierte

Nora. Aber Thomas, der seinen Gast jetzt höchstpersönlich abholte, schien gegen deren Quietsche-Stimme völlig immun zu sein, denn obwohl sie auf ihn einredete, lächelte er sie selig bis dümmlich an. Selbst als sie mit ihren Stöckelschuhen, die ohne Waffenschein gar nicht verkauft werden sollten, umknickte und ein selten dämliches »Hups« kreischte, lächelte Thomas unbeirrt weiter und fing die stolpernde Lady auch noch auf. Kopfschüttelnd wandte sich Nora wieder ihrer Arbeit zu.

In diesem Augenblick war alles still. Kein Telefon, keine Menschen im Foyer, so daß Nora widerwillig ihr Linguistikbuch aus der Tasche zog. Die Zwischenprüfung stand bevor, und sie hatte noch so gut wie nichts getan. Manchmal zweifelte sie daran, ob das Germanistikstudium wirklich die Erfüllung war. Sie hatte sich eigentlich vorgenommen, später einmal Theaterkritikerin zu werden. Schauspieler hatten in der Regel wohlklingende Stimmen – aber den Plan hatte sie bereits aufgegeben. Schnell würde man ihr die Kritiken um die Ohren hauen, wenn sie dann schrieb: Und Hamlet mit seinem Einser-Timbre in der Stimme versetzte das Premierenpublikum in einen wahren Rausch der Sinne.

Als es jetzt klingelte und sie die Stimme am anderen Ende vernahm, traf es sie völlig unvorbereitet. Sie verstand überhaupt nichts. Weder den Namen noch das Anliegen, noch ... Nora schien wie paralysiert zu sein, denn da war sie: Die glatte Eins ohne Wenn und Aber! Tief, sinnlich, verheißungsvoll und männlich, ohne Dialekt, fordernd und werbend. Diese Stimme hatte sofort von ihrem ganzen Körper Besitz ergriffen. Es kribbelte sogar bis zu den Zehen.

Mühsam brachte sie hervor: »Sagen Sie das bitte noch einmal!«

Der Mann in der Leitung räusperte sich irritiert und wiederholte:

»›Light und Ton‹. Wir liefern die Anlage für das Konzert. Unser Mitarbeiter Herr Köhler würde sehr gern mit dem Herrn Markmann sprechen, der alles organisiert!«

Sie sagte nichts. Kein einziger Ton kam über ihre Lippen. Wie in Trance sah sie den langhaarigen Altrocker, der ihr heftig gestikulierend signalisierte, daß er dringend im Studio erwartet werde. Sie machte eine unmißverständliche Geste, die besagte, er solle bitte warten. Und dann hauchte sie in den Hörer: »Sagen Sie das bitte noch einmal!« Es klang wie: Mach's noch einmal. Ich flehe dich an!

Jetzt war der Gesprächspartner verstummt. Er schluckte trocken. Das konnte sie hören. Sie wagte kaum zu hoffen. Ob sie endlich den Mann gefunden hatte, der ihre Sprache verstand? Mit dem sie auf immer und ewig glücklich sein würde? Hatte sie den Mann gefunden, auf den sie so sehnsüchtig gewartet hatte? Ja, ja, ja, jubelte ihre innere Stimme, denn tatsächlich, er folgte ihrer Anweisung, indem er es ganz langsam wiederholte:

»›Light und Ton‹. Wir liefern die Anlage für das Konzert. Unser Mitarbeiter Herr Köhler würde gern mit Ihrem Herrn Markmann sprechen, der alles organisiert!«

Jedes Wort hatte sie in sich aufgesogen. Noch niemanden hatte sie so ein »R« sprechen hören. Das war leicht rollend, ohne bayrisch plump zu sein, aber es war auch nicht so hart und unsinnlich wie ein norddeutsches. Es war einfach umwerfend! Nora wußte in diesem Moment, daß er sie verstanden hatte. Er war jener Glücksfall. Einer der wenigen auditiven Männer, die vor so einer langbeinigen Mickymaus wie der Sängerin schreiend die Flucht ergreifen würden. Und das trotz 75 D und Hungertaille. Er war der Mann, der sie erkannt hatte!

Endlich antwortete sie: »Unser Herr Markmann telefoniert gerade, aber sobald er frei ist, werde ich Sie mit ihm verbinden. Wie war noch der Name Ihrer Firma?«

Wieder ließ er sich Zeit mit der Antwort, aber sie konnte es vor Spannung kaum aushalten. Der Nagel ihres rechten Mittelfingers mußte daran glauben, obwohl sie sich das Knabbern eigentlich schon vor zwei Jahren abgewöhnt hatte. Es kam ihr vor wie eine kleine Unendlichkeit.

Dann endlich war es soweit: »Ich rufe an von der Firma ›Light und Ton‹!« Er genoß jede Silbe. Das spürte sie. »Light und Ton?« wiederholte sie.

»Light und Ton!« antwortete er. In ihrer Sprache hieß das

ungefähr soviel wie: »Ich finde dich ziemlich scharf!« »Und ich dich erst mal!«

Das jedenfalls vermutete Nora, als sie plötzlich sah, daß Thomas Markmanns Anschluß wieder frei war. Jetzt bemerkte sie, daß sich der wichtigtuerische Rockopa auf den Tresen gestützt hatte, sie anzüglich angrinste und es wagte, sie ausgerechnet in diesem Moment der Verzückung anzusprechen: »Nun sagen Sie Markmann endlich Bescheid, daß ich hier bin. Dann können Sie weitermachen mit ihrem Telefonsex!« Mit diesen Worten drückte er ihr seine Visitenkarte in die Hand und fügte hinzu: »Sie können mich gern mal anrufen. Sie haben ein affentittengeiles Dekolleté!« Nora ließ die Karte wie eine heiße Kartoffel fallen. Der Mann sprach reinstes Prolldeutsch und das in einer fiesen Stimmlage. Dabei vergaß sie für einen Moment den Mann in der Leitung und fertigte die wunderbare Stimme mit einem knappen kurzem: »Ich verbinde Sie!« ab. Dann stand sie auf und schrie den Vistenkartenrambo empört an, was ihm einfiele, ihr seine Karte zu geben? Nicht mit der Kneifzange würde sie ihn anfassen!

Sie wußte allerdings nicht, mit wem sie es zu tun hatte. Das erfuhr sie erst, als Thomas sich wenig später in der Begleitung des Mister Wichtig ihrem Arbeitsplatz bedrohlich näherte und sie aufforderte, sich bei ihm zu entschuldigen. Da erst erkannte sie ihn, aber sein Name fiel ihr nicht ein. Sie wußte nur, daß er ein erfolgreicher Sänger war, dessen Stimme beim Singen nicht ganz so häßlich war wie beim Sprechen.

Sie entschuldigte sich hastig, und kaum war der Mann außer Sichtweite, versuchte Nora, Thomas auszufragen. Was die Firma »Light und Ton« denn gewollt habe? Markmann, entzückt, daß Nora plötzlich Interesse an seiner Arbeit zeigte, erklärte ihr ausführlich, daß diese Firma das Equipment für das Open-Air-Konzert des Senders liefern würde. Nora hörte zu und überlegte krampfhaft, wie sie auf den Anrufer selbst zu sprechen kommen konnte, aber ihr gelang beim besten Willen kein geschickter Übergang.

Markmann war so mitteilsam, daß er sie nach Feierabend sogar noch in sein Lieblingsbistro einlud. Nora blieb fast die Pasta an Steinpilz im Hals stecken, als er mit der Sprache herauskam. Er habe sich heute verknallt. In eine junge Sängerin. Die könne zwar nicht singen, habe aber eine Figur! Nora mußte sich auf die Lippen beißen, um nicht herauszuplatzen: Doch nicht etwa die Barbie mit dem Mickymausorgan? Es war ohnehin klar, daß diese gemeint war. Schließlich kannte Nora Thomas' Vorliebe für Lackminis.

Sie konnte in dieser Nacht nicht einschlafen und träumte dann zu ihrer großen Enttäuschung nicht einmal von der Firma »Light und Ton«, sondern von einem Hühnerhof. Plötzlich hatten die Hühner alle Frauengesichter und gackerten um die Wette. Bis der Hahn kam und alle verstummten, als er »Kikeriki« machte. Und dann bekam auch er menschliche Züge: Das Gesicht des bekannten Sängers mit der Prollstimme. Schweißgebadet wachte sie auf.

Nora stylte sich am nächsten Morgen besonders sorgfältig und ging beschwingt zur Arbeit. Natürlich hoffte sie den ganzen Tag, daß ein wohltönendes »Light und Ton« aus der Leitung erklingen würde. Sie machte sogar eine Überstunde, als er bis siebzehn Uhr immer noch nicht angerufen hatte. Beim Mittagessen fragte sie Thomas beiläufig darüber aus, wann denn das Open-Air-Konzert geplant sei, und bot ihm zu seiner großen Freude für das Ereignis am kommenden Wochenende ihre Hilfe an. Dafür durfte er ihr von den 75 D mit der ekelhaften Stimme vorschwärmen. Erst als er vollmundig verkündete, die habe das Zeug zum Star, fragte sie lakonisch: »Mit dem schrillen Organ?«

Thomas schaute sie ungläubig an: »Aber na klar. Darum geht es heute doch nicht mehr« und klärte sie langatmig darüber auf, daß heutzutage ein Gastspiel im »Big-Brother-Container« ungleich wichtiger sei als das ganze Talent.

Auch am folgenden Tag wartete sie vergeblich auf den ersehnten Anruf. Schon längst hatte sie sich ein Bild von der Stimme gemacht: Der Anrufer war groß, schlank, hatte dunkle Locken und braune Augen. Vorerst nannte sie ihn Stefan. Sie fand, das paßte zu ihm.

Am dritten Tag wurde sie unruhig. Hatte sie sich geirrt?

Hatte es ihn etwa nicht so erwischt wie sie? Hatte er kein Herzklopfen, wenn er an das Gespräch dachte? Sie erwog einen kurzen Augenblick lang, selbst bei »Light und Ton« anzurufen. Sie war so auf Stefan fixiert, daß sie die »Zweier«, mit denen sie sonst so offenherzig flirtete, sachlich und lustlos abfertigte. Einer beschwerte sich bitter bei ihr und fragte sie, was ihr denn über die Leber gelaufen sei? Er habe sich den ganzen Tag auf ihr Geplänkel gefreut. Sie entschuldigte ihr schroffes Verhalten mit einer herannahenden Grippe.

Am vierten Tag hielt sie es nicht länger aus. Sie atmete tief durch, und dann wählte sie.

»›Light und Ton‹, was kann ich für Sie tun?« Erschrocken legte sie auf. Der Mann am anderen Ende lispelte. Nicht daß sie das prinzipiell ablehnte. Es gab durchaus Lispler, die bei ihr sogar eine »Drei« erhielten. Nein, es war der Schock, daß es nicht Stefan, sondern eine völlig fremde Stimme war.

Aber es blieb ihr noch eine Hoffnung, denn am Wochenende fand das Konzert statt. Thomas war schwer begeistert, wie engagiert sie ihm half. Sie hatte ihm sogar angeboten, auf der großen Bühne zu warten, bis die Technik geliefert würde.

Und dann kamen sie mit ihrem LKW, die Mitarbeiter der Firma »Light und Ton«. Drei gutaussehende junge Männer! Sie versuchte zu raten, welcher ihr Stefan war. Sie tippte auf den großen dunklen. Gut, er hatte keine Locken, aber immerhin schöne strahlende braune Augen. Er kam auf sie zu, reichte ihr seine muskulöse Hand, schüttelte sie kräftig und sagte:

»Sie sind die Mitarbeiterin vom Sender, oder? Sie wissen, wo was hin soll?« Wenn das nicht reines Fränkisch war! Der war's schon mal nicht!

Nora ließ ihn einfach stehen und versuchte nun, den blonden Bodybuilder-Typen zum Reden zu bringen. Der schleppte gerade einen schweren Verstärker und schien nicht geneigt, dabei einen Smalltalk zu halten. Aber Nora fiel zum Glück die passende Frage ein: »Soll ich was mit anfassen?« Die Antwort war ein klares: »Nee!« So unverkennbar hamburgisch breit, daß kein Zweifel offenblieb. Auch das war nicht ihr Stefan. Der hatte Hochdeutsch gesprochen ohne erkennbaren Dialekt. Und das war schließlich bei einem Einser die Voraussetzung. Keine, aber auch nicht die kleinste Dialektfärbung! Blieb also nur noch der dritte Mann, der interessiert zurückstarrte, als Nora ihn so unverschämt musterte. Er ergriff die Initiative und fragte sie, wo er die Boxen abstellen solle. Wie er das so sagte ... Nicht schlecht, wirklich nicht. Unter normalen Umständen wäre Nora durchaus geneigt gewesen, mit diesem Mann ein wenig zu plaudern, aber er war eben nur ein Zweier, wenn auch ohne minus. Doch damit wollte sich Nora nicht mehr begnügen. Nicht mehr, seit sie wußte, daß ihre kühnsten Träume wahr werden konnten. Nicht mehr seit Stefan! Aber so sehr sie auch hoffte und sich den Hals verrenkte, es kam kein weiterer Mitarbeiter der Firma »Light und Ton!« Schlecht gelaunt ließ sie das Konzert über sich ergehen, und als dann auch noch jener Rocksänger auftrat und ihr im Vorbeigehen vertraulich an den Hintern packte, war ihr der Abend vollständig verdorben.

Am Wochenende konnte sie es nicht mehr aushalten und vertraute sich ihrer besten Freundin Melanie an. Nachdem diese ihr einige Beleidigungen an den Kopf geworfen hatte: »Du bist doch total bescheuert. Was willst du immer mit diesen Phantommännern? Willst du nicht mal zum Therapeuten gehen?«, riet sie ihr schließlich ganz pragmatisch: »Ruf ihn doch an und triff ihn. Er wird klein und häßlich sein, und du bist kuriert!!! Okay?«

Nora versprach hoch und heilig, gleich am Montag morgen die Nummer von »Light und Ton« zu wählen und für den Fall, daß wieder der Lispler am Telefon sein sollte, den Menschen mit der geilen Stimme zu verlangen.

Doch am Montag morgen war so viel los, daß sie ihr Vorhaben fast vergessen hatte. Es klingelte in einer Tour, und dann, gerade als sie drei Anrufer gleichzeitig in der Leitung hatte, passierte es:

»Light und Ton ...«, erklang es melodisch aus dem Hörer. Sofort flog eine ganze Schar von Schmetterlingen durch ihren Bauch, und sie drückte ganz verzückt alle anderen Anrufer einfach weg. Erst nach einer kleinen Pause sprach er weiter: »Entschuldigen Sie, daß ich Sie anrufe, aber Ihre Stimme geht mir nicht aus dem Kopf, und ich möchte mit Ihnen reden. Einfach so!« Sie antwortete nicht sofort, sondern wollte das »Einfach so« noch ausklingen lassen.

Dann fragte sie ihn, warum er nicht beim Open-Air-Konzert gewesen sei?

»Ich war da«, behauptete er und machte wieder eine kleine Pause, »und ich glaube, ich habe Sie sogar gesehen, aber ich wollte Sie nicht so plump ansprechen.« Nora schnappte nach Luft. Plump ansprechen? Diese Stimme? Das war gar nicht möglich. Wie süß, dachte sie, er bildet sich nicht einmal etwas darauf ein. Vielleicht ahnte er gar nicht, was er in ihr zum Schwingen gebracht hatte!

»Schade«, sagte sie, »ich hätte auch gerne mit Ihnen gesprochen!« Und dann sprachen sie miteinander. Einfach so. Die Themen waren völlig belanglos. Nora erinnerte sich später, daß sie ausschließlich über das Konzert gesprochen hatten. Und sie waren sich einig gewesen, daß der Rocksänger, jener Mister Wichtig mit der Visitenkarte, völlig überschätzt wurde.

»Darf ich Sie morgen wieder anrufen?« fragte er zum Schluß, und sie hauchte sanft in den Hörer: »Sehr gern!«

Den Rest des Tages schwebte Nora wie auf Wolken und kam am nächsten Tag ausnahmsweise einmal pünktlich zur Arbeit. Sie wollte Stefan auf keinen Fall verpassen. Stefan hieß eigentlich Martin, das erfuhr sie am folgenden Tag.

Die Gespräche mit ihm wurden zu den Highlights des Tages, und Nora mußte sich jetzt wiederholt Beschwerden ihrer Exflirtpartner anhören. Sie sei plötzlich so kühl. Sie bemühte sich daraufhin, wenigstens eine gewisse Verheißung in ihre Stimme zu legen, aber so richtig wollte ihr das nicht mehr gelingen. In den Gesprächen mit Martin ging es eigentlich immer um ganz banale Dinge, doch schwang bei ihnen in einem Gespräch über den Euro mehr erotische Energie mit als bei manch anderen Liebenden im Bett.

Als sie Melanie von diesen Gesprächen vorschwärmte und ihr mit belegter Stimme den Inhalt eines jeden dieser Gespräche wiedergab – an jedes Wort konnte sie sich erinnern –, faßte sich die Freundin an den Kopf. So was Geisteskrankes habe sie ja noch nie gehört. Mal davon abgesehen, daß sie es nicht erotisch fände, mit einem Mann über den Euro zu sprechen, müsse man den Kerl doch wenigstens mal gesehen haben. Melanie war immer noch der festen Überzeugung, daß »the voice« sich als Mickermännchen entpuppen werde und deshalb keinesfalls mit Nora kompatibel sei.

Also versprach Nora ihr, ihm beim nächsten Gespräch ein Treffen vorzuschlagen. Sie war enttäuscht, als er zögerte. Vielleicht hatte Melanie recht, und er war eine visuelle Nullnummer. Unter diesen Umständen ist es wohl doch besser, wenn wir es beim Telefonieren belassen, beschloß sie gerade resigniert, als er sagte: »Gut, dann schauen wir mal. Ich hoffe, du bist nicht enttäuscht. Was glaubst du denn eigentlich? Wie sehe ich aus?«

»Groß, schlank, dunkel gelockt mit braunen Augen«, kam die Antwort wie aus der Pistole geschossen.

»Fast getroffen!« entgegnete er lachend.

Nora konnte dieses Treffen kaum erwarten. Am Abend zog sie sich mindestens dreimal um. Schließlich ließ sie Melanie zur Endabnahme antreten. Die veränderte noch ein paar Kleinigkeiten am Outfit ihrer Freundin und wünschte ihr einen schönen Abend. Nachdem Nora ihr von dem letzten Gespräch berichtet hatte, mußte sie sich geschlagen geben. Wahrscheinlich hatte die Freundin nun tatsächlich das große Los gezogen, und sie zog ernsthaft in Erwägung, es vielleicht auch einmal mehr auditiv zu versuchen!

Nora hatte einen Tisch bestellt und war entgegen ihrer sonstigen Angewohnheit zehn Minuten zu früh. Sie wollte sich gerade hinsetzen, als sie eine bekannte Stimme rufen hörte: »Nora! Setz dich zu uns!« Langsam drehte sie sich um. Thomas saß an einem der Tische beim Essen, ihm gegenüber die Frau mit dem Lackmini. Heute trug sie das kleine Schwarze mit einem Mörderausschnitt. Daß sie dir bloß nicht in den Salat fallen, dachte Nora, während sie freundlich lächelnd auf den Tisch zuging. Die Mickymaus war nicht schüchtern und hatte keinerlei Skrupel, auch in der Öffentlichkeit von ihrer Stimme Gebrauch zu machen. Und das in voller Lautstärke.

»Das ist aber nett. Du bist doch die Frau vom Empfang.

Wenn ich da gewußt hätte, wer mir gleich begegnen wird.« Sie hielt inne und lächelte Thomas verliebt an: »Komm, setz dich doch!«

Nora hatte Mühe, den beiden zu erklären, daß sie selber eine Verabredung hatte und keinesfalls den Abend in Gesellschaft von Thomas und 75 D verbringen wollte. Thomas grinste verständnisvoll, und Micky kreischte noch: »Na, dann viel Spaß!«

Es war Nora gar nicht recht, ihr erstes Rendezvous mit der Stimme unter Aufsicht zu bestehen. Und sie hatte Glück: Sie fand noch einen Tisch in einem Nebenraum.

Zum zehntenmal zupfte sie ihr Kleid zurecht, das auch einiges offen legte, wenngleich bei ihrer Oberweite nicht die Gefahr bestand, daß die Teile beim ersten Bissen in der Vorspeise landen würden. Und dann kam er durch den Raum auf den Tisch zu: ein dunkelblonder Nullachtfünfzehn-Durchschnittstyp. Ein wenig aufregender hatte sie sich »die Stimme« schon vorgestellt, aber es war jetzt auch nicht so schlimm, daß sie das Lokal deshalb unverzüglich durch den Hinterausgang verlassen hätte. Nora konnte es jedenfalls kaum erwarten, daß er sie begrüßte. Sie fieberte dem ersten Satz entgegen, doch er sagte nichts. Lediglich ein paar heisere Laute brachte er hervor und deutete auf seinen dicken Schal, den er um den Hals geknotet hatte. »Hat mich bös erwischt!« ächzte er. »Grippe«, fügte er kaum verständlich hinzu.

»Macht doch nichts!« entgegnete Nora verständnisvoll. Dabei stand ihr die Enttäuschung förmlich ins Gesicht geschrieben.

Sie sprachen beim Essen wenig. Ab und zu gab er krächzende Laute von sich, die Nora furchtbar erschreckten, doch wenn sie dann vor ihrem inneren Ohr seine erotische Telefonstimme abspielte, was sofort alles war wieder gut. Als er ihr einen Zettel über den Tisch schob mit dem Satz: »Gehen wir zu dir oder zu mir?«, beschloß sie, daß es einen Versuch wert sei. Immerhin betrieben sie das telefonische Vorspiel nunmehr seit über vier Wochen.

Sie mußten sich nur noch unbeschadet an Thomas' Tisch

vorbeidrücken. Beinahe wäre es ihr gelungen, doch die Mickymaus hatte sie entdeckt und piepste schrill: »Och, ihr wollt schon gehen? Schönen Abend noch!« Dann erstarrte Nora. Martin schenkte dem Dekolleté ein charmantes Lächeln. Ja, hatte er das denn nicht gehört? Diese unmögliche Stimme? Er will nur höflich sein, tröstete sie sich, und auch sie verabschiedete sich mit einem gezwungenen Lächeln.

In ihrer Wohnung bot sie ihm ein Glas Wein an, das er hastig austrank. Genauso das zweite und dritte. Wie niedlich! Der muß sich Mut antrinken, schoß es ihr durch den Kopf. Doch dann schien er genügend Mut getankt zu haben, denn er zog sie an sich und begann, ihre Bluse aufzuknöpfen. Das machte er nicht so professionell, als entkleide er jeden Abend eine andere, aber auch nicht zu ungeschickt. Nora schloß die Augen und genoß seine Hände auf ihrer Haut. Er hatte schöne Hände. Das hatte sie bereits mit Entzücken festgestellt. Nun zog sie auch ihn aus, streichelte ihn langsam, wobei sie immer tiefer glitt. Als sie am Ziel angekommen war, huschte ein leises Lächeln über ihre Lippen. Das war nämlich immer so ein kritischer Moment. Da hatte sie schon manch böse Überraschung erlebt. So etwas war dann auch nicht mehr so leicht mit der Stimme zu kompensieren. Sie war ein wenig benommen, als sie ihn anfaßte, so daß sie es erst gar nicht richtig wahrnahm. Doch beim zweiten Aufstöhnen, da hörte sie es. Laut und deutlich! »O ja, is det jeil. Det ist jeil!« Nora zog ihre Hand so heftig zurück, als habe sie sich verbrannt. Er hatte das drohende Unheil noch nicht kommen sehen und stöhnte: »Mach weiter, Mädchen, is det jeil!« Und ehe er sich versah, lag er auf ihrem Teppichboden, denn sie hatte ihn mit aller Kraft von sich gestoßen. Er war geradewegs vom Sofa gerutscht. Und ehe er sich von dem Schreck erholen konnte, hatte sie sich über den nackten Mann gekauert und ihn in den Schwitzkasten genommen, unter anderen Umständen möglicherweise eine anregende Variante. Ihre Augen funkelten, aber keinesfalls vor Lust. Wutschnaubend stellte sie ihn zur Rede: »Wer bist du, Arschloch?«

Er schnappte nach Luft und flehte sie an, ihn loszulassen. Er werde alles sagen. Er war nun keinesfalls heiser, sondern sprach unerkältetes Berlinerisch. Aber das war gar nicht das Schlimmste – Berlinerisch konnte aus bestimmten Mündern durchaus sexy klingen –, nein, es war die Tonlage. Seine Stimme war hoch, viel zu hoch, ja, er klang beinahe kastriert. Und dazu dieses pubertär gestammelte: Is det jeil! Sie liebte Sprache im Bett, aber doch bitte mit Niveau! Der Mann war eine glatte Sechs, da gab es kein Pardon! Sie rührte sich nicht und wiederholte unbarmherzig ihre Frage. »Wer bist du?«

Stöhnend unter ihrem Gewicht, gestand er alles. Er sei Peter, ein Kollege und Freund von Martin. Der sei verhindert gewesen und habe ihn gebeten, dieses Date wahrzunehmen. Er habe von ihm verlangt, daß er nicht rede, sondern schwer erkältet simuliere.

»Und?« fragte seine Peinigerin in scharfem Ton, »solltest du ihn auch beim Sex vertreten?« Der arme Peter kam jetzt ins Stottern: »Nee, dette hat er nich jesacht, im Jejenteil, kehn Sex, aber ikke wa ... bei so 'ner scharfen Braut.« Ihre Antwort war eine Kopfnuß. Das hatte er nun von seiner Ehrlichkeit! Dann gab sie ihr Opfer frei und forderte ihn auf, unverzüglich die Wohnung zu verlassen.

Er machte noch einen letzten Versuch: »Aber det war doch alles super mit uns beden. Wolln wir nich ...?« Die Antwort war mehr als deutlich. Sie sammelte seine im Raum verstreuten Kleidungsstücke ein und schmiß sie ihm unsanft an den Kopf. Als sie ihn gewaltsam zur Haustüre schob, fragte er ängstlich: »Aber nich 'm Martin petzen, wa?« Sie warf die Haustür mit einem lauten Knall hinter ihm zu.

Am nächsten Tag erschien sie mürrisch zur Arbeit. Als Thomas eine anzügliche Bemerkung machte, schoß sie gleich zurück. Ob 75 D im Bett auch schön blöde gequiekt habe? fragte sie ihn. Sie erledigte ihren Job mehr schlecht als recht und dachte ernsthaft darüber nach, ob sie wegen ihrer Stimmfixierung nicht doch einen Therapeuten in Anspruch nehmen sollte. Melanie erzählte sie nichts von diesem Reinfall.

Kurz vor Feierabend rief Martin an. Es täte ihm leid, er sei gestern so erkältet gewesen. Ansonsten hätte er sie gern noch ein bißchen näher kennengelernt ... Jeder Ton ein Treffer.

Sie ließ ihn nicht ausreden, sondern warf den Hörer auf die Gabel und rannte los. Als sie außer Atem an der Rezeption von »Light und Ton« stand, fragte sie den Mann dort keuchend: »Wo gibt es hier einen Martin?« Er schwieg, doch sie sah ihn fordernd an und wiederholte ihre Frage: »Wo finde ich einen Martin?«

Er aber fragte nur: »Welchen Martin?« Sie erstarrte und befahl: »Sag's noch einmal!« Er wiederholte es. So ging es noch einige Male hin und her. Zu der Stimme gehörte ein großer dunkelgelockter Mann mit haselnußbraunen Augen.

»Warum in aller Welt hast du mir diesen Blödmann geschickt?« Nora fixierte die Stimme.

»Ich, ich, ich ...« Weiter kam er nicht. Er verstummte.

Nora sah ihn fordernd an: »Warum?«

Er lief knallrot an und begann zu stottern. Er sei von Natur aus schüchtern, er könne nur am Telefon flirten. Immer, wenn er einer Frau gegenüberstehe, passiere das eben ... Nora hatte genug gehört und rannte panisch davon. Sie stürzte sich wahllos in einige Abenteuer, doch nachdem einer geschwäbelt, der andere gesächselt und ein dritter unter Wortfindungsschwierigkeiten gelitten hatte, mußte sie sich zugestehen, daß sie immer noch an Martin dachte.

Als Nora ihm die freudige Botschaft überbrachte, war er außer sich vor Glück. Bereits nach drei Tagen intensiver Behandlung hatte er seine stotternde Unsicherheit völlig abgelegt und war für alle Zeiten geheilt. Es folgten unbeschreibliche Zeiten, doch als sie eines Tages den Wunsch äußerte, jetzt, wo alles klar sei, auch seine Familie kennenzulernen, machte er sich geistesgegenwärtig zum Vollwaisen. Er konnte Nora einfach nicht mit nach Hause nehmen. Das würde sie nicht überleben! So eisern er auch an sich gearbeitet hatte, um jegliche Dialekt-Färbung zu verbannen, im Kreis seiner Familie fiel er ganz automatisch in die Sprache seiner Heimat zurück ..., und sein Heimatdorf, das lag nun einmal mitten im tiefsten Sauerland!

Nichts unter einem Millionär

Marliese besaß ein unschätzbares Kapital: fünfundneunzig, sechzig, neunzig! Das bei ein Meter neunundsiebzig! Dazu ein schmales ebenmäßiges Gesicht mit ausgeprägten Wangenknochen, dicke glatte dunkle Haare und grüne mandelförmige Augen. Die Natur hatte bei ihr wirklich nicht gegeizt. Diesen Überfluß an Schönheit hätte man gerechterweise auf vier Frauen verteilen müssen, aber was ist schon gerecht im Leben? Marliese war sich dieses Schatzes durchaus bewußt und hatte schon im Alter von zehn beschlossen, diesen später einmal gewinnbringend anzulegen. Mittlerweile war sie aber schon Ende zwanzig, und es hatte noch immer nicht geklappt mit der Kapitalanlage. Sie war ihm noch nicht begegnet. Dem Mann, der die passende Ergänzung zu ihrer Schönheit liefern sollte: den Reichtum! Sie war keinesfalls der Typ Groupie, der sich in Bars oder einschlägigen Ferienorten einen Millionär aufreißen würde. Solche Mädels pflegte sie schlichtweg als »Hohlkirschen« zu bezeichnen. Nein, sie hatte das Gefühl, so ein millionenschweres Pendant werde ihr einfach über den Weg laufen. Männer konnte sie jedenfalls genügend bekommen. Ihre Freundin Rike war jedesmal sprachlos, wenn Marliese sich über diese zahlreichen nervigen Verehrer bei ihr beklagte. Rike hatte es nämlich im Gegensatz zu ihrer schönen Freundin nicht so leicht, die Herren der Schöpfung überhaupt für sich zu interessieren. Sie war lieb und nett, aber versteckt unter achtzig, siebzig, fünfundneunzig mußte das ein Mann erst einmal erkennen. Und das bei ganzen einsdreiundsechzig. Sie verstand überhaupt nicht, daß Marliese all diese ganzen tollen Männer immer einfach so abblitzen ließ. Einige dieser Prachtkerle waren finanziell gar nicht so schlecht bestückt. Moritz beispielsweise, der sich als Urologe niedergelassen hatte. Aber er gehörte nun einmal nicht zu der Liga, in der Marliese spielen wollte. Sie hatte sich darauf versteift, einen echten Millionenerben zu heiraten. Das fand Rike zwar völlig überspannt, aber die zielstrebige Marliese ließ sich durch nichts davon abbringen. Im Gegenteil, sie wurde langsam unruhig, weil sie ihm bislang immer noch nicht begegnet war. Sie nahm sich vor, eine passende Anzeige aufzugeben, wenn es nicht bald von selbst passieren würde, aber glücklicherweise geschah es dann doch noch rechtzeitig. Das empfand Marliese allein schon deshalb als Erleichterung, weil sie gar nicht gewußt hätte, wie man eine solche Anzeige formulieren sollte. Ihr waren nur so blöde Texte eingefallen wie: Gazelle sucht Goldesel!

Marliese war allerdings nicht so eindimensional strukturiert, daß sich ihr Leben ausschließlich darum drehte, diesen Millionär zu finden. Nein, sie liebte auch ihren Beruf über alles. Sie hatte eine Ausbildung zur Floristin gemacht und betrieb einen kleinen feinen Blumenladen. Natürlich war ihr durchaus bewußt, daß bei ihrer Berufswahl das Klischee Pate gestanden hatte. »My fair Lady«, das hatte sie als Kind geradezu verschlungen. Statt Kinderkassette mußte ihre Mutter ihr immer wieder dieses Musical vorspielen, und schon träumte sich die Kleine in eine andere Welt hinein. Dabei stammte sie keinesfalls aus den sogenannten einfachen Verhältnissen, auch wenn es nach außen so wirken mochte. Ihr Vater war ein gut verdienender, aber krankhaft geiziger Beamter gewesen. Letztlich hatte das sogar einen kleinen Vorteil gehabt, denn als ihr Vater vor ein paar Jahren starb, hinterließ er Marliese so viel Geld, daß sie sich ihren Traum vom eigenen Blumenladen erfüllen konnte. In ihrem Geschäft mit dem wohlklingenden Namen »Tausend Rosen« gingen natürlich auch attraktive Männer ein und aus. Manch ein Kunde, der eigentlich gekommen war, um seine Liebste mit einem Strauß Rosen zu überraschen, bezahlte die Blumen und schenkte sie dann ihr! Man hatte ihr auch schon Heiratsanträge gemacht, aber es war nie der richtige Kontostand dabeigewesen. Marliese lebte keineswegs wie eine Nonne, aber sie machte ihrem derzeitigen Lover immer deutlich, daß es für mehr nicht reiche. Es war auch nicht so, daß sie sich nie verliebte. Im Gegenteil, sie ließ sich hin und wieder sogar auf Sachen mit Herz ein, aber bei der Auswahl ihres zukünftigen Ehemannes und dem Vater ihrer Kinder schien ihr das kein geeignetes Kriterium zu sein. Das hatte sie schließlich an ihrer Mutter gesehen. Marlieses Vater war deren große Liebe gewesen, und was hatte sie davon gehabt? Einen knickrigen Ehemann, der jeden Pfennig dreimal ungedreht hatte. Und schon war Marliese in Gedanken wieder beim Geld. Wie sollte ohne Geld echte Lebensfreude aufkommen? Auch das hatte Marliese zu Hause schließlich selber erlebt. Verkniffene Gesichter und der stereotype Spruch ihres Vaters: »Das können wir uns aber nicht leisten!«

Es geschah aber nicht in ihrem Laden, sondern in einer kubanischen Bar. An diesem Tag gab es für Rike etwas zu feiern: Sie hatte endlich einen Mann und, wie sie betonte, auch noch den richtigen gefunden. Marliese freute sich natürlich für die Freundin, war aber ungehalten, daß Rike sie nun dazu einlud, Heribert auch noch zu begutachten. Allein der Name! Bestimmt sah er auch so aus. Marliese kannte Rikes Vorliebe für ältere Müsli-Männer, diese selten gewordenen Siebziger-Jahre-Auslaufmodelle, nur zu gut. Wahrscheinlich trug er einen Bart, rauchte Pfeife und arbeitete als Sozialpädagoge bei einer Suchtberatungsstelle. Jedenfalls hatte das Rikes letzter Freund Rolf getan! Marliese versuchte krampfhaft, noch einen Grund zu finden, nicht zu Heriberts Besichtigung erscheinen zu müssen. Allein diese verqualmte Bar. Sie konnte den Laden nicht leiden, aber es war nun einmal Rikes Lieblingskneipe. Kein Wunder, daß sie ihre Typen immer dort kennenlernte. Die Bar war voll mit diesen alternativen Losern, die einen auf lässig kubanisch machen wollten! Hier herrschte die Diktatur des Ungepflegten. Marliese hatte, nur um diesem Termin zu entgehen, versucht, den Blumenmarkt vorzuschieben. Sie müsse morgen früh schon um fünf dort sein! Rike kannte ihre Freundin nur zu gut und hatte das Argument ganz cool entkräftet: »Morgen ist Sonntag, mein Schatz, da gibt's es keine Blumen!«

Dann hatte Rike ihr unmißverständlich zu verstehen gegeben, sie solle sich zur Abwechslung auch einmal ihre Typen angucken. Schließlich müsse sie sich andauernd diesen Mist von dem Millionär, der sie eines Tages vom Fleck weg heiraten werde, anhören.

Das hatte Marliese schließlich eingesehen und erschien deshalb pünktlich am verabredeten Ort. Allerdings mit entsprechend mieser Laune. Auf einen Blick konnte sie erkennen, daß das hier nur ein verlorener Abend werden konnte. Ihre Zeit lief, und in dieser Kneipe schien es ausschließlich Männer zu geben, die wahrscheinlich nicht einmal einen Dispo-Kredit besaßen. An einen Millionär war hier schon gar nicht zu denken! Durch die Rauchschwaden hindurch winkte Rike ihrer Freundin schon übermütig zu. Marliese war ehrlich erstaunt darüber, wie Rike sich aufgebrezelt hatte. Strahlend und in einen heißen Fummel gezwängt, den Marliese noch nie zuvor an ihr gesehen hatte, stellte Rike ihr Heribert vor, einen Hünen mit Bart, Brille und einer Pfeife im Mund. Sozialfuzzi, dachte Marliese und erwiderte seinen kräftigen Händedruck. »Komm, setz dich zwischen uns!« forderte Rike sie auf, und schon fand sich Marliese auf dem roten Sofa neben Heribert wieder. Der sieht nicht nur so aus wie Heribert, der ist auch so angezogen, schoß es Marliese durch den Kopf, während sie seine abgewetzte Hose musterte. Cord ist ja wieder modern, aber die stammt wohl noch original aus den Siebzigern! dachte sie gehässig. Dabei versuchte sie, verbindlich zu lächeln. Wie nur sollte sie diesen Abend überstehen? Vielleicht sollte sie Heribert, den Waldschrat, einmal fragen, wo er arbeitete. Solche Männer waren doch überglücklich, wenn sie von ihren Projekten erzählen durften. Also stellte sie die Frage nach seinem Beruf möglichst interessiert, doch bevor er etwas sagen konnte – er hatte ja die Pfeife im Mund –, antwortete die völlig aufgekratzte Rike für ihn: »Heribert besitzt ein Fahrradgeschäft, ein richtig tolles Fahrradgeschäft!« Um Himmels willen. Das war ja noch schlimmer, als sie befürchtet hatte. Mußte sie sich jetzt etwa den ganzen Abend über Mountainbikes unterhalten? Doch Rike war noch nicht ganz fertig mit der Vorstellung ihres Herzallerliebsten: »Der Laden läuft irre gut. Mußt du wissen! Bei dem Namen! Holtenstetter. Da verkaufen sich selbst Fahrräder noch einmal so gut!« Rike schien ja schier außer sich vor Stolz über ihren tollen Freund. Holtenstetter? Holtenstetter? Wo hatte Marliese den Namen schon einmal gehört? Natürlich, das war der Name einer großen Maklerfirma, die nur Villen und Schlösser im Programm hatte. Oder Privatinseln! Von dem Chef wurde gesagt, er sei inzwischen mehrfacher Millionär. Aber was hatte dieser reichlich heruntergekommene Fahrradhansel damit zu tun? Ihm gehörte diese sagenhafte Firma mit Sicherheit nicht, aber hatte sie nicht neulich in der Zeitung gelesen, Holtenstetter habe zwei Söhne? Natürlich! Na ja, wenn man den Mann rasieren und neu einkleiden würde ...

Marliese stellte sich dumm: »Sorry, ich weiß leider nichts anzufangen mit dem Namen. Noch nie gehört!«

»Doch!« insistierte Rike, »das ist doch diese Turbomaklerfirma!«

Marliese machte weiter auf blöd: »Ja und? Ich denke, er handelt mit Rädern, nicht mit Häusern!«

»Er ist ja auch nur der Sohn vom alten Holtenstetter, aber das ist ganz häufig so, daß die Käufer im Laden ihn darauf ansprechen. Tun sie doch, oder?«

Es war Heribert anzumerken, daß ihm das Gespräch furchtbar unangenehm war. Er schien nicht besonders stolz auf seine Herkunft zu sein und versuchte jetzt, vom Thema abzulenken: »Ist doch nicht so wichtig, wer mein Vater ist. Mich würde interessieren, was Sie ..., oder kann ich du sagen?« Marliese nickte. »Also du, was machst du so? Beruflich meine ich!«

Marliese hatte schnell geschaltet und sprühte nun förmlich vor Charme.

»Ich verkaufe auch etwas. Aber keine Räder. Meine Produkte zeichnen sich durch ihren wunderbaren Geruch aus. Und es ist kein Parfum!« flötete sie.

»Blumen! Du verkaufst Blumen!« antwortete er wie aus der Pistole geschossen und fügte hinzu: »... ich glaube, ich bin schon einmal in deinem Geschäft gewesen. Wegen Muttertag oder so!«

»Ja??? Wirklich???« fragte sie in einem Ton, als habe er ihr soeben eine absolute Sensation mitgeteilt. Jetzt erinnerte sie sich plötzlich ganz genau an den Artikel. Es war dabei um die wirklich Reichen, die Multimillionäre gegangen. Simple Millionäre gebe es mittlerweile wie Sand am Meer, hatte es in dem Artikel geheißen, aber wer waren die echten Reichen der Stadt? Die Zeitung hatte einige sogar namentlich genannt. Auch Holtenstetter. Natürlich auch Holtenstetter!

Rike begriff schnell und musterte ihre Freundin mit einem skeptischen Blick. Sie ahnte jetzt, daß sie Marliese mit diesem Geplapper auf Heriberts Fährte gehetzt hatte! Jedesmal, wenn sie Marliese einen neuen Freund vorstellte, gebärdeten sich diese Männer in deren Gegenwart plötzlich wie verrückt! Aber das war nie wirklich gefährlich gewesen. Keiner hatte auch nur die geringste Chance gehabt, bei Marliese zu landen und mit fliegenden Fahnen zur schönen Freundin zu wechseln. Je mehr Rike darüber nachdachte, desto mehr ärgerte sie sich über sich selbst. Nur um ein bißchen anzugeben und zu demonstrieren, daß auch sie mal einen Klassekerl abkriegen konnte, hatte sie seine Herkunft überhaupt erwähnt. Sie versuchte, die Freundin in einem scherzhaften Ton zu warnen: »Mach dir keine Hoffnungen. Erstens ist er mein Freund! Zweitens erbt er die Firma erst, wenn sein Vater tot ist.« Heribert sah Rike verständnislos an. Was redete sie denn da für einen ausgemachten Blödsinn? Rike aber sah jetzt grinsend von einem zum anderen und erklärte lachend: »Meine Freundin Marliese steht nämlich auf Millionäre, mußt du wissen!« Heribert war etwas verlegen und versuchte nun seinerseits, auf den Scherz einzugehen:

»Da mußt du dich noch ein paar Jahre gedulden. Mein Vater ist erst Ende Sechzig und, soviel ich weiß, fit wie ein Turnschuh!« Er hielt das Ganze natürlich für eine Frotzelei unter guten Freundinnen.

Marliese war sich noch nicht ganz sicher, ob sie ihn nehmen sollte oder nicht. Natürlich war er alles andere als ihr Typ, doch was schadete ein zweiter Blick? Den riskierte sie nun unauffällig, doch dadurch wurde ihr Eindruck keinesfalls besser: Er trug einen richtigen Rauschebart. So ein Exemplar hatte Marliese wirklich schon lange nicht mehr frei herumlaufen sehen! Unglaublich! Aber das waren ja nur Äußerlichkeiten, und die ließen sich ändern. Wahrscheinlich revoltierte er in diesem unmöglichen Aufzug gegen sein Elternhaus. Befand sich noch in der postpubertären Phase. Auch daran ließ sich durch den richtigen Umgang mit Sicherheit erfolgreich arbeiten! Daß er sie attraktiv fand, daran bestand kein Zweifel. Gut, da war noch Rike, aber die würde bald wieder einen Sozialpädagogen finden, der besser zu ihr paßte. Mit einem Millionär würde sie doch nichts anfangen können. Marliese Holtenstetter hörte sich jedenfalls gar nicht übel an. Natürlich würde er seinen Bart abnehmen und sich völlig neu einkleiden müssen! Die Sache war beschlossen. Marlies hatte sich entschieden.

Doch statt sich seiner zukünftigen Ehefrau zuzuwenden, legte Heribert seinen Arm liebevoll um Rike und gab ihr einen zärtlichen Kuß auf die Nase. Obwohl Marliese Küsse auf die Nasenspitze zutiefst verabscheute, vor allem wenn sie auch noch feucht waren, konnte sie einen Anflug von Neid nicht unterdrücken. Dieser Kuß allerdings war nur der Anfang. Von nun an turtelten die beiden so innig verliebt, daß Marliese bereits nach einer Stunde aufstand und sich verabschiedete. Selbst beim Abschied blieb der Erbe cool. Sie preßte sich an ihn, aber er tat so, als merke er gar nichts von ihrer Annäherung. Auch als sie ihm einen Kuß auf die Wange gab und säuselte, wie nett es doch gewesen sei, seine Bekanntschaft zu machen, reagierte er freundlich distanziert.

Marliese stürzte sich zu Hause erst einmal auf den Stapel mit dem Altpapier. So lange war es doch noch nicht her mit dem Artikel. Und tatsächlich, dort stand es schwarz auf weiß. Mit einem Familienfoto und der Bildunterschrift: »Die Erbengeneration«. Marliese beschloß ganz unsentimental, so bald wie möglich Frau Holtenstetter zu werden. Auch wenn er jetzt noch nicht erbte, es gab eine Ferienwohnung in Monaco, ein Chalet in der Schweiz, und auch das Anwesen der Familie vor Ort sollte laut Zeitungsbericht angeblich gigantische Ausmaße besitzen. Da gab es nichts mehr zu überlegen, und auf dem Foto sah er sogar ganz niedlich aus. Gut, da war er erst zwölf …

Marliese wußte auch schon genau, wie sie möglichst unauffällig den Kontakt zu ihm herstellen würde. Treffen zu dritt waren für ihre Pläne gänzlich ungeeignet. Rike hatte ihr nach dem kubanischen Abend mehrfach auf den Anrufbeantworter gesprochen. Marliese antwortete nicht, denn sie ahnte ja, was

Rike auf dem Herzen hatte. Sie wollte sie bestimmt moralisch unter Druck setzten, daß sie ihr ja nicht den Freund ausspannen solle, aber was konnte sie dagegen tun? Hier standen sich ein bißchen Verliebtheit und die Verwirklichung eines Lebenstraums gegenüber. Die Prioritäten waren klar! Das würde selbst Rike eines Tages einsehen müssen. Schließlich tat Marliese es nicht aus Boshaftigkeit. Nein, eine Zicke war sie wirklich nicht!

Als es soweit war, suchte sich Marliese ihre Garderobe besonders sorgfältig aus. Sie hatte versucht, sich in ihn hineinzuversetzen. In welchem Outfit würde sie wohl einem alternativen Fahrradfreak gefallen, der aber im Luxus groß geworden war? Sie entschied sich für sportlich und teuer. Und in der Tat, Heribert schien ehrlich erfreut, als sie plötzlich in seinem Laden auftauchte und bei ihm ein Fahrrad kaufen wollte. Er beriet sie intensiv und fachkundig, sie aber gab vor, sich noch nicht so recht zwischen zwei Modellen entscheiden zu können. Er konnte natürlich nicht wissen, daß sie zunächst einmal ihr nagelneues Rad würde loswerden müssen. Ausgerechnet vierzehn Tage zuvor hatte sie dieses Traumrad erstanden. Sie fragte ihn, ob er sie nicht vielleicht außerhalb des Ladens beraten könne, denn es sei ja schließlich eine schwere Entscheidung, ob man fünfhundert oder tausend Mark ausgebe. Das gefiel ihm. Er ging sofort auf ihren Vorschlag ein, und Marliese wähnte sich bereits am Ziel. Als sie sich nach Ladenschluß in ihrem Lieblingsbistro trafen, war es ihr allerdings eher peinlich, als er an den Tisch geschlurft kam. Er trug noch die speckige Hose aus dem Geschäft, und auch sein Pullover ließ zu wünschen übrig.

Das paßte überhaupt nicht zu den elegant durchgestylten übrigen Gästen. Allesamt Schwarzträger! Marliese hatte fast den Eindruck, einige der Leute, die sie locker kannten, lästerten hinter ihrem Rücken über ihre neue Eroberung. Das nächste Mal würden sie einfach vorher einkaufen gehen müssen. Und in jedem Fall war eines klar: Der Bart mußte ab! Sie versuchte trotzdem, ihn auch in diesem desolaten Zustand ein wenig anzuflirten, aber er ging überhaupt nicht darauf ein. Im Gegenteil, er dozierte fachmännisch über die Vorteile von Shimano-Bremsen! Auch als sie wie zufällig ihre Hand auf seine legte, ließ er sich nicht stören. Marliese wurde unruhig. Sie hatte wenig Lust, sich Heribert auch noch erobern zu müssen, doch als er so gar nicht auf sie ansprang, mußte sie wohl oder übel ein wenig nachhelfen. Sie gab ihm zum Abschied einen Kuß auf den Mund, und siehe da, er erwiderte ihn. Für Marliese war der Fall damit klar, und sie glaubte, ihren Ohren nicht zu trauen, als er schuldbewußt murmelte: »Tut mir leid, aber ich kann so was nicht. Das ist unfair Rike gegenüber!« Was sollte sie sagen? Hör mal, da hatte bislang noch keiner ihrer Macker Skrupel? Nein, sie reagierte verständnisvoll und heuchelte, das täte ihr auch leid. Das sei einfach so passiert. Weil sie ihn so nett finde! Er sah sie ein wenig traurig an und fuhr auf seinem Rennrad davon. Kaum betrat sie ihre Wohnung, rief Rike an. Sie redete aber auch nicht lange herum, sondern kam zügig und mit leicht zitternder Stimme auf den Punkt:

»Ich muß wissen, ob du mir Heribert wegnehmen willst.«

»Aber nein, wie kommst du denn darauf?« antwortete Marliese voller Empörung.

»Ich dachte nur!« Rike schien ein wenig erleichtert.

Jetzt oder nie! Marliese wählte ihre Worte sehr geschickt: »Ich weiß gar nicht, wie ich es dir sagen soll ...« Sie machte eine geschickte Pause und hörte Rike an der anderen Seite schwer atmen: »Was?«

»Es ist blöd, aber es geht in diesem Fall nicht anders!«

Und wieder wartete sie einen kleinen Augenblick, bis sie weitersprach:

»Ich denke, du wirst ihn mir freiwillig überlassen!«

Sie hörte ihre Freundin trocken schlucken und stammeln: »Freiwillig?«

»Genau!« erwiderte Marliese gut gelaunt. »Du schreibst ihm jetzt einen kleinen Brief, in dem du ihm mitteilst, daß du dich von ihm trennst. Wegen eines anderen! Und hast dabei noch einen prima Abgang oder ...«

»Oder was?« Rike stellte diese Frage, obwohl sie die Antwort bereits kannte. Marlieses Stimme wurde weich und einschmeichelnd: »Oder ich müßte aktiv werden, und er wird dich meinetwegen verlassen!« Jetzt klang ihre Stimme flehend: »Rike, es ist meine Chance!«

Rike schwieg, sagte nach einer Weile tonlos: »Okay!« und legte auf.

Jetzt hatte Marliese freie Bahn und wollte gerade entscheiden, ob sie es noch einmal über das Fahrrad versuchen solle, als ihr das Schicksal unverhofft zu Hilfe kam. Sie hörte es im Radio: Alfons Holtenstetter war mit seiner Privatmaschine abgestürzt. Auch seine Frau hatte mit im Flugzeug gesessen.

Natürlich konnte Marliese keine Träne über den Tod ihrer zukünftigen Schwiegereltern vergießen. Wo sie diese doch noch nicht einmal kennengelernt hatte! Ihr kam es allerdings selber ein wenig pietätlos vor, daß sie zu den Klängen ihrer Lieblings-CD durch das Zimmer tanzte und dabei in Gedanken den ultimativen Kondolenzbrief verfaßte. Er wurde ein Meisterwerk der Emotionen. Sie versäumte nicht, darauf hinzuweisen, daß sie selber erst vor ein paar Jahren ihren Vater verloren hatte. Und natürlich erwähnte sie, wie tragisch es sei, daß Rike ihn gerade jetzt verlassen habe. Sie verstehe das ja auch nicht. Er sei so ein toller Mann, und wenn er einmal eine Schulter zum Anlehnen brauchte, dann könne er jederzeit ihre nehmen … Marliese hatte noch nie in ihrem Leben so einen triefenden Schmalz geschrieben, aber für ihre Zwecke war er nahezu perfekt. Jedenfalls so perfekt, daß er sich einfach bei ihr melden mußte! Heribert Holtenstetter, der unglückliche Mulimillionär! Und tatsächlich, schon ein paar Tage später stand er plötzlich in ihrem Blumenladen. Ob sie einen Kranz machen könne mit einer Schleife: Euer Sohn Heribert? Natürlich konnte sie. Und sie nahm ihn auch gleich tröstend in den Arm, drückte ihn und murmelte immer wieder, wie leid ihr das alles tue. Er streichelte ihr sanft über das Haar und fragte, ob er sie anrufen dürfe, wenn alles vorbei sei? Sie erlaubte es ihm, während sie darüber nachdachte, wie sie ihn dazu bringen könne, sie trotz des Trauerfalls schnellstens zu heiraten.

Er meldete sich bereits am nächsten Abend. Das war ein gutes Zeichen. Marlieses Traumrolle als Milliardärsgattin stand nichts mehr im Weg. Heribert hatte sich hoffnungslos in sie verliebt und wäre auch schon am ersten Abend mit ihr ins Bett gegangen, wenn sie die wilde Knutscherei nicht abrupt unterbrochen hätte. Sie könne das nicht. Nicht, wenn ein Mann ihr so viel bedeute wie er. Sie wolle keine bloße Bettgeschichte! Sie fädelte es so geschickt ein, daß Heribert geradezu wild entschlossen war, sie zu ehelichen, um in ihr Bett zu kommen. Sogar den Bart ließ er sich ihr zuliebe sofort abrasieren. Daß es darunter so schlimm sein würde, hatte sie allerdings nicht geahnt: Heribert besaß ein fliehendes Kinn, sprich: gar keines! Aber sonst ist er ganz stattlich, sprach sich Marliese täglich neuen Mut zu.

Die Blitzhochzeit wurde zu ihrer großen Enttäuschung nicht im Hause Holtenstetter gefeiert, sondern im Fahrradladen. Auch das nahm Marliese noch in Kauf, doch schon am Tag nach der Hochzeit zeigte Frau Marliese Holtenstetter ihr wahres Gesicht. Sie drängte ihren Mann dazu, ihr endlich sein Elternhaus zu zeigen. Sie konnte es kaum erwarten. Schließlich würden sie in Zukunft in der Familienvilla leben. Dort sollten ihre Kinder aufwachsen. Zu ihrer großen Freude war das Anwesen noch viel prächtiger, als sie es sich vorgestellt hatte. Das sah man bereits von der Straße aus. Eine Mauer mit einem riesigen schmiedeeisernen Tor schützte das Grundstück vor unliebsamen Besuchern. Dafür hatte sich alles gelohnt. Dessen war sich Marliese sicher. Hier würde sie residieren. Und dann gab es ja noch das Chalet und die Wohnung in Monaco. »Wahnsinn!« rief sie aus und drückte die Hand ihres Gatten.

»Findest du?« fragte er, während er langsam an dem Haus vorbeifuhr. »Mein Bruder überlegt schon, ob er es nicht verkaufen soll.«

»Das werden wir aber nicht zulassen!« Sie konnte kaum den Unmut in ihrer Stimme unterdrücken. Heribert bremste abrupt, hielt an und fragte etwas verwirrt: »Wie, wir? Der Kasten gehört ihm!«

Sie verstand: »Ach so, das hat er geerbt! Na, dann kaufen wir uns eben ein anderes!« Er lachte laut auf: »Von welchem Geld?« Jetzt war sie sichtlich verwirrt: »Na, von deinem Erbe!« Er schwieg einen Augenblick lang und sah sie prüfend an: »Aber, mein Vater hat mich doch enterbt!«

Marliese wollte nicht glauben, was sie da gerade hörte. Er versuchte doch lediglich, sie zu testen. Er wollte herausfinden, ob sie ihn nur wegen seines Geldes geheiratet hatte. In diese Fall würde sie nicht tappen! Sie umarmte ihn zärtlich: »Aber Schatz, auch das wäre mir doch völlig egal! Ich hab dich doch lieb!« Erleichtert küßte er seine Frau: »Wie schön, daß du das jetzt sagst. Ich wollte das dreckige Geld vom Alten nämlich nicht, verstehst du? Das habe ich ihm auch ins Gesicht gesagt. Es hat einen Riesenstreit gegeben, und er hat gewettert, ich sei nicht mehr sein Sohn, und mich enterbt. Und er hat so viele Leute so mies beschissen, daß ich meinen Pflichtteil gleich einem Verein für Obdachlose gespendet habe.« Heribert sah in ihre schreckensweiten Augen, nahm sie in den Arm und fügte beruhigend hinzu: »Aber keine Angst, mein Schatz, hunderttausend Mark habe ich dann doch behalten, damit ich meinen Laden vergrößern kann. Ich habe jetzt eine Verantwortung und will meiner schönen Frau doch schließlich auch was bieten!« Es gab ein widerlich knackendes Geräusch, als Sekunden später Heriberts Nasenbein brach.

Die Patientin

Marion sah auf ihre teure Armbanduhr. Das war das neueste Geschenk ihres Liebsten. Geschmack hatte er, das mußte sie ihm lassen. Überhaupt war er ein attraktiver Traummann. Er sah blendend aus, war beruflich erfolgreich, klug, charmant, witzig und ... und ... und ...! Er hatte überhaupt nur einen einzigen winzig kleinen Schönheitsfehler: Er war verheiratet. Mit einer langweiligen kleinen Hausfrau, wie er glaubwürdig versicherte.

»Warum läßt du dich nicht scheiden?« hatte sie ihn bereits bei ihrem ersten heißen Treffen in einem Luxushotel gefragt. Ihm waren fast die Tränen gekommen, als er ihr den Grund genannt hatte: Er wolle ja, aber seine Frau sei so unselbständig, so hilflos, so abhängig von ihm, daß er es alles ganz vorsichtig würde einfädeln müssen. Er befürchtete, sie bringe sich sonst um!

Marion hatte diese Kröte geschluckt. Schließlich wollte sie nicht schuld sein, wenn seine Frau sich aus dem Fenster stürzte. Mittlerweile lag das erste Treffen mit ihm über ein Jahr zurück, und immer, wenn sie nachfragte, wann seine Frau denn wohl psychisch in der Lage sei, den Schock ohne Suizid zu überstehen, vertröstete er sie. »Laß mir noch ein paar Wochen Zeit!« Marion war kein Unmensch. Schließlich gab es da noch zwei kleine Kinder. Nicht auszudenken, daß die Frau sich wirklich umbrachte. Dann nämlich würde sie nicht nur ihn bekommen, sondern die zwei Kleinen gleich dazu. Sie hatte nichts gegen Kinder, aber doch bitte nicht auf ihrem Parkettboden! Allein die Vorstellung, kleine Kinderhände würden an ihre Glasvitrinen patschen ... Nun gut, die beiden waren schon über zehn, aber trotzdem. Marion zeigte sich sehr tolerant und setzte ihn lange Zeit nicht unter Druck. Die Nachmittage im Hotel waren wunderschön und entschädigten sie für die vielen Abende, die sie sich nicht treffen konnten. Sie gingen immer in dasselbe Hotel. Jeden Mittwochnachmittag gehörte die Suite 509 nur ihnen.

»Ihren Mittwochmann«, nannte sie ihn manchmal scherzhaft. Über Nacht konnte er in der Regel nicht bleiben, aber immer, wenn seine Frau zu ihren Eltern fuhr, verbrachten sie diese Nacht zusammen in 509. Glücklicherweise liebte seine Frau ihre Eltern und fuhr mindestens einmal im Monat dorthin. Da Marion eine vielbeschäftigte Therapeutin war, vermißte sie den Alltag mit ihm zunächst nicht. Über ein Jahr lief alles wunderbar, doch dann hatte sie plötzlich das starke Bedürfnis, mit ihm zu verreisen, und sie setzte ihm ein Ultimatum: Die nächsten drei Monate habe er noch Zeit, seine zartbesaitete Gattin mit der Realität vertraut zu machen. Sollte er das nicht schaffen, werde sie sich von ihm trennen. Dr. Karsten Meier weinte, flehte und bettelte, sie dürfe ihn nicht verlassen. Bitteeee!

Marion machte ihm deutlich, das habe sie auch nicht vor. Sie beabsichtige sogar, ihn zu heiraten, aber er müsse sich nun ein Herz fassen und seiner Frau die Wahrheit sagen. Sonst, ja sonst müsse sie ihn verlassen. Auch andere Mütter hätten schließlich hübsche Söhne. Wieder weinte er, und sie hatte einen kurzen Moment lang Sorge, er könne unter einer Mutterfixierung leiden, aber er rappelte sich schnell wieder auf und verkündete in männlich markigem Ton: »Ich werde das Nötige veranlassen. Vertrau mir!« Dann verschwand er ohne weitere Erklärung aus dem Zimmer 509 und kehrte mit jener Uhr zurück.

Diese zeigte jetzt bereits fünf nach vier, und Marion trommelte nervös mit ihren Fingern auf der Tischplatte herum. Sie haßte es, wenn Patienten zu spät kamen, besonders zum ersten Gespräch. Jetzt hörte sie ein kurzes Klingeln, und sie öffnete. Der erste Eindruck war entscheidend: Diese Frau keuchte, japste und entschuldigte sich fast unter Tränen für die Verspätung: »Entschuldigen Sie bitte, das ist gar nicht meine Art. Ich kann es nicht leiden, zu spät zu kommen, aber die Parkplätze und dieser Verkehr! Wissen Sie, ich fahre ungern in die Stadt und das im Berufsverkehr!« Mit diesen Worten zog sie ihren Mantel aus. Zum Vorschein kam eine zierliche, fast mädchenhafte Frau, deren blondes Haar glattgekämmt war, wie überhaupt alles an dieser Patientin ordentlich aussah. Nur die hektischen roten Flecke in ihrem Gesicht paßten nicht zu der akkuraten Erscheinung. Marion schätzte sie auf Ende Dreißig und wußte nicht, warum sie sich so zu ihr hingezogen fühlte. Sie wirkte ein wenig schüchtern, fast wie ein Vogel, der aus dem Nest gefallen war. So hilflos. Sie machte einen schuldbewußten, schutzbedürftigen Eindruck. Marion spürte förmlich den Impuls, sie in den Arm zu nehmen und zu trösten. Statt dessen bat sie die neue Patientin höflich in ihr Zimmer. Marions Sprechzimmer war geräumig, die Wände waren in einer Wischtechnik gestrichen und hatten einen leicht rosafarbenen Schimmer, der Schreibtisch hatte etwas von einem Damensekretär, und für die Klienten stand einladend ein bequemer Korbsessel bereit. Marions Praxis war schon lange kein Geheimtip mehr. Sie war eine Koryphäe auf dem Gebiet der Familientherapie.

Marion setzte sich ihrer Patientin gegenüber und bat sie nun, zunächst einmal ihre Personalien anzugeben. Das tat die zierliche Blonde bereitwillig. Sie hieß Meier, war Hausfrau und Mutter zweier Kinder. Während sie das sagte, zitterten ihre Hände. Marion ahnte, worum es hier ging: Hausfrauen am Rande des Nervenzusammenbruchs. Da kannte sie sich aus. Marion lächelte die Frau aufmunternd an und fragte sanft: »Mögen Sie einmal erzählen, warum Sie hergekommen sind?« Als hätte sie es geahnt. Die Patientin brach in ein herzzerreißendes Geschluchze aus. Marion zog ein Papiertaschentuch aus der für solche Fälle bereitliegenden Packung und reichte ihr das mit den Worten: »Lassen Sie Ihre Tränen fließen. Das ist völlig in Ordnung!«

»Nein«, stammelte die weinende Frau, »das ist nicht in Ordnung. Ich heule neuerdings wegen jeder Kleinigkeit. Mich braucht nur einer schief anzusehen. Dann heule ich. Dabei sind alle schon so vorsichtig im Umgang mit mir. Ich schaffe ja auch noch alles, den Haushalt, die Kinder, aber ...« Wieder schluchzte sie laut auf. Schließlich bekam Marion einen ersten Eindruck von der Lebenssituation dieser Dame. Fast ein Klischee: Sie hatte studiert, geheiratet, einen Arzt, als sie schwanger wurde, war sie zu Hause geblieben. Und sie versicherte Marion mehrfach, daß das ihr Lebensinhalt sei, sie sei ja so glücklich, so ausgefüllt, aber ihr Mann, der habe sich so verändert in letzter Zeit! Natürlich, Schätzchen, der hat eine andere, dachte Marion und schaffte es immerhin, daß Frau Meier den Rest dieser Stunde ohne feuchte Unterbrechungen aus ihrem Alltag erzählte. Ein Leben zwischen Frühstücksbroten, Schulproblemen, Beaufsichtigung der Putzfrau, Kochen, Einkaufen und Einrichten. Als sie von dem großen Haus sprach, leuchteten ihre Augen vor Stolz.

»Machen Sie auch einmal etwas für sich, Frau Meier?« fragte die Therapeutin nun mitfühlend.

»Ja!« Das kam wie aus der Pistole geschossen, »ich begleite ihn zum Tennis und zum Golfspielen.« Marion bemühte sich, nicht laut aufzustöhnen. Sie hatte öfter mit unselbständigen Frauchen zu tun, aber diese hier war der Gipfel. Als könne sie Gedanken lesen, fügte Frau Meier verzweifelt hinzu: »Aber ich kann doch nichts dafür. Ich habe doch keine Zeit!«

Marion sah verstohlen auf ihren Wecker. Noch drei Minuten.

»Frau Meier, Ihre Stunde ist um. Aber ich schlage vor, daß wir uns zunächst noch zehnmal hier sehen. Ich werde das der Kasse entsprechend mitteilen. Sie sind sicherlich bei ihrem Mann mitversichert?« Marion sprach nicht weiter, denn wieder glitzerte es in den Augen der Patientin verdächtig.

»Mein Mann soll das nicht erfahren!« Das klang flehend. »Wenn er erfährt, daß ich hier bin, hält er mich für verrückt. Und Sie müssen wissen: Es ist doch erst so schlimm, seit, seit, seit ... ich habe den Verdacht, Karsten geht fremd!« Die versierte Seelenklempnerin Dr. Marion Öllermann konnte sich gerade noch zusammenreißen, das »Neiinn« nicht laut herauszuschreien. Dieses Weibchen war also Karstens zartbesaitete Gattin? Helen Meier! Um Himmels willen. Was sollte sie tun? Sollte sie ihr sagen: Gnädige Frau, die Kandidatin hat einhundert Punkte. Darf ich mich vorstellen? Ihr zukünftiger Scheidungsgrund! Doch nicht bei dieser Frau! Marions Praxis lag im sechsten Stock, und vom Dach dieses Hauses hatten sich schon ganz andere Lebensmüde gestürzt. Bislang waren glücklicherweise noch keine von ihren Klienten dabeigewesen. Nicht auszudenken. Damit würde sie diesem Rehlein mit den großen erschrocken dreinblickenden braunen Augen den Todesstoß versetzen! Was sollte sie tun? Sie konnte unmöglich Karstens Frau behandeln und sie in dem »Wir-öffnen-uns-mal-dem-Problem-Ton« zur Scheidung therapieren. Nein! Niemals! Das hier war nie passiert. Die Frau durfte nicht noch einmal in ihre Praxis kommen. Auf keinen Fall. Marion ahnte, daß es fürchterlich werden würde, wenn sie sich erst auf deren Geschichte einließe. Da kam ihr der rettende Gedanke: »Frau Meier, es tut mir so leid, da fällt mir doch gerade ein, ich bin ja völlig ausgebucht! Ich kann Sie an einen Kollegen ...« Die Antwort war ein schreckliches Aufschluchzen und Gestammel: »Bitte nicht. Ich möchte zu keinem Mann. Sie sind so vertrauenerweckend. Bitte, und wenn es nur zehnmal ist!« Marion nickte und antwortete schwach: »In Ordnung, aber nur zehn Termine! Aber hören Sie, das wird teuer, wenn Sie das allein ...« Schon hatte Frau Meier aus ihrem Portemonnaie zwei Scheine geholt, sie Marion in die Hand gedrückt und erklärend hinzugefügt: »Ich habe eine kleine Erbschaft gemacht. Die verwaltet mein Mann, aber ich kann hin und wieder etwas abheben. Wann darf ich wiederkommen?« Sie verabredeten einen neuen Termin, und Marion stand noch lange ratlos in ihrem Sprechzimmer. Es war nicht in Ordnung, das wußte sie sehr wohl, aber nun hatte sie sich darauf eingelassen! Vielleicht war es aber auch eine Chance? Wer war besser geeignet als sie, diese Frau zum Ausstieg aus ihrer Ehe zu bewegen? Sie würde ja nichts Böses tun. Im Gegenteil, sie würde dieser Frau zu mehr Selbstbewußtsein verhelfen. Das war doch kein Verbrechen! Sie würde sie dabei unterstützen, eine Scheidung zu verkraften, ohne sich gleich aus dem Fenster zu stürzen. Damit würde Marion ja im Grunde genommen sogar eine gute Tat vollbringen. Wenn diese Frau psychisch stabiler würde, dann wäre das sicher für alle das Beste. Natürlich würde sie die neue Patientin Karsten gegenüber mit keinem Wort erwähnen. Das durfte sie ja auch gar nicht. Nein, sie betrachtete das Ganze rein professionell! Trotzdem zitterten ihre Hände, als sie die Daten der neuen Patientin in ihren Computer eingab.

Der nächste Tag war ein Mittwoch. Wie immer trafen sie sich in 509. Marion parkte wie gewohnt unten in der Tiefgarage und fuhr gleich mit dem Fahrstuhl nach oben. Karsten erwartete sie schon sehnsüchtig. Er sah blendend aus und sprühte vor Charme. Außerdem war er offensichtlich scharf auf sie. Zum erstenmal, seit sie ihn kannte, begegnete sie dem Mann ihrer erotischen und auch sonstigen Träume mit gemischten Gefühlen. Immer wieder schlich sich in die Liebesspiele jene kleine blonde Person ein. Ausgerechnet kurz vor dem Höhepunkt fiel ihr dieser Satz ein: »Mein Mann ist auch nicht mehr dabei, wenn wir miteinander schlafen. Er ist abwesend!« Jetzt ging gar nichts mehr, und Marion zog vor, einen Orgasmus vorzutäuschen. Wenn sie jetzt nicht kam, würde Karsten stundenlang versuchen, sie doch noch zu befriedigen. Er war erst glücklich, wenn auch sie zu ihrem Recht gekommen war. Karsten war ein guter Liebhaber, das stand außer Frage. Als sie nach dem erfolgreich gespielten Höhepunkt scheinbar entspannt in seinen Armen lag, konnte sie sich eine Frage nicht verkneifen: »Schläfst du eigentlich noch mit deiner Frau?« Karsten sah sie entgeistert an: »Wie? Warum willst du das wissen? Du hast mir doch verboten, dir auch nur ein Wort über meine Ehe zu erzählen!«

»Ja und? Man kann doch seine Meinung ändern! Jetzt interessiert es mich!«

Karsten zog sich die Bettdecke über den nackten Körper, als er ihre Frage beantwortete: »Nein, natürlich nicht. Das könnte ich doch gar nicht, aber meine Frau, die fordert das auch nicht. Es ist ihr nicht so wichtig!« Mein Mann ist nicht mehr ganz dabei, wenn wir miteinander schlafen! Er ist so abwesend! Diese Sätze klangen Marion immer noch in den Ohren.

Karsten streichelte liebevoll über die Stirn seiner Geliebten und versuchte, ihre steile Denkerfalte glattzustreichen. Immer wenn sie über etwas nachgrübelte, wurde sie über der Nasenwurzel sichtbar. Er zog sie oft damit auf: »Was denkst du? Wenn du über dein Ultimatum nachdenken solltest, ich werde es einhalten. Aber die drei Monate gibst du mir, oder?«

Marion versuchte, ihre aufgewühlten Gedanken zu beruhigen. Natürlich schlief er noch hin und wieder mit seiner Ehefrau. Das erlebte sie in ihrer Praxis immer wieder bei diesen

Trennungsgeschichten. Und alle Männer versicherten ihren Geliebten, daß sie es nicht mehr täten. Das war völlig normal. Warum sollte Karsten diese eine Ausnahme sein? Marion kuschelte sich tiefer in seinen Arm und vergaß für einen Augenblick die kleine Frau mit den Rehaugen und spürte, daß dieser Mann ihr gehörte. Ihr ganz allein!

Und doch konnte sie den nächsten Termin mit ihrer Patientin Helen Meier kaum erwarten. Als es um Punkt sechzehn Uhr klingelte, spürte sie eine innere Erregtheit. Die Frau sah wesentlich besser aus als beim letztenmal. Sie lächelte und wirkte gar nicht mehr so filigran. Sie war auch nicht so schüchtern und verhuscht, sondern fing sofort an zu plappern: »Stellen Sie sich vor, ich habe einen kleinen Job. Einmal die Woche an der Volkshochschule. Wissen Sie, ich habe doch Sprachen studiert, und nun unterrichte ich Französisch. Ist das nicht ein Glück, daß die gerade jetzt jemanden brauchen? Nächste Woche fange ich an. Ich bin Ihnen ja so unendlich dankbar!«

Marion antwortete in ihrem professionellen Sprachduktus: »Das ist aber sehr schön, daß Sie etwas für sich getan haben. Und wie fühlt sich das an?«

Helen strahlte: »Gut, so gut! Und stellen Sie sich vor, mein Mann findet das auch positiv. Ich fühle mich überhaupt viel sicherer. Habe mich endlich getraut, meinen Mann zu fragen, wo er immer mittwochs ist. Sie müssen wissen, er hat eine Praxis, aber am Mittwochnachmittag ist frei. Habe mich nie getraut, aber wenn ich gewußt hätte, daß er eine Fortbildung macht, dann ...«

Marion hörte gar nicht mehr zu. Und was für eine Fortbildung, Schätzchen! dachte sie jetzt, doch sie war Profi genug, therapeutisch zu fragen: »Erzählen Sie doch mal, was ist in der vergangenen Woche anders gelaufen als vorher?«

Helen überlegte einen Augenblick. Dann lächelte sie: »Ich habe nicht mehr geweint. Die ganze Woche nicht! Ich habe dann immer an meinen Job gedacht. Und ich habe meinem Mann gesagt, daß ich mit ihm schlafen möchte!«

Marion schluckte trocken: »Schön! Und wie hat Ihr Mann darauf reagiert?«

Helen kicherte: »Er hat erst gesagt, er sei so erschöpft von seiner Fortbildung, aber dann hat er es doch getan. Und es war so schön!« Marion biß sich auf die Lippen. Doch bevor sie sich verraten konnte, war die Stimmung der Patientin umgeschlagen. Sie stammelte jetzt schluchzend:

»Ich habe ihm danach gesagt, wenn er mich einmal verläßt, dann bringe ich mich um!«

»O nein!« entfuhr es der Frau Therapeutin erschrocken. Die braunen, jetzt wieder feuchten Rehäuglein sahen Marion fragend an. Die hatte sich sofort wieder im Griff und sprach mit sanfter Stimme: »So etwas dürfen Sie doch nicht sagen! Ist Ihnen Ihr eigenes Leben denn gar nichts wert?«

Marion war fest entschlossen, sich augenblicklich von ihrer blöden Eifersucht zu befreien. Nur weil Karsten noch einmal seinen ehelichen Pflichten nachgekommen war. Das war doch nicht so tragisch, aber warum ausgerechnet am Mittwoch?

Die nächsten Worte ihrer Patientin ließen sie diese Gefühle allerdings vorerst vergessen: »Nicht ohne ihn. Verstehen Sie, er ist mein Leben! Ich habe alles aufgegeben.« Es wurde wirklich allerhöchste Zeit, am Selbstwertgefühl dieses Frauchens massiv zu arbeiten. Hier konnte nur ein starker Vater im Spiel sein! Und tatsächlich, am Ende der Stunde hatte Marion fast den Eindruck, sie habe echt etwas geschafft, denn Helen bedankte sich herzlich: »Sie haben recht! Ich war immer Vaters kleines Töchterchen. Und das bin ich irgendwo auch bei meinem Mann. Ich glaube, ich habe solche Angst, daß ich mir sogar seine Geliebte eingeredet habe. Ein Mann kann doch gar nicht so mit mir schlafen und dann mit einer anderen Frau.«

Kaum hatte ihre Patientin die Praxis verlassen, warf sich Marion wütend auf die Couch, deren Benutzung sie sich für besonders schwere Fälle vorbehielt. Sie weinte hemmungslos auf das grüne Polster und wiederholte immerzu ein paar wenige Worte: »Arschloch! So ein Arschloch!« Sie saß in der Falle. Warum nur hatte sie sich auf diese Patientin eingelassen? Jetzt war es zu spät. Sie konnte ja nicht einmal ihre Wut rauslassen, ihm schlecht an den Kopf werfen: »Du Sau, hast am Mittwoch mit deiner Frau gevögelt!«

Noch acht Therapie-Stunden! Die würde sie ganz professionell durchziehen. Sie würde nicht in kindliche Muster verfallen und wegen dem bißchen Sex gleich durchdrehen. Wahrscheinlich trieb er mit ihr öden Hausfrauensex, den die unbedarfte Helen für die erotische Erfüllung hielt! Hier ging es um mehr. Um viel mehr: Sie liebte diesen Mann, sie wollte diesen Mann, und sie würde diesen Mann bekommen. Nur, die Frau sollte sich deshalb nicht gleich aus dem Fenster stürzen, sondern brav für die beiden Kinder sorgen. Jawohl, so sah die Zukunft aus!

Marion erhob sich entschlossen von der Couch für besonders schwere Fälle und ging ihrer Arbeit nach. Sie nahm sich fest vor, am Mittwoch nicht daran zu denken, daß ihr Geliebter womöglich zu Hause ein weiteres Nümmerchen schieben würde. Marion animierte ihren Lover an diesem Nachmittag dazu, ganz neue Sachen auszuprobieren, worauf er nur allzu bereitwillig einging. Sie feierten ein rauschendes Fest der Sinne, und doch gab es immer wieder diese kleinen Momente, in denen Marion es geradezu plastisch vor Augen hatte: Helen und Karsten beim Sex!

Er merkte nichts und überreichte ihr zum Abschied eine kleine Schatulle mit der Bitte, sie solle sie erst zu Hause öffnen. Als sie das mit Samt ausgeschlagene Kästchen aufklappte, schossen ihr unwillkürlich Tränen in die Augen. In der Schachtel lag ein einfacher geschmackvoller Ring aus Weißgold. Marion rief ihn gleich auf seinem Handy an. An seiner Stimme konnte sie erkennen, daß er nicht allein im Wagen saß. Als er mit leicht belegter Stimme sagte: »Rufen Sie mich doch einfach morgen in der Praxis an!«, wußte sie auch, wer sich auf dem Beifahrersitz befand. Ihre Patientin!

Die nächsten Termine mit Helen Meier verliefen unproblematisch und erfolgreich. Statt um Intimitäten ging es um psychische Fortschritte. Marion war überglücklich, als Helen zum Abschluß einer Stunde strahlend verkündete: »Eines müssen Sie mir glauben. Ich liebe meinen Mann, aber ich werde nie mehr sagen, daß ich mich umbringe. Was auch immer geschieht!« Am liebsten hätte Marion die zerbrechliche Patientin in ihre starken Arme genommen und kräftig gedrückt, aber sie sagte nur: »Helen, das finde ich wunderbar!« Und das kam aus vollem Herzen!

Jetzt konnte Frau Doktor die heimlichen Treffen in Suite 509 auch wieder unbeschwert genießen. Die Fortschritte seiner Frau waren auch Karsten nicht verborgen geblieben. An diesem Nachmittag schwärmte er regelrecht von ihrer neu gewonnenen Power: »Weißt du, manchmal habe ich das Gefühl, sie hat Hilfe. Vielleicht geht sie ja zu einem Therapeuten!« Das kam so unerwartet, daß Marion vor lauter Schreck den Schluck Champagner, den sie gerade im Mund hatte, auf die Bettdecke spuckte. Sie bemühte sich, diesen Verdacht sofort auszuräumen: »Hast du nicht erzählt, sie hat jetzt diesen Job bei der VHS? Du glaubst ja gar nicht, was so eine Aufgabe bewirken kann!«

Das leuchtete Karsten ein, und er sah seine Geliebte nun ganz ernst an:

»Mein Liebling, ich werde es tun. Ich kann es bald wagen. Sie ist so stabil wie nie zuvor!« Marion mußte ein Grinsen unterdrücken, als sie erwiderte: »Warte doch noch zwei Wochen!«

Endlich kam die vorletzte Stunde. Als Marion ihrer Lieblingspatientin gut gelaunt die Tür öffnete, erschrak sie. Helen war leichenblaß und wirkte verstört. Sie redete keine ganzen Sätze. Marion konnte nur verstehen: »Ich weiß es ... Er hat ... So gemein!« Sie legte ihren Arm um die völlig aufgelöste Frau und führte sie zum Korbstuhl. Was sie zu sagen versuchte, war schwer verständlich. Als sie sich halbwegs beruhigt hatte, wurde ihre Artikulation deutlicher. So deutlich, daß Marion den Sinn des Gestammels verstand. Helen war sich jetzt ganz sicher, daß ihr Mann sie doch betrog. Sie hatte recherchiert: Die von ihm angegebene Fortbildung existierte gar nicht. Marion bemühte sich, sie zu trösten, aber sie war außer sich:

»Ich weiß es, er betrügt mich. Wahrscheinlich hat er mich schon immer betrogen. Kein Wunder, ich bin langweilig!«

Marion begriff es erst, als es ihr schon rausgerutscht war: »Das ist doch Quatsch. Er ist kein notorische Fremdgänger. Er hatte vorher noch keine ...« Erst in diesem Moment unterbrach sie sich. Mit hochrotem Kopf versuchte sie, ihren kapitalen Fehler wieder auszubügeln: »Also, ich wollte sagen, so wie Sie ihren Mann schildern, ist er kein Fremdgängertyp. Vielleicht ist es ihm ein einziges Mal passiert, aber deshalb müssen Sie doch nicht an sich selber zweifeln!« Fragend sah sie ihr Gegenüber an in der Hoffnung, daß sie es nicht gemerkt hatte. Helen starrte sie mit offenem Mund an und entgegnete dann ganz ruhig: »Sie haben vielleicht recht. Ich sollte nicht an mir zweifeln!« Am Ende der Stunde war sich Marion so gut wie sicher, daß der Kelch an ihr vorübergegangen war. Sie hatte es geschafft, Helen dazu zu bringen, nur bei sich zu bleiben. Die Patientin scherzte sogar zum Abschied: »Na, dann auf ein letztes Mal! Bis zum Dienstag!« Diese eine Stunde würde Marion auch noch überstehen, und dann hatte sie ihren Beitrag zur Stabilisierung dieser Frau erfolgreich geleistet. Professionell gesehen, konnte sich Marion auf die Schultern klopfen. Frau Dr. Öllermann hatte phantastische Arbeit geleistet. Selten hatte sich bei einer Patientin binnen neun Wochen so viel getan. Die Frau, die anfangs suizidgefährdet erschien, steckte jetzt selbst den Fremdgang ihres Gatten letztlich doch ganz tapfer weg. Sie hatte ihrer Therapeutin versprechen müssen, ihren Mann direkt mit diesem Verdacht zu konfrontieren und, ganz gleich, was er sagen würde, nicht an sich selbst zu zweifeln!

Natürlich war Marion gespannt auf den Mittwoch. Was würde Karsten sagen? Als sie ihn sah, wußte sie sofort, daß etwas geschehen war. Er hatte dunkle Ränder unter den Augen und eine ungesunde Gesichtsfarbe. Dann nahm er seine Geliebte in den Arm, legte den Kopf auf ihre Schulter und seufzte: »Sie weiß, daß es jemanden gibt, aber ich habe erst einmal geleugnet. Erst gestern habe ich zugegeben, daß es eine andere Frau …«

»Du hast doch nicht gesagt, wer es ist?« fragte Marion erschrocken.

»Wo denkst du hin? Ich habe noch nicht einmal gesagt, daß ich sie verlassen werde. Das wird sie nicht verkraften. Alles auf einmal! Obwohl sie schreit und mich sogar geschlagen hat.«

Marion konnte sich ein Grinsen nicht verkneifen. Als Therapeutin hatte sie sich nichts vorwerfen. Die Behandlung war erfolgreich abgeschlossen. Und wie! An diesem Mittwoch nachmittag kam es zum erstenmal nicht zum Sex. Sie zeigte viel Verständnis für den Ausnahmezustand ihres Lovers, aber als Karsten vorschlug, das Ultimatum wegen des labilen Zustands seiner Frau um drei Monate zu verlängern, rastete sie aus. Wütend verließ sie die Suite 509 und knallte die Tür zu. Karsten lief ihr hinterher und rief immerzu: »Aber laß es dir doch erklären. Sie hat gedroht, sich umzubringen!« Das hätte er nicht sagen sollen! Er log offensichtlich. In dieser Phase würde Helen Meier nicht mehr mit ihrem Selbstmord drohen. Das wußte ihre Therapeutin besser als jeder andere Mensch. Lügner, Lügner, hämmerte es in ihrem Kopf, und sie drückte den Fahrstuhlknopf. Es gelang ihm, mit einzusteigen, aber sie bearbeitete ihn mit ihren Fäusten. Es war schon ein absonderliches Bild, daß sich den dezenten Herrschaften von der Rezeption jetzt bot. »Wow!« flüsterte ein Mitarbeiter seinem Kollegen grinsend zu, »ein Ehekrach kann es ja nicht sein bei den beiden!« Ansonsten kommentierte man den Auftritt der Herrschaften aus 509 nicht, aber er blieb ihnen bildhaft im Gedächtnis. Zu gegebenem Anlaß würde man sich an jede Einzelheit erinnern.

Karsten verfolgte sie bis zu ihrer Wohnung. Das war ein klarer Verstoß gegen die Regeln. Er sollte ihr Haus erst dann betreten dürfen, wenn er frei war. Das störte ihn nicht. Auch als sie ihm die Haustür nicht öffnete, trat er dagegen und brüllte laut. So laut, daß sie ihn mit Rücksicht auf die Nachbarn hereinließ. Er versicherte ihr, daß er es seiner Frau noch in dieser Woche sagen werde, und versprach, dabei ihren Namen aus dem Spiel zu lassen. Die Versöhnung wurde laut und heftig!

Sie erhielt nun über Fleurop täglich einen Strauß roter Rosen. Und doch hatte sie ein ungutes Gefühl, was diesen letzten Dienstag betraf, den sie mit ihrer Patientin noch würde verbringen müssen. Als diese weder um fünf noch um zehn nach vier erscheinen war, wurde Marion unruhig. Was war geschehen? Sie konnte nicht einmal bei ihr zu Hause anrufen. So sehr sie auch darauf hoffte, Helen Meier tauchte nicht auf. Bei den noch folgenden Gesprächen an diesem Tag verhielt sich Marion unkonzentriert und fahrig. Eine Patientin fragte scherzhaft, ob sie heute nicht lieber tauschen sollten.

So sehr sie auch auf ein Lebenszeichen hoffte, sie hörte weder etwas von Karsten noch von Helen. Sie befürchtete in einem Augenblick das Schlimmste, um es im nächsten Moment als völlig absurd zu verwerfen. Nein, so konnte sie sich nicht geirrt haben. Diese Frau hatte sich mit Sicherheit nicht umgebracht. Nicht nach diesen erfolgreichen Stunden bei Startherapeutin Dr. Marion Öllermann!

Am nächsten Tag, am Mittwoch, fuhr sie pünktlich in die Tiefgarage des Hotels. Sie war nervöser als sonst, ja, sie zitterte beinahe, als sie den Zündschlüssel abzog. Als sie die Autotür abgeschlossen hatte, hörte sie hinter einer Säule ein zischelndes Geräusch. Sie drehte sich um. Ihr Herz klopfte wie wild.

»Ist da jemand?« fragte sie ängstlich. Sie starrte gebannt auf die Säule, und dann trat sie dahinter hervor: Die Patientin! Sie wirkte wie ein Gespenst, aber noch irgend etwas war an der Frau anders als sonst. Etwas Ungewöhnliches. Aber was? Marion wollte es einfach nicht einfallen. Sie empfand einerseits Erleichterung darüber, daß Helen lebte, andererseits überkam sie plötzlich Panik, als die Frau schweigend immer näher kam. Sie wollte schreien, doch sie konnte nicht. Und dann war es auch schon geschehen: Ihre Patientin fiel ihr schluchzend um den Hals. Tränenerstickt schilderte sie der Therapeutin, daß er sie verlassen wolle. Wegen einer anderen. Das habe er ihr gesagt! Daß er sich mit ihr in einem Hotel treffe. Dann habe sie in seiner Jackentasche eine Rechnung gefunden. Es sei dieses Hotel!

Marion blieb erstaunlich cool und redete beruhigend auf ihre Patientin ein. Sie hätte Luftsprünge machen können: Endlich war Karsten frei, und seine Frau war zwar durch den Wind, wirkte aber keinesfalls selbstmordgefährdet. Das hier war die ganz normale Reaktion einer verlassenen Frau. Aber was war das? Marion konnte es gar nicht so schnell begreifen. Ihre Patientin holte etwas aus der Tasche, und man brauchte keine allzu große Phantasie, um sich vorzustellen, daß es sich um eine Pistole handelte. Theatralisch setzte Helen die Waffe an ihre Stirn, doch Marion schaffte es, sie ihr aus der Hand zu reißen. Es gab ein kleines Gerangel, aber es war für Marion ein leichtes Spiel, die kleine zarte Frau zu überwältigen.

Als Marion ihr schwer atmend mit der Waffe in der Hand gegenüberstand, kam die verhinderte Selbstmörderin lächelnd auf ihre Retterin zu, gab ihr einen Kuß auf die Stirn und flüsterte: »Es tut mir leid, wo Sie doch so viel für mich getan haben. Ich werde es Ihnen nie vergessen. Ehrlich! Wie war noch Ihr Lieblingssatz? Ach ja! Denken Sie immer zuerst daran, was für Sie gut ist!« Mit diesen Worten ließ Helen die Therapeutin stehen, stieg in ihren Wagen und brauste davon. Marion verstand den Sinn dieser Worte allerdings erst fünf Minuten später. Sie wunderte sich noch, daß die Tür zu 509 nur angelehnt war. Als wenig später die Polizei eintraf, hielt Marion immer noch jene Waffe in der Hand. Und erst in diesem Augenblick fiel ihr ein, was an Helen Meier dort unten in der Garage noch anders gewesen war: Sie hatte Handschuhe getragen! Dicke Wollhandschuhe! Und das mitten im Hochsommer! Bei dreißig Grad im Schatten!

Im Land des Lächelns

Sie wachte auf und wußte nicht sofort, wo sie sich befand, doch ihre schmerzenden Knochen, die fremden Knie in ihrem Kreuz und das brummende Geräusch der Boing 747 erinnerten sie schnell daran, wo sie war: auf einem Direktflug nach Bangkok. Mit dem feisten Schwaben, der in regelmäßigem Abstand mutwillig und so bösartig von hinten gegen ihren Sitz drückte, daß ihre Lehne wieder in die Ausgangsposition schnellte, hatte sie bereits mehrfach heftig gestritten. Sie verstand nicht alles, was er sagte, nur, daß er sich schließlich nicht die Beine abhacken könne, hatte sie deutlich gehört. Ihre Antwort war entsprechend deutlich gewesen: Aber er könne das nächste Mal zwei Sitze buchen, wenn er so fett sei, daß er mit einem nicht auskomme! Die Strafe erfolgte im Viertelstundentakt. Immer, wenn er eingeschlafen war, lehnte sie sich wieder ganz zurück, doch kaum war sie eingenickt, bohrte ihr das Riesenbaby prompt seine fiesen Knie in den Rücken. Sie hatte kurzfristig überlegt, ob sie Bertram Bescheid sagen sollte, aber der lag sanft gebettet in der ersten Klasse und würde gegen den ungehobelten Typen auch nichts ausrichten können. Außerdem haßte er es, sich mit solch lauten Menschen auseinanderzusetzen. Im übrigen war es nicht seine Idee gewesen, daß Irene mit nach Bangkok flog. Schließlich handelte es sich um eine Geschäftsreise, zu der man üblicherweise keine Gattinnen mitnahm. Daß die erste Klasse bereits ausgebucht gewesen war, hatte Bertram als Zeichen gesehen, sie zum Bleiben zu bewegen. Irene aber war fest entschlossen, ihn zu begleiten, obwohl sie nicht einmal genau wußte, was er dort machte. Überhaupt interessierte sie sich nicht für seinen Job. Sie wußte, daß er leitender Manager eines Pharmakonzerns war und viel Geld verdiente. Das genügte ihr. Natürlich begleitete sie ihn hin und wieder auch zu Geschäftsessen, aber sie stand im Ruf, eine sehr schweigsame Frau zu sein. Niemand belästigte sie mit überflüssigen Konversationsversuchen. Während sie langsam wieder eindöste, dachte Irene über die Vergangenheit nach. Solche Gedanken überfielen sie immer im Flugzeug. Irene litt nicht unter Flugangst, und doch, jedesmal über den Wolken, zog ihr Leben, sprich: ihre gescheiterten Beziehungen, an ihr vorbei. Bertram paßte überhaupt nicht in dieses Schema. Doch bevor sie sich darüber weitere Gedanken machen konnte, spürte sie wieder das schwäbische Knie in ihrem Kreuz. Vielleicht sollte sie sich einfach umdrehen und ihm überraschend eine scheuern? Irene fürchtete das Echo und zischelte deshalb lediglich: »Arschloch!« nach hinten. Das hörte ihre Sitznachbarin und schüttelte mißbilligend den Kopf. Irene war inzwischen so müde, daß sie beschloß, auch im Sitzen zu schlafen, als das Flugzeug leicht zu schaukeln begann. Die Zeichen zum Anschnallen erschienen, und man verkündete aus dem Cockpit leichte Turbulenzen. Na klasse! Sie fürchtete weder den Start noch die Landung, aber dieses Geschaukel wie in einem alten Renault ging ihr mächtig auf die Nerven. Nun tauschte ihre laute Sitznachbarin mit dem Nebenmann zur anderen Seite auch noch diverse turbulente Flugabenteuer aus. Als sie detailliert schilderte, wie ihr Geschnetzeltes bei einem Flug nach Kairo auf dem Schoß des Nachbarn gelandet war, wurde Irene ganz anders. Nicht, daß ihr schlecht wurde, aber sie konnte Menschen, die sich im Flieger Katastrophen lautstark ausmalten, nun einmal nicht leiden. Sie wußte auch schon, wie sie den beiden das Maul stopfen konnte. »Ich habe einmal einen Absturz überlebt«, mischte sie sich nun ein, »furchtbar, was da alles neben mir herumlag. Na kein Wunder, ich war die einzige Überlebende!« Das schien die beiden so zu schocken, daß sie nun gar nicht mehr miteinander sprachen. Irene war ganz froh darüber, daß Bertram nicht in der Nähe war. In seiner Gegenwart nämlich gab sie sich stets als Dame und zeigte Contenance. In jeder Lebenslage. Er konnte laute, fluchende, schrille und ordinäre Frauen nicht ertragen. In seiner Gegenwart wagte sie es nicht, überhaupt ein Schimpfwort in den Mund zu nehmen. Bertram kam aus einer feinen Familie und wäre bei einem »Arschloch« aus ihrem Munde sicher tot umgefallen. Bertram, ihr einziger Ausweg aus einem bewegten, aber nervenaufreibenden Leben. Sie achtete ihn, aber sie liebte ihn nicht. Geliebt hatte sie die Chaoten! Aber welche Frau hatte das Glück, noch mit Ende Dreißig auf einen feinen distinguierten Herren zu treffen, der sie unbedingt heiraten wollte? Und dabei war er erst Mitte Fünfzig und sah zu allem Überfluß auch noch gut aus. Trotzdem, sie achtete ihn. Mehr nicht! Mit diesem Gedanken schlief sie endlich ein, und kein noch so feistes Schwabenknie konnte sie wecken. Das gelang erst der freundlichen Thai-Stewardeß mit dem Frühstück. Irene sah auf die Uhr. Noch etwas über eine Stunde, dann würde sie das erstemal in ihrem Leben in Asien sein. Plötzlich mußte sie an die Sache mit der Wahrsagerin denken. Den Besuch bei einer Kartenlegerin hatten ihr ein paar Freundinnen zum Geburtstag geschenkt. Zunächst hatte sich die Kartenlegerin Karin Ehrenwert als herbe Enttäuschung entpuppt. Diese Frau hatte ausgesehen wie eine biedere Hausfrau mit ihrer geradezu unmöglichen Pudelfrisur, doch was sie gesagt hatte, war Irene im Gedächtnis geblieben: »Sie lebe ein Leben, das nicht ihres sei, aber ihr Leben werde sich an einem Dreizehnten ändern, es werde sie jemand an die Hand nehmen.« Natürlich hielt sie das für ausgemachten Humbug. Gegen ihren Entschluß, sich nie wieder von irgendeinem Kerl an die Hand nehmen zu lassen, konnte keine Kartenlegerin dieser Welt etwas ausrichten, einmal abgesehen davon, daß Irene prinzipiell nicht an so etwas glaubte. Und trotzdem mußte sie gerade jetzt daran denken, während sie lustlos in ihrem Chicken-Curry rührte. Nichts gegen Reis, aber bitte nicht zum Frühstück! Angewidert legte sie das Besteck hin und spürte in diesem Augenblick einen fürchterlichen Stoß, obwohl sie ihren Sitz gerade in die senkrechte Position gebracht hatte. Das war zuviel. Wütend drehte sie sich um und brüllte: »Wenn du noch einmal gegen meinen Sitz kommst, kriegst du eins aufs Maul, Fettkloß!« Sie hörte es jetzt in ihrem Rücken fluchen, aber sie verstand glücklicherweise nicht, was gesagt wurde. Nach dem Tonfall zu urteilen, benutzte er keine feinen Ausdrücke. Sie wollte gerade zurückpowern, als sie Bertram erblickte. Er war hilflos angesichts dieser Schimpftirade dieses übergewichtigen Mannes, die offensichtlich seiner Frau galt. »Würden Sie sich bitte mäßigen?« bat Bertram den Schwaben höflich. Angesichts des graumelierten

Herrn im gutsitzenden Anzug schwieg der jetzt tatsächlich. Auch ihre Sitznachbarin registrierte überrascht, daß der feine Herr wohl zu der etwas ordinären Person gehörte. Irene änderte ihren Ton sofort und säuselte: »Hast du gut geschlafen, Liebling?« Es folgte eine freundliche, oberflächliche Morgenkonversation, und Bertram entschwand wieder in seine erste Klasse. Natürlich hatte er so viel Anstand besessen, den Platz dort oben seiner Frau anzubieten. Pro forma, denn er wußte, daß sie ihm das nie zumuten würde. Er war in seinem ganzen Leben immer erster Klasse geflogen. Daß sie früher ausschließlich in der Economy gereist war, war kein Geheimnis. Wie sie ihm überhaupt ihre Vergangenheit niemals verschwiegen hatte. So fühlte er sich als Retter einer auf Abwege geratenen Frau, die etwas Besseres verdient hatte als diese Männer, die nichts geregelt bekamen. Für ihn war es Liebe auf den ersten Blick gewesen, als Irene bei einer Konferenz gedolmetscht hatte.

Den Rest des Fluges verbrachte sie ungestört. Der ungehobelte Fiesling in ihrem Rücken vermied es in der verbleibenden Stunde, ihren Sitz noch einmal unsanft zu berühren.

Als sie landeten, fragte sie sich allerdings, warum sie unbedingt hatte mitfliegen wollen. Der Himmel war bedeckt, und als sie aus dem Flieger stiegen, hatte Irene das Gefühl, in einer Sauna gelandet zu sein. Das allerdings in voller Kleidung. Sie spürte förmlich, wie sich der Schweiß unter ihrer engen Bluse sammelte. Bertram in seinem Busineß-Anzug schien das nicht einmal zu bemerken. Ihr hingegen tropften die Schweißperlen nur so von der Stirn, und sie verfluchte die Hartnäckigkeit, mit der sie ihm ihre Begleitung aufgezwungen hatte. Zu dumm. Zu Hause hätte sie sich mit Lore und Renate treffen können, ihren beiden Freundinnen, die laut Bertram nicht der richtige Umgang für sie waren. Dabei handelte es sich bei diesen alten Kolleginnen lediglich um ein paar harmlose Pistenhühner, die genau wie Irene selber nicht mehr taufrisch waren. Immer wenn sich Bertram auf einer seiner Geschäftsreisen befand, dominierten die drei Mädels, wie man sie in der Sprachenschule genannt hatte, das Haus. Irene begleitete sie dann in die alten Schuppen, aber es war eben nicht mehr wie früher. Bertram hatte eine eiserne Regel aufgestellt, als er sie geheiratet hatte: Niemals dürfe sie ihn betrügen! Dann werde er sich sofort von ihr trennen, und nach einer Trennung von Bertram würde sie dastehen wie vor vier Jahren. Mit nichts! Bertram hatte alles Finanzielle von seinen Anwälten so geschickt regeln lassen, daß sie im Fall einer Scheidung keinen Pfennig sehen würde. »Ein gebranntes Kind scheut das Feuer«, pflegte er seine umsichtige Vorsorge zu verteidigen. Seine erste Frau hatte ihn bei der Scheidung regelrecht ausgenommen. Er haßte sie heute noch und vermied jeglichen Kontakt. Nur über die Kinder hörte er hin und wieder etwas über sie. Sie lebte ein feines Leben. Auf seine Kosten, wie Bertram jedesmal geradezu mitleiderweckend betonte. Dabei hatte Irene keinesfalls vor, sich von ihm scheiden zu lassen und ihn dann über den Tisch zu ziehen. Sie hatte sich bewußt dafür entschieden, die zweite Lebenshälfte mit einem kultivierten, wohlhabenden Mann zu verbringen. Single war sie lange genug gewesen. Und doch, wenn die echt miesen Typen in der Disko auf sie abfuhren, dann spürte sie schon manchmal den Impuls, mit ihnen eine Nacht zu verbringen. Mit Bertram schlief sie so gut wie gar nicht mehr. Er benahm sich auch im Bett wie ein Gentleman, und das wichtigste am Sex schien ihm die Dusche danach zu sein. Trotzdem hielt sich Irene streng an die Regeln und war nicht gewillt, wegen einer kurzen, heftigen Nacht alles aufs Spiel zu setzen. Deshalb verliefen die Diskoabende mit den alten Freundinnen auch stets frustrierend.

Im vollklimatisierten Mercedes, den Bertram bestellt hatte, kehrten ihre Lebensgeister allmählich zurück. Das erste, was sie von Bangkok sah, waren jede Menge Wolkenkratzer. Sie wollte Bertram ihren Eindruck schildern, doch der war bereits geschäftig dabei, seine ersten Telefonate zu führen. Er teilte ihr mit, daß man sich schon heute abend zu einem Geschäftsessen auf der Terrasse des Hotels in kleinem Rahmen treffen werde. Irene versuchte, ihre Enttäuschung zu verbergen, denn sie hatte gehofft, wenigstens diesen ersten Abend mit ihm allein und ganz privat zu verbringen. Der Blick aus dem elften Stock des direkt am Menam Chao Phraya liegenden Hotels versöhnte sie allerdings wieder. Dann würde sie sich eben ganz allein in das fremde Leben dort unten stürzen! Doch auch daraus sollte nichts werden, denn zu diesem Essen war sie ausdrücklich mit eingeladen. Die Herren aus Hongkong, Singapur und der thailändische Gastgeber waren geradezu darauf versessen, die reizende Ehefrau ihres deutschen Geschäftsfreundes persönlich kennenzulernen. Unlustig hängte sie ihre Kleider auf und entschied sich für ein rückenfreies Abendkleid. Kaum hatte sie es angezogen, als Bertram in höflichem, aber bestimmtem Ton sagte: »Das nicht, Schatz. Etwas Hochgeschlosseneres, bitte!« Das war keine Bitte, sondern ein Befehl. Widerspruchslos zog sie das Rückenfreie aus und entschied sich für das kleine Schwarze. Bertram nickte.

Die Hotelterrasse lag direkt am Fluß, und man konnte zum legendären »Oriental-Hotel« hinübersehen. Die Herren Geschäftsfreunde waren von geradezu ausgemachter Höflichkeit und zeigten dezent ihre Begeisterung für das gutaussehende Anhängsel des deutschen Geschäftsfreundes. Irene war hoch erfreut, daß der Gastgeber sogar seine Gattin mitgebracht hatte, doch die Freude währte kurz, denn die wunderschöne Dame sprach kaum. Mehrfach versuchte Irene, sie in ein Gespräch zu verwickeln, aber mehr als ein paar höfliche Floskeln wurden nicht ausgetauscht. Statt dessen lächelte man sich freundlich unverbindlich zu, und Irene mußte sich sehr zusammenreißen, um nicht laut zu gähnen. Jetzt machte sich auch der Jetlag bemerkbar, und Irene verspürte eine beinahe bleierne Müdigkeit. Trotzdem lächelte sie tapfer weiter und begann, das Paar am Nachbartisch zu beobachten. Der Mann saß mit dem Rücken zu ihr. Sie konnte nur eine verbrannte Glatze und einen furchtbar verschrumpelten Hals erkennen. Nach den Halsfalten, die ihm etwas Leguanartiges verliehen, zu urteilen, war der Mann mindestens siebzig. Ihm gegenüber saß eine bildhübsche Thailänderin. Also doch kein Gerücht, daß sich alte Knacker hier mit frischem Thaiblut versorgen, schoß es ihr durch den Kopf. Sie nahm es erst gar nicht wahr, als Bertram sie fragte: »Darling, you like some dessert?« Er tippte ihr auf die Schulter und wiederholte seine höfliche Frage. Sie verneinte kurz und knapp und beobachtete fasziniert, wie das Paar jetzt aufstand und zum

Büfett ging. Der Mann sah von vorne eher wie achtzig aus, während seine Begleiterin allerhöchstens Mitte Zwanzig war. Sie hatte einen leicht chinesischen Einschlag und eine grazile vornehme Ausstrahlung. Er hingegen trug einen leichten Bauch vor sich her. Was macht eine Traumfrau wie die mit so einem Leguan? dachte sie, doch Bertrams strafender Blick brachte sie wieder in die Realität dieses todlangweiligen Dinners zurück. Mister Mekrasmee hatte nämlich gerade das Wort an sie gerichtet. Er schaute sie erwartungsvoll an, und da sie seine tiefschürfende Frage nicht verstanden hatte, sagte sie einfach: »Pardon?« Der Thailänder wiederholte höflich: »Do you like Thailand?« Was sollte sie ihm antworten? Ich kenne es noch nicht, weil ich mich hier mit Ihnen langweilen muß, oder: Schönes Land, in dem sich Leguane hübsche Thaimädchen kaufen?

Statt dessen lächelte sie in die Runde und sagte: »A very nice country!« Das wiederum freute den thailändischen Gastgeber und seine Gattin so, daß sogar sie ein paar zusammenhängende Sätze in exzellentem Englisch sprach. Es geht doch, dachte Irene, die schon vermutet hatte, die Dame sei der englischen Sprache nicht mächtig. Der Abend schien dem Ende zuzugehen, denn die Herren bestellten sich nun einen Kaffee. Irene lehnte Koffein vor dem Schlafengehen ab und verspürte plötzlich eine unbändige Lust, statt dessen eine Zigarette zu rauchen. Sie bat den überaus höflichen Kellner, der ihnen jeden Wunsch von den Augen ablas, ihr eine Packung Lights zu holen. Zu diesem Zweck wollte sie ihm das Geld mitgeben, denn Bertram unterstützte ihre Süchte nicht. Das jedenfalls predigte er ihr immer. Als sie nun den Zweihundert-Baht-Schein aus ihrem Dekolleté fummelte und dem Kellner das verknickerte Geld in die Hand drückte, erstarb jegliche Kommunikation am Tisch. Der Gastgeber sah peinlich berührt auf den Fußboden, die Frau des Gastgebers lächelte nicht mehr, und Bertram sah sie vorwurfsvoll an. Doch dann fing er sich wieder, lächelte und erklärte den Anwesenden das Fehlverhalten seiner Gattin. Sie sei noch nie zuvor in Thailand gewesen und wisse ja nicht, daß man Geldscheine mit dem Bild des Königs respektvoll behandeln müsse. Alles lächelte und schaute sie an wie ein kleines dummes Ding.

Sie haßte es, wenn Bertram überheblich über sie sprach statt mit ihr. Trotzdem lächelte auch sie und quälte sich ein: »Sorry« heraus. Der Kellner hatte sich immer noch nicht von der Stelle bewegt, um ihre Order auszuführen, doch als Bertram jetzt klar sagte, man benötige keine Zigaretten, verbeugte er sich und sagte: »Yes, Sir.« Vielleicht war es die Erschöpfung, aber Irene verspürte den Impuls zu wiedersprechen und den jungen Mann zurückzurufen, aber sie schwieg. Und doch, plötzlich empfand sie einen unbändigen Haß auf dieses stumpfsinnige Leben als Frau an seiner Seite. So deutlich hatte sie das in den ganzen vier Jahren noch nicht gefühlt. Wozu brauchte sie das? Nur, damit sie ungehemmt ihrer Leidenschaft nachgehen konnte, dem Einkaufen? Bertram war sehr großzügig, aber auch früher hatte sie sich Designergarderobe leisten können. Gut, damals war es eben geklaut!

Als der Kellner Eiswasser nachschenkte, holte sie einen weiteren Schein aus ihrem Ausschnitt, glättete ihn demonstrativ, verlangte erneut ausdrücklich nach Zigaretten und lächelte in die Runde. Beinahe hätte sie laut losgeprustet, denn die Gesichter an ihrem Tisch schienen allesamt versteinert. Irene aber begann freundlich und in bestem Englisch zu schwärmen, wie freundlich die Menschen hier doch seien. Gut gelaunt nahm sie die Zigaretten entgegen und bot höflich allen eine an. Auch Bertram, der sie strafend musterte und doch versuchte, trotz des unmöglichen Betragens seiner Gattin Contenance zu wahren. Das Geschäftsgespräch schien verebbt, und so nutzte Irene die Gelegenheit, die Gastgeber zu fragen, was sie sich alles am folgenden Tag in Bangkok ansehen solle. Bertrams thailändischer Geschäftpartner antwortete umgehend, sie müsse auf jeden Fall die Tempelanlage »Wat Pho« und den ruhenden Buddha besuchen. Die fünfundvierzig Meter lange vergoldete Statue symbolisiere Buddha bei seinem Eingang in das Nirwana.

Das werde sie sofort am nächsten Tag in Angriff nehmen, versprach Irene lächelnd und fragte nun seine Ehefrau, wo sie Designergarderobe erstehen könne. Die Gattin antwortete so höflich, wie sie nur konnte, dazu müsse sie ins »World Trade

Center« gehen. Es war das erstemal in vier Jahren Ehe, daß Irene mit ihrem Benehmen ein Geschäftsessen sprengte, und es tat ihr verdammt gut. So gut, daß sie sich nicht verkneifen konnte, die Gastgeber zu fragen, wie sie das eigentlich fänden, daß sich steinalte Europäer junge Thailänderinnen schnappten. Dabei deutete sie auf den Leguan und seine Begleitung. Natürlich bekam sie auf diese Frage keine Antwort, sondern es entstand ein peinliches Schweigen, bis Bertram erklärte, seine Gattin sei müde vom Flug, und man sehe sich ja am nächsten Tag. Sie verabschiedeten sich höflich, auch von ihr, und Irene hätte zu gerne gewußt, was die Eheleute aus dem »Land des Lächelns« wohl gleich über sie sagen würden, wenn sie unter sich waren.

Bertram schwieg im Fahrstuhl und vermied jeglichen Blickkontakt. Erst im Zimmer fragte er sie vorwurfsvoll, warum sie so provokant aufgetreten sei. Sie zuckte die Achseln, aber Bertram, mit dem sie eigentlich nie streiten konnte, setzte nach: »Irene, ich wünsche nicht, daß du dich so verhältst. Du weißt dich doch sonst zu benehmen!« Wie steif und unbeweglich er doch ist, dachte sie. Warum brüllte er nicht einfach los? Sie konnte nicht aufhören, ihn zu provozieren, und fragte mit Unschuldsmiene: »Schatz, was habe ich getan? Ich habe doch nur Zigaretten gekauft!« Bertram versuchte offensichtlich, seine Emotionen zu unterdrücken und sachlich zu bleiben:

»Du hast unsere Gastgeber beleidigt! Das hast du getan, und ich wünsche das nicht!« Zum erstenmal in der Beziehung zu diesem Gentleman witterte sie die Chance, ihn aus der Reserve zu locken. Die Gelegenheit wollte sie sich nicht entgehen lassen, und sie fragte provokant: »Warum hast du mich denn geheiratet, wenn ich dir peinlich bin? Du wußtest doch, daß ich keine Dame bin.«

»Ich möchte jetzt schlafen«, war seine lakonische Antwort. Sie empfand unbändige Lust, sich auf ihn zu stürzen und zu beschimpfen, doch er war bereits im Bad verschwunden. Sie sprachen nicht mehr miteinander, außer daß er ihr noch eine »gute Nacht« wünschte. Wie jeden Abend. Höflich und distanziert! Auch am nächsten Tag beim Frühstück redete er wenig, sondern vertiefte sich in seine Unterlagen. Irene beschloß, ihre Unzufriedenheit mit einem gigantischen Einkauf zu kompensieren, und als sie wenige Stunden später mit Dutzenden von Einkaufstüten ins Hotel zurückkehrte, fühlte sie sich schon wesentlich besser. Es erfüllte sie mit Stolz, daß ihr diese Kleidung, die den meisten normal gebauten Mitteleuropäerinnen wie Kindergrößen vorkommen mußten, problemlos paßte. Irene war klein und zierlich und konnte es von ihren Maßen her durchaus mit den zarten Figuren der meisten Thailänderinnen aufnehmen. Die feuchte Hitze machte ihr allerdings schwer zu schaffen, und sie erfrischte sich nach diesem Kaufrausch erst einmal im halbwegs kühlen Pool. Als sie sich auf dem Rücken im Wasser treiben ließ, dachte sie noch einmal über den gestrigen Abend nach und kam zu dem Ergebnis, daß es ihr eigentlich verdammt gutging und sie dieses Leben auf keinen Fall aufgeben würde. Sie nahm sich fest vor, heute abend die liebende Gattin an seiner Seite wieder perfekt zu spielen, doch dazu kam sie nicht. Bertram hatte ihr an der Rezeption eine Nachricht hinterlassen, daß er mit Geschäftsfreunden essen gehe. Also verbrachte sie den Abend in ihrem sündhaft teuren Designerfummel ganz allein auf der Hotelterrasse. Wie so oft, seit sie mit Bertram verheiratet war, fühlte sie plötzlich diese Leere. Daß sie ihren Beruf als Übersetzerin aufgegeben hatte, bereute sie weniger, aber die Raubzüge durch die Kaufhäuser waren ungleich spannender gewesen als die Kauforgien mit gedeckter Scheckkarte. Bertram zeigte sich großzügig und hatte ihr sogar ein eigenes Konto eingerichtet. Von dem Geld, das ihr heute nur für den Luxus zur Verfügung stand, hatte sie früher mindestens zwei Monate lang leben müssen. Manchmal vermißte sie den Nervenkitzel. Für einen Augenblick lang stellte sie sich vor, mit einem aufregenden Mann hier zu sein und nach diesem opulenten Mal die Zeche zu prellen. Sie hatte vergeblich gehofft, irgendwo den Leguan zu erblicken, um noch etwas intensiver die Gepflogenheiten der Völkerverständigung zu studieren, doch zu ihrem Trost nahm ein spindeldürrer graumelierter Mann mit seiner langhaarigen Thaiprinzessin am Nachbartisch Platz. Das ungleiche Paar sprach während des ganzen Essens nicht ein einziges Wort miteinander. Irene konnte sich lebhaft vorstellen, daß die beiden erst im Bett zu gemeinsamem Leben erwachen würden. Sie war der festen Überzeugung, daß sie so etwas nicht mehr brauchte. Und doch, als sie endlich in dem wunderschönen Hotelbett lag, stellte sie sich vor, das Zimmer mit einem erotischen Mann zu teilen. Sie wachte kurz auf, als Bertram sich hereinschlich. Verstohlen blickte sie auf die Uhr. Mittlerweile war es gegen fünf Uhr morgens, und Irene wunderte sich ein wenig über dieses ausgiebige Geschäftsessen bis zum Morgengrauen.

Beim Frühstück schien Bertram geradezu aufgeräumt und der Eklat vergessen. Er fragte sie, was sie so getrieben habe, und wies darauf hin, sie solle unbedingt den Buddha am »Wat Pho« besuchen. Er bot sich sogar an, sie bis dorthin zu begleiten.

Als sie in einem Longtailboot, einem dieser Bangkoker Wassertaxen, saßen, legte er liebevoll den Arm um ihre Schulter und erklärte ihr, was dort zu beiden Seiten des »Chao Phraya« an Sehenswürdigkeiten an ihnen vorbeizogen. Als sie am Königspalast ausstiegen, klingelte sein Handy, er verabschiedete sich hastig von ihr, gab ihr einen flüchtigen Kuß und ließ sie allein in dem Gewühl zurück. Sie hatte das Gefühl, daß Hunderte von Stimmen auf sie einredeten. Überall wurde an ihr gezerrt. Als sie »Wat Pho« verstand, nickte sie und begleitete den Mann bis zu seinem Fahrzeug, einer überdachten Motorradrikscha, die kaum, daß er losfuhr, einen Höllenlärm veranstaltete. Als der Fahrer wenig später vor einem imposanten Tempeleingang hielt, bezahlte sie und betrat neugierig die Anlage. Riesige Schilder zeigten ihr den Weg zum liegenden Buddha, und schon befand sie sich in einer Schlange von Menschen, die ihre Schuhe auszogen und in eine Halle gebeten wurden. Vor ihr lärmte eine Reisegruppe mit deutschen Touristen, die laut lachend ihre Badelatschen in dem Schuhbord abstellten. Widerwillig stellte auch Irene ihre sündhaft teuren Schuhe dazu und betrat die Halle. Es roch muffig, aber der goldene Buddha grinste einladend. Irene stellte sich an den Rand, um die hereinströmenden Menschenmassen zu beobachten. Einige der Thailänder knieten an der Seite vor einer goldenen dicken kleineren Buddhastatue und kauften Räucherstäbchen, um sie ihrem Meister zu opfern.

Irene verharrte lange auf ihrem Beobachtungsposten und betrachtete das Treiben voller Faszination. Sie sah ihn erst, als er sie ansprach. Diesen braungebrannten blonden Mann, der ihr auf englisch erklärte, was sie zu tun habe. Er nahm ihre Hand und führte sie zu einem kleinen Stand. Dort kaufte er ein Plättchen Gold, drei Räucherstäbchen, eine Lotusblüte und begleitete sie zu dem Glücksbuddha. Er hielt immer noch ihre Hand. Mit ruhiger und irritierend tiefer, wohlklingenden Stimme erklärte er ihr, was sie zu tun habe. Sie machte es genauso, wie er es ihr erklärte, ohne ihn anzusehen oder sich Gedanken zu machen. Hand in Hand umrundeten sie jene fünfundvierzig Meter Buddha, bis sie gemeinsam hinaus in die Hitze traten. Dort draußen stellte er sich vor: »My name is John« und fragte sie nach ihrem Namen. Sie sagte: »Irene.« Er lächelte: »Iren, sounds nice«, und dann wollte er wissen, ob sie sich schon habe massieren lassen. Sie schüttelte den Kopf. John nahm einfach ihre Hand und führte sie durch die Tempelanlage. Das war wirklich zu absurd: Die feine Rühr-mich-nicht-an-Lady ließ sich von einem wildfremden Adonis einfach so anfassen, aber sie konnte und vor allem wollte nichts dagegen unternehmen. Seine große Hand fühlte sich warm und kräftig an. Als sie vor einem kleinen Pavillon angekommen waren, erklärte er, hier sei die Massageschule. Selbstsicher betrat er das Holzhaus und bestellte zwei Thaimassagen. Ein junger Thailänder führte die völlig überrumpelte Irene zu einer der vielen Liegen, bat sie, einen alten Leinenrock über ihr Designerkleid zu ziehen, sich hinzulegen, und begann professionell mit der Arbeit. Verwirrt blickte sie sich nach John um, der ihr grinsend von der Nachbarliege zuwinkte. Jetzt erst sah sie, was für einen athletischen wohlgeformten Körper er hatte. Für ihn schien es nicht das erstemal zu sein. Sie beschloß, ihn nach der Massage zu fragen, wer er eigentlich sei und warum er wildfremde Frauen in diesen Pavillon schleppe, doch zunächst überließ sie sich den zupakkenden Händen ihres Masseurs. Sie mußte feststellen, daß die nicht immer zart knetenden Hände genau die Punkte trafen, an denen sie verspannt war. Er stellte allerlei Verrenkungen mit ihrem Körper an, und als sie zu John herübersah, mußte sie feststellen, daß es ihm nicht besser erging. Auch seinen Rücken drückte die kleine Masseuse gerade heftig in Richtung der Knie. Er grinste ihr zu, und Irene schossen Tränen in die Augen. Sein blödes Grinsen berührte sie, genau wie diese Menschen, die mit viel Ernst ihrer Arbeit nachgingen, die Einfachheit dieses Ambientes. Draußen flüchteten sie sofort in den rettenden Schatten. Wie selbstverständlich legte er den Arm um sie. Erst kämpfte sie gegen die Tränen an, doch dann ließ sie es einfach zu. Sie mußte verrückt sein, daß sie sich bei einem hergelaufenen John über ihr Leben ausheulte. Die Worte sprudelten nur so aus ihr heraus, und schluchzend vertraute sie ihm an, wie öde das Leben an der Seite ihres Mannes war und überhaupt ... John hörte einfach nur zu und wiegte sie ganz sanft in seinen Armen. Als sie sich schließlich beruhigt hatte, wollte sie alles über ihn wissen. John erzählte freimütig, er sei Australier, sei dort erfolgreicher Anwalt gewesen, habe zwanzig Jahre hart gearbeitet und bereise jetzt die Welt. Erschrocken befreite sie sich aus seiner Umarmung und fragte ungläubig: »Are you a traveller?« Jetzt erst sah sie, daß er zwar lange Hosen trug, aber ein einfaches T-Shirt und Gummisandalen. Da fehlte nur noch der Rucksack. Er spürte ihr Entsetzen und antwortete mit sichtlichem Vergnügen: »Yes, Lady, I'm a tramp!« Irene wußte nicht, ob sie lachen oder sich hastig von ihm verabschieden sollte. Sie entschied sich für letzteres, aber sie konnte nicht aufstehen. Es kam ihr vor, als entfalte er magnetische Kräfte. Als er nun erzählte, wie er, der gutsituierter Akademiker, darauf gekommen sei, für ein paar Jahre auszusteigen, hörte sie ihm gebannt zu. Jedes Wort, das er über sich sagte, entsprach ihren tiefsten und lange verschütteten Emotionen. Der Trott, die Sicherheit, der geregelte Alltag, all das hatte ihn tödlich gelangweilt. Sie kannte das Gefühl, nur sie hatte sich vor vier Jahren bewußt dazu entschieden, so zu leben. Jetzt kam es ihr hohl vor. Wie eine Flucht in eine Falle. Diese Ehe mit Bertram war eine Sackgasse, aus der sie niemals mehr lebendig herauskommen würde. John schilderte ihr, wie er zum Buddhisten geworden war, und versprach ihr, ihr am nächsten Tag den Königspalast zu zeigen. Plötzlich liebte Irene diese unmögliche Stadt, diese

Hitze, dieses Chaos und sah jede Buddhafigur mit anderen Augen, seit sie wußte, daß John an ihn glaubte. Um so ernüchterter fühlte sie sich bei ihrer Rückkehr ins Hotel. Sie hatte ganz vergessen, daß sich Bertram gerade an diesem Tag den Abend freigenommen hatte, um mit ihr zu dinieren. Als sie auf der Terrasse des »Oriental« saßen, funktionierte Irene wie ein Roboter. Leblos und ferngesteuert. Bertram schien geradezu entzückt, daß seine Gattin sich wieder von ihrer besseren Seite zeigte. Er erzählte ihr stolz von dem erfolgreichen Geschäftsabschluß mit den Herren aus Hongkong und Singapur. Irene lächelte und erging sich in Floskeln wie »Schön« und »Großartig« und dachte doch nur an den morgigen Tag und den weltreisenden John. Bertram merkte nichts von alledem und signalisierte ihr, als sie in ihre vollklimatisierte Suite zurückgekehrt waren, zu allem Überfluß, daß ihm zum Abschluß dieses bezaubernden Abends der Sinn nach ehelichen Pflichten stand. Hatte er das immer schon so förmlich angefangen? dachte Irene, als er sie jetzt in den Arm nahm, auf die Stirn küßte und fragte:

»Wollen wir es uns noch ein wenig gemütlich machen?« Trotzdem ließ sie sich von ihm zu dem großen Bett führen, schloß die Augen und schlief mit John. Bertram zeigte sich leicht erschrocken über ihre heftigen körperlichen Reaktionen und verschwand sichtlich irritiert im Bad. Das Rauschen der Dusche brachte Irene schnell auf den Boden der Tatsachen zurück. Als Bertram frisch abgeschrubbt und nach »Armani« duftend ins Lotterbett zurückkehrte, gestand er ihr bedauernd, daß er nun keine Zeit mehr für sie aufbringen könne. Es blieben ihm ja nur noch drei Tage! Intuitiv kramte Irene das Ticket hervor und erstarrte. Der Rückflug würde am dreizehnten sein. Die Wahrsagerin! Der Mann! John! Mit diesen Gedanken fiel sie in einen unruhigen Schlaf.

Er wartete bereits vor dem Eingang des Königspalastes auf sie und zeigte seine Freude darüber, daß sie tatsächlich gekommen war, ganz offen. Überhaupt war er gleichbleibend freundlich. Hand in Hand durchwanderten sie die Anlage, und Irene kam aus dem Staunen nicht heraus: Pracht, Farbe und Gold, so weit das Auge reichte. John erklärte ihr alles wie ein professioneller Reiseführer. Im Tempel kniete er versunken vor einem Buddha nieder und betete. Unter normalen Umständen wäre es Irene lächerlich vorgekommen: ein ausgewachsener Adonis voller Verehrung für diese kleine Jadefigur im goldenen Mäntelchen. Aber bei ihm wirkte das erhaben. Irene war allerdings ein wenig enttäuscht, daß er so gar keine Anstalten machte, ihr körperlich näher zu kommen. Nur ihre Hand, die hielt er fest in seiner. Auch beim Abschied versuchte er nicht einmal, sie zu küssen, sondern fragte sie lediglich, ob sie Lust habe, am nächsten Tag mit ihm Chinatown zu erkunden. Natürlich wollte sie. Was für eine Frage! Für ihn würde sie sich sogar einen Rucksack auf den Rücken schnallen und ihr Leben als Traveller fristen. Sogar Buddha würde sie sich zu Füßen werfen. Die Stunden mit John erlebte sie wie in einem Rausch. Die Gerüche, die fremdartigen Menschen, die Fahrt auf einem kleinen Boot durch Bangkoks Kanäle. John wurde nicht müde, ihr alles zu erklären und sich an ihrem Staunen zu erfreuen. Sie wollte um keinen Preis an den Rückflug denken, doch die Zeit verging wie im Flug. Am nächsten Tag um zwölf sollte der Flieger sie zurück nach Deutschland bringen. Das durfte nicht sein! John hatte immer noch keine Annäherungsversuche gemacht. Wie gerne würde sie sich in sein Bett in irgendein schäbiges Travellerhotel abschleppen lassen. Deshalb mußte sie jetzt die Initiative ergreifen. Ohne Umschweife teilte sie ihm mit, daß sie morgen um zehn beim schlafenden Buddha sein werde. Mit all ihren Sachen! John sah sie ungläubig an und lächelte zum erstenmal nicht. Seine buddhistische Gelassenheit schien sich ins Nirwana verzogen zu haben. Heftig antwortete er, das ginge doch nicht, sie fliege doch morgen. Mit stoischer Gelassenheit erklärte sie dem überraschten John, daß sie ihn von nun an begleiten werde. Nach einer Schrecksekunde lächelte er wieder, gab ihr einen Kuß auf die Stirn und sagte: »See you!«

Irene konnte vor Aufregung kaum schlafen und überlegte mitten in der Nacht, ob sie nicht der Kartenlegerin Frau Ehrenwert ein Kärtchen schreiben sollte. Nur mit vier Worten: »Die Hand ist da!«

Sie hatte alles genau geplant. Am Morgen würde sie unter

dem Vorwand, noch einmal in den Pool zu gehen, verschwinden. Fairerweise würde sie für Bertram einen Brief an der Rezeption hinterlegen. Den Text hatte sie bereits verfaßt. Er lautete kurz und schmerzlos: »Ich kann nicht mehr leben mit der Lüge!« Als sie das Hotelboot, das sie zur anderen Flußseite bringen sollte, bestieg, lächelte sie. Ohne Wehmut ließ sie das Leben hinter sich, das sie vor vier Jahren begonnen hatte. Im »Wat Pho« kniete sie dankbar vor dem rundlichen Glücksbuddha wieder und bat um ein erfülltes Leben mit John, doch er kam nicht. Nicht nach einer Stunde, auch nicht nach zwei Stunden. Sie kniete immer noch vor dem Buddha, als ihr jemand die Hand auf die Schulter legte. Sie fuhr herum und sah in Bertrams verstörte Augen. Er sagte nur: »Komm. Bitte. Es tut mir so leid. Verzeih mir!« Sie erhob sich zögernd und folgte ihm nach draußen. Statt ihr Vorwürfe zu machen, bat er sie in einem fort um Verzeihung. Hatte er tatsächlich etwas begriffen von dem Totentanz, den er Leben nannte?

»Woher weißt du, daß ich hier bin?« unterbrach sie sein Gestammel.

»Ein anonymer Anrufer hat mir gesagt, daß du beim liegenden Buddha wartest und im Begriff bist, eine große Dummheit zu machen. Er hat seinen Namen nicht genannt, aber er war wohl Engländer oder so!« antwortete ihr Mann.

Das geschah ihr recht. Sie hatte sich feige davonschleichen und Bertram, der immer gut zu ihr gewesen war, schnöde verlassen wollen. Das war die gerechte Strafe. Gerührt über sein ungewöhnlich emotionales Auftreten, flüsterte sie: »Versprich mir, daß du mir gegenüber in Zukunft offener sein wirst!«

»Natürlich, Schatz«, entgegnete er sichtlich bewegt, um sofort wieder in den förmlichem Busineß-Tonfall zu verfallen: »Ich verstehe doch, daß dich diese leidige Angelegenheit erbost hat, aber ich habe die Sache unmißverständlich beendet! Es tut mir leid.« Er machte eine Pause und sah sie prüfend an. Was redete er da? Sie hatte ihn wegen eines alternativen Aussteigers verlassen wollen, doch bevor sie etwas sagen konnte, fuhr er fort: »Ich habe sie immer nur hier in Bangkok getroffen. Das machen sie alle, verstehst du? Auch meine Geschäftsfreunde, die erwarten das geradezu von mir, und deshalb habe ich dieses Mal noch einmal mit ihr …« Den Rest seines Satzes hörte Irene nicht mehr, denn sie stand ganz langsam auf und schaute sich nicht noch einmal um. Das Leben lag vor ihr. Sie fühlte sich unendlich frei und ein bißchen glücklich. Wohin der Weg sie führen würde, wußte sie nicht. Sie lächelte, und ihr war fast so, als habe ihr der goldene Glücksbuddha soeben verschwörerisch zugezwinkert.

Ellen Fein,
Sherrie Schneider

Die Kunst, den Mann fürs Leben zu finden
»The Rules«. Aus dem Amerikanischen von Renata Platt. 176 Seiten. SP 2461

Wie angle ich mir meinen Märchenprinzen? Dieses Buch verrät Ihnen große und kleine Tricks, die bei der Eroberung Ihres Herzblatts (fast) immer ins Schwarze treffen.

»Vierunddreißig Regeln für den Männerfang legen Ellen Fein und Sherrie Schneider heiratswilligen Frauen ans klopfende Herz. Männer sind Jäger, wissen sie, und begehren stolzes Wild. Daher hat eine Frau freitags Einladungen für den Samstag abzulehnen. Kurzfristige Zusagen lassen sie als leichte, langweilige Beute erscheinen und den Mann fürchten, daß sie nur darauf warte, sich und ihr Elend ihm an den Hals zu werfen. Das trifft zwar zu, sie verschweigt es aber und spielt in heiratstaktischem Feminismus die Selbständige – nicht um ihrer Autonomie willen, sondern weil den Männern nur die Frauen keine Ruhe lassen, die sie in Ruhe lassen.«
FAZ-Magazin

Die* neue *Kunst, den Mann fürs Leben zu finden
»The Rules II«. Aus dem Amerikanischen von Ursula Buntspecht. 232 Seiten. SP 2702

Auf in die zweite Runde! Nach dem Sensationserfolg ihres Buches »Die Kunst, den Mann fürs Leben zu finden« bieten Ellen Fein und Sherrie Schneider einen neuen Katalog mit Tips und tieferen Einsichten, damit auch Sie ihn endlich bekommen: den Mann fürs Leben. Jede Menge Singles laufen heutzutage herum, es wäre doch gelacht, wenn da nicht einer für Sie dabei ist. Nur müssen Sie es richtig machen. Wie hole ich meinen langjährigen besten Freund vor den Traualtar? Wie bekomme ich meinen Ex zurück? Was mache ich aus der Büroaffäre? Was, wenn er geschieden ist und Kinder hat? Was, wenn er reich ist und mich zu einem luxuriösen Wochenende einlädt? Unverblümt und offen stehen Ellen Fein und Sherrie Schneider mit Rat und Tat zur Seite.